U0627400

法不远人

中国式现代化的法治方略

李 勇 ◎ 著

中国长安出版传媒有限公司
中国长安出版社

图书在版编目（CIP）数据

法不远人：中国式现代化的法治方略 / 李勇著 .

北京 ： 中国长安出版传媒有限公司，2025. 1. -- ISBN
978-7-5107-1158-9

Ⅰ . D920.0

中国国家版本馆 CIP 数据核字第 2024CZ9270 号

法不远人：中国式现代化的法治方略

李 勇 著

出版发行　中国长安出版传媒有限公司
　　　　　中 国 长 安 出 版 社

社　　址　北京市东城区北池子大街 14 号（100006）

邮　　箱　capress@163.com

责任编辑　刘英雪

发行电话　(010) 66529988-1321

印　　刷　天津鑫旭阳印刷有限公司

开　　本　710mm×1000mm　16 开

印　　张　19

字　　数　270 千字

版　　次　2025 年 1 月第 1 版

印　　次　2025 年 1 月第 1 次印刷

书　　号　ISBN 978-7-5107-1158-9

定　　价　69. 00 元

序

这些年来，我利用闲暇时间写了一些随笔杂文，得到了许多领导、朋友甚至不认识的人的认可和鼓励。这些小文章，不是传统意义上计入科研成果的文章，但问题意识强，大家能形成共识，对社会发展有助益，读起来也很轻松，我把它们集合起来，略作修改，编辑成书，也能从一定程度上反映出中国法治的变迁与进步。

第一章根据政策和法理，澄清思想误区，回应社会争议。比如，针对一段时间出现的保守主义和民粹主义的思潮，解释清末闭关锁国在当时的合理性等，发表文章《坚持改革开放的理念不动摇》，党的二十届三中全会召开前发表文章《取消特权、消除垄断，改革还有哪几大特征？》《改革的关键在于强化"可及性"预期》。针对一些不务实的思维方式和粗放的做事方法，发表文章《少用"大词"，杜绝语言形式主义》《中国社会进步应避免"岳母思维"》《细节决定制度成败》《警惕制度泛化和机械化》。出于构建更好社会环境和人文环境的美好期待，发表文章《"人的劣根性"是压制性社会的产物》。针对不适当、不科学、不必要的考评绩效，基层"填表"负担过重，教师把精力用在"文字的堆砌"上，发表文章《过度的"比"，弊大于利》《绩效考评无法替代民主评价》《靠"数数"评价教师（人）不科学》。针对一味"讨好"，不利于社会创新，不利于形成正常的社交关系和促进社会发展，发表文章《"讨好型社会"如何转变？》。为防止社会无序，发表文章《为什么法不规范情感？》，从法理上解释了法为什么不能作过分宽泛的规定。我们有时会听到一些人说，道理大家都懂，说这些有什么用？我认为说这些正是学者的主要工作，也是社情民意表达。

第二章讨论的是依法治理的重要意义。法治是中国式现代化的重要保障，唯有法治才能推动形成既生机勃勃又井然有序的社会状态。中国的法治建设是一个探索发展并不断完善的过程。《科学的制度既"防小人"也"养君子"》，强调张扬"善"是制度设计始终贯穿的重要思想和基础价值。《"社会稳定"与"法治秩序"——国家治理策略的抉择》《法治化处理拆迁矛盾》《法治化化解医患矛盾》《乞讨者治理需法治化》均指出，唯有法治才能实现国家繁荣稳定、社会长治久安。《不能只在"禁与不禁"间徘徊》，反对一刀切式的"禁摩限电"，否则可能带来社会对财产权的不安全感。《遏制腐败的战略突破口》《对监察委员会的监督制度设计》，希望推动建设更加科学合理的监察制度。《责任超出权力易诱发不作为》，针对一些机关无法准确理解"权责一致"原则，把责任设计过大，警示容易诱发不作为。《"五个结合"推进城镇化》《12345 热线与地方治理》等，提出了推进城镇化和完善"12345"热线的建议和解决办法。《有利于自由宽容，是制度开明的基本标准》，针对一些制度设计不够科学，不利于激发积极性，提供有利于自由和宽容的制度设计选择。

第三章以经济繁荣、科技发展与民主法治的关系为主线，总结了中国科技发展的经验，还论及贯彻群众路线的重要意义。另外，我在 2014 年 9 月到 2016 年 3 月挂职新疆及 2020 年至 2021 年挂职漳州时，结合一些工作的心得体会和生活观察，撰写了《新疆治理现代化研究》和《做副市长的这一年》两篇文章，也收录在本章中。

第四章是我在一些国家访学、授课及旅行的见闻随笔。早年有一种"人种论"，认为一些国家天生擅长成就法治，如果坚持这种论调，那么我们就没有改革开放和法治建设的必要了。《德国见闻录》讨论了高素质背后的制度因素、德国的养狗制度的建设等，说明公民的素质，并非取决于经济水平，更不是人种优势，而是民主与法治带来的。《肯尼亚宪法改革模式与埃及革命模式》《一半是火焰，一半是海水——古巴见闻录》《行走于中西之间的澳门》等文章，期待为我国改革、经济和社会建设提供正反两方面经验与借鉴。

依法治国的前提是依宪治国。第五章从宪法视角看待生活问题，尝试搭建"面包"与"法治"之间的桥梁，选取了 2019 年、2020 年、2021 年和 2023 年在中央电视台国家宪法日特别节目的讲稿。这些讲稿的核心思想可以用以下几句话概括："法治不是冷寒冰，原出'自然'遥望星。'人情'有度遵比例，寸心可置日月明。""在宪法与民法的眼里，每个人都是国家。""公民积极参与治理，人与自然和谐共处，社会环境公平、自由、平等、包容，政府与公民、公民与公民之间互相信任，有良好的共识导向，这些是构成治理体系和治理能力现代化的重要因素，是城市真正的魅力所在。""一个国家的持久繁荣和社会的广泛创新是围绕着社会的每个个体而展开的，'人'是社会创新和国家繁荣的最主要资源。国家的繁荣与发展，是为了每个人的幸福与发展；而每个人及组成的有机群体所呈现出的生机与活力，就是整个社会的生机与活力。"随后是对"如果法治的堤坝被冲破了，权力的滥用就会像洪水一样成灾"[①]"从征服自然到征服自己"这两句宪法名言的心得体会。后面几篇文章是宪法理念的应用。宪法的生命在于实施。《建立有效可行的宪法实施监督机制》，讨论在我国如何建立起可行有效的宪法实施监督机制。2017 年国家宪法日当天，我也在中央电视台专门做了一期"发达国家宪法监督中的经验教训"的节目，为全面贯彻实施宪法提供学理准备。这一章最后两篇文章探讨了什么样的教育有助于形成普遍的法治意识，以及介绍了我在小学和初中三次"何为公正"法治实验课的授课情况。从中可以看到，公平正义是人们的内在需求，而程序正义在保证这种需求得以实现的过程中发挥了至关重要的作用。我既不赞成简单的批评，也不赞成简单的解释。这些文章是一些建构性的理论探索。

第六章是我的一些读书心得，既有相对详细的法治文化的经典导读，也有出差旅行时分享在朋友圈的简要读书心得。由于这些内容得到了朋友的认可和鼓励，他们经常催我更新，所以我把这部分内容呈现出来。不见得准

---

① 《习近平关于全面依法治国论述摘编》，中央文献出版社 2015 年版，第 128 页。

确，为朋友们读书作个导引。

"国无常强无常弱。奉法者强则国强，奉法者弱则国弱。"古今中外的历史证明，持久繁荣昌盛的国家，个人权利往往会得到最有效的保护，而老百姓也往往在这样的制度环境中生活得更加幸福。推动社会平衡发展，防范公民权利被侵害，保持社会活力和创造力，是这些小文章想要表达的核心意旨。社会科学和社会发展变迁似乎有个公式：常识—共识—通识。社会科学之所以是科学，因为它是关乎人性的常识。但历史的经验是，即便是常识，也未必能成为社会主流，成为通识。从"常识"到"通识"，需要一个"共识"形成的过程。学者应该推动这个过程。或许正如史蒂芬·平克在《当下的启蒙》中谈到的，我们应该赞许那些作出正确预测的人和思想，而避免信任那些作不到正确预测的人。

再次感谢各位一直以来的支持。书并不完美，但很真诚。

目 录
Contents

第一章

奉法循理·不欺本心

——论"人生海海"的世界观和方法论

　　根据热力学第二定律，一个孤立的系统，不与外界发生能量传递和物质交换时，必然熵增，或者说必然走向紊乱、涣散、无序……笔者曾在福建省泉州市调研，当地有一些很好的克服"熵增"的文化理念和精神，比如"爱拼才会赢""人生海海""输赢笑笑""同舟共济"和坚持市场导向、锐意改革创新、秉持开放包容态度等。这些理念和精神是泉州成为全国民营经济最具活力地区之一的重要人文基石。我国进入中国式现代化建设的新阶段，从保守向开放包容、从"一亩三分地"向"汪洋大海"、从管好自己地盘向合作共赢转变；从寻求安稳向拼搏进取、容忍失误转变。必须摆脱"官本位"思想，避免有意识地创造稀缺，不断追求公平正义，保护公民权利，保障人格尊严，防范权力滥用，恪守权力底线，坚持求真务实。唯有如此，才能全方位提升人民群众的获得感、幸福感、安全感。

1
坚持改革开放的理念不动摇

改革开放四十余年，中国发生了翻天覆地的变化，开启了中国繁荣发展的新篇章。改革，是改变旧制度、旧事物，对旧有的生产关系、上层建筑作局部或根本的调整。这里的"旧"是"落后"，是"保守"，是阻碍老百姓获得幸福的制度。具体而言，改革不是求新、求不同，而是求好、求老百姓更加幸福。因此，能不能让人活得更好、权利更有保障，是检验改革措施是否得当的一条标准。比如有学者建议，疫情期间为了保生产可以把人关起来工作。保生产没有争议，但这种方法显然不符合现代理念，没能理解为什么现代化，没能理解共产主义的最终追求，即便可能是个办法，也绝不是个"好"办法。

开放，既是人的开放，也是制度的开放。思想保守、闭关自守、计划经济的中外实践都告诉我们，不开放，发展不起来，拒绝比较也不是人类进步的经验。正是开放，促进了良性的改革，因此，开放是国家繁荣发展的必由之路。对外开放是我国的一项基本国策，任何时候都不会动摇。习近平主席指出，对外开放是中国的基本国策和鲜明标识。中国扩大高水平开放的决心不会变，同世界分享发展机遇的决心不会变，推动经济全球化朝着更加开放、包容、普惠、平衡、共赢方向发展的决心也不会变。①

四十余年改革开放的经验让我们认识到，改革开放至少包含以下理念：

第一，系统化观念。看待问题不能单向度，必须运用系统化的思维习

---

① 《习近平同美国总统拜登举行视频会晤》，《人民日报》2021 年 11 月 17 日。

惯，绝不能解决了一个问题，带来了更多的问题。因此，要坚持系统化思维，把着眼点放在全局上，注重整体效益和整体结果。在 2022 年春季学期中央党校（国家行政学院）中青年干部培训班开班式上，习近平总书记指出，业绩好不好，要看群众实际感受，由群众来评判。有些事情是不是好事实事，不能只看群众眼前的需求，还要看是否会有后遗症，是否会"解决一个问题，留下十个遗憾"。中共中央党校专门开设了"领导干部的系统思维"课，还要把这些内容运用到实践中去。

第二，文明化观念。现代的世界较五十年前或者更早，要文明很多，男女平权、种族等问题和矛盾较以往趋缓，使用暴力解决争端较以往从频度烈度等方面也少很多、小很多。人类正在也必将趋向文明，这是我们共同的愿望，也是我们努力的方向。期待、运用更加文明的方式，拒绝、反对使用野蛮的方式，是文明的表征，更是我们不希望退回野蛮的民族信念。当遇到野蛮的方式或者不讲理的情况，是期待自己有机会也掌握强权、掌握说"理"的工具，还是共同缔造一个讲理而文明的社会？当这个选择摆在面前时，作为现代公民应该义无反顾地选择后者。唯有如此，才会一劳永逸地享有讲理的情境。

第三，进步化观念。邓小平同志曾深刻地指出："不坚持社会主义，不改革开放，不发展经济，不改善人民生活，只能是死路一条。"[①] 改革开放是我们党的一次伟大觉醒，是决定中国命运的重大决策。改革开放意味着要不断推动社会进步，想方设法把人们的生活变得更加舒心、更加幸福。承继历史只是现代人类的一小部分工作，不断开拓创新，推动一个国家和民族更好地发展，是改革开放的应有之义。

第四，科学化观念。改革开放将民智史无前例地提升起来。无论是决策还是执行，都要坚持科学化的观念，排除任何不实事求是、不够科学的理念和方式。获得科学的决策，要经过调查研究、试验反馈、修正追踪、选优决

---

① 《邓小平文选》第三卷，人民出版社 1993 年版，第 370 页。

断等步骤。科学的判断和执行一般都具有很强的开放性、极大的信息量、充分的讨论等要素。"兼听则明，偏信则暗"，科学化观念需要在实验或实践的过程中不断加以修正。

第五，法治化观念。在社会管理，特别是应急状态的社会管理中，运用各种限制和防范权力滥用的法治方式，会使管理者有束手束脚的感觉。人类的经验特别是教训告诉我们，最可怕的、最常侵害到人的宪法权利的往往是滥用的权力叠加各种应急的情况。有的时候受侵害的只是少部分人，但不加以阻止，蔓延开来，受害的就不再是少数人。换句话说，如果不主张法治，不践行法治，必将为当下带来无尽的痛苦，给未来带来无尽的隐患，减弱人民群众的获得感和幸福感。要特别注意，改革、开放、法治、民主、市场等现代理念相辅相成，如果打破一环，就有可能出现环环皆失的局面。

越是在特殊时期，越是要坚持历史上形成的一些基本经验和现代文明理念。矢志不渝地坚持改革开放，坚持保障公民权利，坚持运用系统化、文明化、进步化、科学化、法治化的思维方式，或许也是步入现代化国家的一次文明课。

2

取消特权、消除垄断，
改革还有哪几大特征？

近期受到全国关注的"罐车混装食用油"事件和"罐车运输食用植物油乱象问题"背后的重要原因之一就在于该行业的垄断经营现象严重，准入门槛和经营门槛设置不合理，导致存量罐车运输缺乏有效的竞争和监管。

特权出现的地方，公平就难有生存的空间。取消特权会促进整个社会更关注老百姓实实在在的利益。

倘若社会没有了是非对错，只以自己的立场和利益为出发点，社会就难以形成良性的准则和秩序。

2024 年 7 月 15 日至 18 日，中国共产党第二十届中央委员会第三次全体会议在北京举行。中央委员会总书记习近平代表中央政治局向全会作工作报告，并就《中共中央关于进一步全面深化改革、推进中国式现代化的决定（讨论稿）》向全会作了说明。

"改革"是通过渐进和温和的手段，对旧的社会、经济、政治制度进行局部或根本调整，通常是在某个政权内部进行部分改变与革新，以增强现有体制的活力，促进社会的发展与进步，是人类社会发展的重要动力。

古今中外的历史上，出于化解社会矛盾、找寻发展出路、延续统治地位等动因，曾经酝酿和产生过许多改革，有的改革发挥了根本性的作用，有的改革发挥了阶段性的作用，有的改革则潦草收场或者没有发挥正向作用。

习近平总书记在中央全面深化改革领导小组第二十一次会议上提出了改革成效评价的新标准："把是否促进经济社会发展、是否给人民群众带来实实在在的获得感，作为改革成效的评价标准"①。

综合古今中外人类历史上的经验教训，细化和延伸这一标准，可以总结出改革应当至少具有五大特征。

一、发展性特征：改革应当取消特权，促进人格平等

改革开放四十余年来，中国取得了巨大成就，为世界其他发展中国家迈向现代化提供了中国经验、中国道路。中国的改革通过坚持解放和发展生产力促进经济社会发展，全面建成小康社会，打赢脱贫攻坚战，实施乡村振兴战略，不断提高人民群众的生活水平，提前 10 年完成联合国 2030 年可持续发展议程的减贫目标。

绝对贫困的减少、特权现象的减少，能够消弭不同经济地位群体之间的认知和发展差异，增强对话的可能性与可及性，让各类主体平等地参与社会建设、享受改革发展成果，进一步释放改革潜力、增强发展活力。

改革进入深水区，深层次的改革是不断取消特权，突破利益固化的藩篱，进而实现共同发展、互惠发展，这是我国改革开放的鲜明特征和最重要的经验之一。

特权出现的地方，公平就难有生存的空间。取消特权会促进整个社会更关注老百姓实实在在的利益。促进人格平等，有利于人尽其才，人们愿意基于自己的兴趣爱好承担相应的工作。这将使全社会拥有平等发展的机会和权利保障，不因工作、地域、性别之别而在人格尊严、发展机会等方面受到区

---

① 《习近平主持召开中央全面深化改革领导小组第二十一次会议强调 深入扎实抓好改革落实工作 盯着抓反复抓直到抓出成效》，《人民日报》2016 年 2 月 24 日。

别对待。

二、市场性特征：改革应当消除垄断，促进市场各个要素自由流动

今天中国取得的经济成就，归根到底，是中国共产党领导中国人民，不断打破体制机制（包括思想的"束缚"）障碍，打破阻碍市场发展壁垒的结果。经济体制改革是全面深化改革的重要着力点，这要求坚持解放和发展生产力，促进市场各个要素自由流动，建设市场化、法治化、国际化的一流营商环境和统一大市场。

市场经济的高效运行、规范运行，需要进一步破除体制机制障碍，在市场准入、产品竞争、信用体系等方面一视同仁、公平对待。相反，若某一行业、某一领域缺乏足够的竞争，则久而久之会形成低效、无益甚至有害的垄断状态。

事实证明，引入充分竞争、促使竞争对手之间监督，是低成本、高效率的监管方式。党的二十大报告明确指出，"完善产权保护、市场准入、公平竞争、社会信用等市场经济基础制度，优化营商环境"。改革应当消除垄断、强化公平竞争，促进市场要素自由流动，这也是市场经济的基本原则之一。

三、包容性特征：改革应当促进社会更加自由包容

世界银行曾将"社会包容"定义为"改进弱势身份人群的能力、机会和尊严"，让每个人在基本需求得以满足的情况下都能够受到相应的尊重。包容性社会最能够保护和发展创新，让每一个独特的个体都能受到相应的尊重，发展自身天赋与特长。改革应当能促进社会更加包容、更加自由，充分尊重不同人之间的差异和需求。

缺乏包容的社会容易产生极端思想，以及出现大量的"社会排斥"和群体撕裂现象。如此一来，社会的共同议题基本上只有"亲"而无"理"，只有"利"而无"理"，只有"站队"而无"站理"，社会秩序和社会活力都会受到很大程度的减损。

毫无疑问，唯有在自由而包容的社会，才能实现人的自由而全面的发展，实现人的幸福生活。以改革促进社会更加自由包容，有助于建设"人人有责、人人尽责"的共建共治共享社会，进一步提升社会治理效能。

四、价值性特征：改革应当促进人文关怀，凝聚核心价值观念

改革不仅仅是器物之变、制度之变，也关系到思想、理念、文化等深层次的变革。人文精神是人类社会的一种普遍关怀，能够凝聚起积极健康的社会共识。改革必须具有人文关怀，为社会公众树立自由、平等、公正、法治等良好的价值导向，促使人们凝聚共识，形成普遍性的人文精神。

相反，具有激进与狭隘思维方式的人多了，社会群体之间的张力就会进一步扩大，社会共识就会逐渐薄弱，自由、平等、公平、正义等人文价值关怀也就随之衰减。这是典型的以"立场"代替"是非"。倘若社会没有了是非对错，只以自己的立场和利益为出发点，社会就难以形成良性的准则和秩序。

进一步全面深化改革、推进中国式现代化，需要我们不断夯实权利基座和凝聚社会共识，让自由、平等、公正、法治的价值观念深入人心。在设定和推行各类改革创新政策时，强调对人的价值和基本权利的尊重，加强对社会公众的人文关怀。共识凝聚有基础、人文关怀有温度的社会，必然是一个社会戾气少、极端思潮难以传播的和谐社会，是一个能够"各美其美、美美与共"的文明社会，是一个凝聚改革共识、形成改革合力的现代社会。

五、建设性特征：改革应当具有渐进性和建设性

改革是渐进和温和的，这一点从"改革"本身的词性词义有所体现，即通过渐进和温和的手段对既有制度进行调整。从中国革命、建设和改革的历史经验中，从党史、新中国史、改革开放史、社会主义发展史中就可以看出，在制定和推行政策时操之过急，稍不注意就会"用力过猛"，或者陷入"一管就死、一放就乱"的困境，不能很好地解放和发展生产力，甚至还在

一定时期内对生产力发展形成了反向作用。

历史证明，在法治下推进改革、在改革中完善法治，坚持改革的正确方向，既不走封闭僵化的老路，也不走改旗易帜的邪路，解放思想、实事求是，才能实干兴邦，推动各项事业蓬勃发展。

因此，改革应当具有渐进性和建设性，能够最大程度地维护社会秩序、减小改革阻力，以温和的方式实现发展预期。

改革，是贯穿中国四十余年来发展始终的核心命题。党的二十届三中全会把全面深化改革、推进中国式现代化作为会议的重要内容，坚定不移地朝着全面深化改革总目标前进。随着中国经济发展进入新常态，改革进入"深水区"，改革的重点内容和具体举措也会随之发生变化。

在新一轮全球增长面前，唯改革者进，唯创新者强，唯改革创新者胜。面临新形势下的新任务，要锚定全面深化改革的总目标，科学系统地推进改革，以改革开放增强发展内生动力，奋力谱写中国式现代化的改革新篇章。

3
改革的关键在于强化"可及性"预期

2024 年 7 月 15 日至 18 日，党的二十届三中全会在北京召开，会议的一项重要内容是研究进一步全面深化改革、推进中国式现代化问题。中国式现代化是全体人民共同富裕的现代化。党的二十大报告明确要求"提高公共服务水平，增强均衡性和可及性，扎实推进共同富裕"。这里的"可及性"是指不被法律禁止的合理目标可以顺畅地达到，人们心中普遍形成这种预期。人是有预期性的"动物"，"可及性"是人民群众在经济、政治、文化、社会、生态文明等领域有获得感、幸福感、安全感的根本保障，是经济社会可持续发展的认知基础，也是人们信心的来源。"可及性"与改革有着深刻而丰富的联系，可以成为检验改革成效、衡量改革目标、促进改革发展的一项重要指标。面对纷繁复杂的国际国内形势，面对新一轮科技革命和产业变革，面对人民群众新期待，要突出改革重点、找准改革的关键，稳步提升人民群众的"可及性"预期，继续把改革推向前进。

强化"可及性"预期是全面深化改革的关键之一

2024 年 5 月 23 日，习近平总书记在济南主持召开企业和专家座谈会并发表重要讲话，强调"进一步全面深化改革，要紧扣推进中国式现代化这个主题，突出改革重点，把牢价值取向，讲求方式方法，为完成中心任务、实现战略目标增添动力"[①]。改革是推动国家发展的根本动力，党的二十大报告

[①] 《紧扣推进中国式现代化主题 进一步全面深化改革》，人民网，2024 年 5 月 24 日。

充分体现出党中央对改革发展各项事业的高度重视。改革开放是党和人民事业大踏步赶上时代的重要法宝，是当代中国最显著的特征、最壮丽的气象，是决定中国式现代化成败的关键一招，对推进党和国家事业不断繁荣发展具有举足轻重的作用。新形势下，国际国内环境深刻复杂变化和全面深化改革已进入深水区、攻坚期的现实情势，要求我们紧扣中国式现代化主题，全面深化改革，以改革解放和发展社会生产力。

全面深化改革的总目标是完善和发展中国特色社会主义制度，推进国家治理体系和治理能力现代化。在总目标指引下，强化"可及性"预期显得尤为重要。强化"可及性"是全面深化改革，使改革发展成果更多、更公平惠及人民的关键之一，能够打通人民群众享受改革发展成果、投身改革发展事业、激发改革创新主体活力的难点和堵点，推动全面深化改革走深走实。

"可及性"存在着"实然"与"应然"的差距

受物理障碍、制度误解、思维固化等方面的因素制约，当前社会的"可及性"预期在一定程度上仍停驻于较低水平，与"应然"状态存在差距。地方保护与市场分割等现象仍然存在，遇到困难先想绕开而非解决，设计制度、执行制度时较保守。不少公共空间长期处于封闭状态，动辄以"安全"为由"一封了之"，拒绝或设置重重障碍来规避社会公众进入和使用。这都制约着经济循环，阻滞商品要素资源畅通，减损市场经济发展与营商环境建设的"可及性"。究其原因，主要有以下五个方面。

一是缺乏安全感。安全感不完全等同于安全，安全主要指一种状态，而安全感是一种感觉和习惯，既来自实际的治安方面的安全，亦来源于权利保护方面的长期到位和真实充分，进而产生的一种安全预期。当前一些领域和地方还存在着漠视权利甚至侵害权利的问题，对人身权和财产权的保障力度不够，致使相应的安全感缺乏。二是"责任过重"。有的个人与单位不能全面准确理解责任制，设计和执行的责任机制过重，致使追责、问责泛化，挫伤了干事创业的积极性和锐意进取的活力，也是致使"可及性"弱化的一个重要原因。三是存在认知偏差。一些地方、行业的管理者未能意识到秩序与活力的辩证关系，认为"封闭"一定能带来安全、省事，对不少公共资源采取关闭或设置障碍的方式阻止群众共享使用，减少了公共资源的普惠性和社会事业的公益性。四是历史惯性。从社会转型期的宏观层面来看，传统农业社会迈向分工合作、开放包容的工商业社会，社会心态的转换需要一定的时间。五是利益固化和经济藩篱的形成。随着实践发展，一些深层次体制机制问题和利益固化后的藩篱显现，对以改革释放创新动力、增强社会活力造成了阻碍。

"变则通，通则久"。改革开放四十余年的探索发展历程证明，成熟的市场经济是高度开放的经济形态，各个要素在市场中能够自由地流动，发展成果互惠共享。改革，恰恰能打破各种不便于资源要素流动的约束，增强各要素自由流动的"可及性"。

强化"可及性"预期的具体路径

法治具有固根本、稳预期、利长远的保障作用，能够在观念层面引导社会形成开放包容的氛围，在制度层面规范权力之间的关系，在思维层面减少思维封闭和思维固化，系统规范、持久有效地强化人民群众的"可及性"预期。在紧扣中国式现代化主题、全面深化改革的实践中，强化"可及性"预期可以从物理障碍、制度层面、思维层面着手。

引导社会强化开放包容的观念，减少各类封闭、隔绝的物理障碍。随着人民群众对美好生活期盼的不断提升，打破各种封闭和隔绝的物理障碍正在成为人民群众的新要求。例如，不少群众反映，一些场所实行多重安检或滥用预约，效率极低、成本极高、体验极差。有的个人或单位担心取消预约或减少安检会造成不安全、不稳定，但实质上，发展与安全应相互平衡，人类进入"风险社会"后，不确定性就明显增强。"风险社会"中没有绝对的安全，即便不参与社会活动，仍然是有风险的。解决安全问题，"堵在入口"是个社会成本较高而社会效率较低的办法，不是繁荣市场的有效办法。现今，不少公园原有的大门和围墙已经打开，一些政府机关大院允许人们夜间停车，这都是满足人民群众期待和预期的举措。"及"意味着可以顺畅地到达，这就要求能减少的"栅栏"应减少，能拆除的"墙"应拆除。社会发展总要从"管制—监督"模式过渡为"自律—监督"模式，长期处于"被管着"的人难有社会责任感和创造性。工作和生活中的堵点少一些，物理阻隔少一些，有助于人们打开心门，活得更加舒心安心，也有助于形成市场经济所需要的开放、包容的社会环境。

破除各方面的体制机制弊端，防止制度"朝令夕改"和"临时设卡"。好的制度体系能够充分保障人民群众参与社会发展并享受发展成果，这也是良法善治的价值追求。"可及性"的预期主要来自制度体系的稳定性，政府的"政策之手"不能在既定的制度框架下临时变卦，而要提前规划好并清除相应的体制机制障碍。当前广泛推行的告知承诺、容缺受理等改革措施，把许多事项的事前监督逐步转化为事中事后监督，是获得较高社会满意度的做法。但一些地方以各种理由临时设卡的做法并不鲜见，例如今年年初，有的种植户反映村干部在村民已签订了土地承包合同的情况下，又以环境保护为由要求村民额外交钱才能种地生产。这类缺乏延续性、规范性的政策手段无异于"涸泽而渔"，不利于经济社会的长久稳定和繁荣发展。制度体系的延续性能够增强人民群众以及市场主体对社会发展的"可及性"预期，鼓励和保障人民群众既能勇于在既定道路上前行，也能不断探索新路，实现活力与秩序的有机统一。

有些地方在设计和执行制度时只考量"安全"这一种价值选项，没有综合考量其他选项，最终的结果变成了"什么也干不了，什么也不用干"。这是对责任机制的错误理解，"从严"并非不要活力，并非要管得死死的，亦非阻碍人们干事创业。2014年1月7日，习近平总书记在中央政法工作会议上的讲话中深刻指出，"社会治理是一门科学，管得太死，一潭死水不行；管得太松，波涛汹涌也不行"[①]。科学的制度设计，就在于把握秩序与活力、

---

① 《保障和改善民生，维护国家安全和社会稳定》，人民网·中国共产党新闻网，2016年11月28日。

发展与安全的辩证关系，综合衡量各种价值。

善于运用法治思维和规则思维推进工作，突破思维封闭和思维固化。改革进入深水区和攻坚期，社会的发展转型显然也会产生一些不稳定因素。但"不稳定"也往往蕴含着促进社会发展的创新因子，对许多新生事物不能采取一封了之、一禁了之的习惯性做法。由封禁带来的安全与秩序其实相当有限，"封禁则安全"实际上是一个错觉。例如，历史上深宫大院层层封闭、规矩繁苛，但密室政治和宫廷斗争往往更为阴暗和激烈。思维封闭与思维固化，于己会导致自我受限、不敢创新，于人则会导致处处设限、不能创新，使资源无法自由流动和互惠共享、产生"稀缺"，甚至"有意创造稀缺"。稀缺和匮乏会极大地损害人的安全感，导致人在封闭的环境中更容易偏激、不够包容。总览历史，人心的封闭、宫廷的封闭、国门的封闭，并没有带来安全，甚至还阻碍了"睁眼看世界"的机会和路径。

当前和今后一个时期，是以中国式现代化全面推进强国建设、民族复兴伟业的关键时期。习近平总书记指出，"改革开放是决定当代中国命运的关键一招，也是决定实现'两个一百年'奋斗目标、实现中华民族伟大复兴的关键一招"①。坚持全面深化改革，深入推进改革创新，坚定不移扩大开放，着力破解深层次体制机制障碍，是 14 亿人口大国的内生动力，是经济持久繁荣昌盛的重要保证和制度支撑，是彰显中国特色社会主义制度优势的关键。在全面深化改革、推进改革开放的时代进程中，要继续强化人民群众的"可及性"预期，不断增强和保障现代化建设的动力、活力，让人民群众对改革成效可感、可触、可期，从而更好地把制度优势转化为国家治理效能，使人民群众的获得感、幸福感、安全感更加充实、更有保障、更可持续。

（《银行家》2024 年第 7 期）

---

① 习近平：《全面深化改革开放，为中国式现代化持续注入强劲动力》，《求是》2024 年第 10 期。

4

少用"大词"，杜绝语言形式主义

和四年级的女儿讨论清洁能源，她说汽油车不能用了，用电也不是最清洁的，得用一种完全清洁的汽车。我欣赏她的思考，也希望她能有朝一日朝着这个方向努力。但同时也问她，在她说的这种方便高效的清洁汽车发明出来之前怎么办？

我们发现，使用这种空泛的词语很容易，显得"高大上"，还有点"时尚"，但往往没啥用！在孩子的世界里，刚学到一些东西，还没有深入地思考，能够理解。但在成年人的世界，尽量少使用"大词"是成熟的标志。

从逻辑上讲，词语用得越"大"，含义越"空"，而且容易因不同的解读产生分歧。

相比之下，"权利"一词则具体很多。权利是法律赋予权利主体作为或不作为的许可、认定及保障，后面跟着的就是"无救济即无权利"，没有规定保护权利的制度，权利就可能只是镜花水月。因此，这种能力是具体的、现实的，有法律明确规定并予以保障的。一个人的意见、建议或观察，如果没有超出宪法和法律设定权利的界限，别人就没有权力阻止、谩骂甚至企图殴打。如果你接着问，法律是保护谁的？我们说，法律是人们对社会的认知和历史教训的总结而制定的理性规则。

"大词"有利于使用者免责，却不利于执行者实施。

"大词"对语言的使用者来讲，会有一定的自保作用，作为上级不作出明确表态，而让下级猜，下级猜不透，使用大词安枕无忧。语言冠冕堂皇，却都是形式主义。我们看古代历史，出了问题，错的永远是下属，上面永远错不了，可以简称为"上对下错律"，语言是重要原因，语言也有形式主义，形式主义的本质往往也是官僚主义。

立法也是如此，立法中"大词"影响法律的实施效果。最近有个实习护士因为拒绝领导饭局而遭到解聘，解聘的理由是"不符合录用条件"。法律没有明确规定什么是"录用条件"。不符合录用条件就成了一个大坑，想装啥装啥。记者采访被殴打，也还处于"公说公有理"的阶段，虽然这明显违背常识，也说明仅靠宪法的原则规定是不够的。因此，立法要细化，我们的思维也要细化，如果需要一个"大词"作归纳总结，必须有相应的主体、职权、内容、程序、做与不做的后果等与之相协调。

"大词"往往是转型期保守势力阻碍改革的"技术手段"。

历史转型期"大词"会被频繁使用。以清末的恭倭之争为例，恭亲王说，天下最可耻的事情是不如别人，而不是学习别人。日本因学习而强大，为什么我们就非得保守而不思进取呢？大学士倭仁认为："窃闻立国之道，尚礼义不尚权谋；根本之图，在人心不在技艺。今求之一艺之末，而又奉夷人为师，无论夷人诡谲，未必传其精巧，即使教者诚教，学者诚学，所成就者不过术数之士。古今来未闻有恃术数而能起衰振弱者也。天下之大，不患无才。如以天文算学必须讲习，博采旁求，必有精其术者，何必夷人？何必师事夷人？"

倭仁的意思是，我们与别国有很大的不同，大清王朝的人学也学不会，即便能学得会也没人愿意教。"重礼仪、图人心"才是王道，倭仁的话，义正词严，大义凛然，却又啥也没说，还阻碍了改革。所以恭亲王说，"大学士既以此举为窒碍，自必有良图。如果实有妙策，可以制外国而不为外国所制，臣等自当追随大学士之后……如别无良策，仅以忠信为甲胄，礼义为干橹等词，谓可折冲遵俎，足以制敌之命，臣等实未敢信"。恭亲王最后一句话的意思是，大学士没啥办法，打算让我穿着忠信当铠甲，拿着礼仪当长枪，就可以打败来犯之敌，真是没法让人相信。

倭仁善于唱高调，不寻解决之法，是个十足的糊涂虫。但当时也有不少追随者认为倭仁说得很对，学也白学，舍本逐末，而不去投考恭亲王举办的同文馆科学班。

事业是干出来的，"空谈误国，实干兴邦"，这个空谈指大而空泛、不切实际的谈论，因其具有极高的伸缩性且难以验证，使讨论变得毫无意义，无助于问题的解决。

我曾看到过一些国家的决策讨论，没有运用那么多前置性的语言。有人或许说这是特色。我觉得"特色"应当是一个褒义词，好的东西我们可以称之为"有特色"，能改掉不良习惯才可称之为"特色"。

过多使用"大词"，社会有虚伪而不务实的变异风险。"大词"容易讲述一个宏大的"故事"，但这种故事往往距离我们的生活很远而显得不够平易近人，用处不大，甚至面目可憎。法治思维是务实解决问题的思维方式，需要尽可能使用直截了当的程序，作出明确的利益取舍。毫无疑问，以自治为基础的语言更容易接地气，也更容易操作。减少"大词"使用，有助于从语言习惯上杜绝形式主义，这也是向全面实现国家治理体系和治理能力现代化转变的必然要求。

5
中国社会进步应避免"岳母思维"

艳阳高照，在海边玩的时候，给宝宝搽了点儿童防晒霜，岳母说防晒霜对身体不好；宝宝跑步玩耍，岳母说别跑摔着了；一起出去旅游，整理好行装，岳母说外边阴天还去不去。结果是，孩子该搽防晒霜还是搽了，该跑还是跑了，该出去旅游还是去了。

类似的"岳母思维"习惯某些官员也有。当做一件事时，总有人如同持有"岳母思维"般"抓小放大"，把责任推给别人，彰显自己的"远见卓识"。当改革时，他说影响稳定；当说民主法治好时，他说有弊端；当治理污染时，他说会影响经济……作为一个理性人，大家都知道，做事难免会产生一些负面问题，但必须进行利益衡量再作出一种相对理性的选择。用"岳母思维"来看，天下没有能做的事，人类社会也不会有今天的进步。"岳母思维"也是一种推卸责任的思维方式，是一种"看当时我说对了吧"的旁观者心态，这种思维习惯使得"在中国什么事情都不简单"。更有甚者动不动就是"阴谋论"，把责任推给外国人。外国有没有问题？或许有，但并不是关键。就如同当年中日甲午海战，日本间谍发挥了很重要的作用，他们告诉日本国内，清王朝腐败透顶，清日一战有胜算。我们今天能把清王朝的衰败归根于日本间谍吗？

那么，是否意味着不能批评提醒了呢？当然不是。一方面，容忍批评是政府自信所在；另一方面，"岳母"们要慎重批评和提醒，看看孩子到底是搽防晒霜好还是不搽防晒霜好，是让孩子跑好还是不让孩子跑好。决不能"因噎废食"，自己务必要进行一下利益衡量，然后再表态才是负责任的。在社会转型的大背景下，应当培养公民学会马克思主义的抓住主要矛盾、学会"弹钢琴"、学会"数指头"的思想方法与工作方法。当然，这也有赖于制度设计，政府还应将自身的工作更好地向民众传播，让公众知其然并知其所以然，赢得更多的理解和支持。同时，强化民主制度，培养民主思维。公众不是旁观者而是国家的主人，让大家思考如何来推动中国社会向前发展，而不应该是简单的质疑。

社会在进步，"岳母"莫生气。

（《领导科学论坛》2015 年第 10 期）

6
细节决定制度成败

我们经常讲，制度有指引、预测、评价、教育和强制等功能。我们也看到，有些制度规定并没有特别好使，没有充分达到制度设计的目的。一些人也因此对制度失去信心，认为靠制度解决不了身边遇到的问题。

制度达不到预期，有多方面的原因，但首要的是制度自身的原因。

而影响制度科学的诸多因素中，制度的细节值得我们特别关注。

古往今来，制度设计者不愿或不能进行明确的利益衡量，没有设计出有效的救济制度，而指望执行者能够毫无偏私地作出明确有利于社会的利益调整或在制度的框架内解决纠纷，已成为普遍现象。

当然，随着我们对制度规律认识的不断深入，越来越多的细节被加以利益取舍并规定下来，但还是有大量的制度设计内容空泛，可操作性差，如规定"逐步实现""有关部门协调解决"等，在实施中并不容易。

有些制度设计缺乏对各种可能性的提前预估，而惩罚措施又欠缺或不足以引起后来人的广泛重视。如我们反感有人随地大小便、随地吐痰，但各种规定不痛不痒，随地大小便、吐痰者不在少数。

日本轻刑法案则对此加以明确规定，违反者将面临"高达相当于人民币6万元的罚款和24小时监禁"。

此外，制度对救济的设计不够，实践中很容易演化成"大闹大解决、小闹小解决、不闹不解决"的非法治状态。

制度设计要细致，要给出明确的利益取舍、操作性的程序以及事后的救济方案……这样又出现了第二个问题，即制度内容是否科学、合理。比如，明朝朱元璋曾经规定除了农民谁都不得戴帽子，后来允许书生戴帽子，书生们得寸进尺，又戴了耳罩，朱元璋大为光火，一律惩罚。不允许戴帽子，这个规定很细致，但一般人都会觉得它不合理。

如何让制度设计科学、细致、合理，具有可操作性呢？我曾多次和学员做过一个小实验：

请学员假想自己是人大代表，老百姓可以通过室内的监控器看到他们的行为，请他们基于良知、知识和经历作出自己的选择，如果急于行使职权，以后可能就当不上代表了。然后请他们对以下两个议案进行审议并表决：第一个是不得随地吐痰，否则罚款100元；第二个是男士不得把尿撒到小便池外，否则也要罚款100元。

这个实验做了百余次，结果都相同，第一个议案绝大多数人都投了赞成票，第二个议案多数都投了反对票。

大多数人还是倾向于吐痰应该被纠正，而尿到小便池外既有可能惩罚"人之不能"，也可能执行过于困难。多数的选择也是我认为的理性的选择。我又假设所有学员都是经常咳痰的同志，并问他们假如今天投票的都是这些同志，结果会怎样？大家异口同声地说，吐痰的立法肯定通不过。

科学的制度设计机制一定是各种利益能够得以表达的机制。但如果设计者不是广泛的利益代表，很可能制度所保护的利益就是片面的；如果设计者没有充分地接受民众监督，让设计者作出明确的利益衡量就可能是件"费力不讨好"的事情，从而动力不足。

马克思说过："人们为之奋斗的一切，都同他们的利益有关。"[1]

毫无疑问，自己才是自己利益的最好维护者。老百姓或者其利益的代言人能够参与到制度设计中来，他们的利益才能持久地得到保障。

通过这个小实验，我们会发现，科学的制度设计没有想象中那么难，只

---

[1] 《马克思恩格斯全集》第一卷，人民出版社1995年版，第187页。

要设计者代表了广泛的利益，有监督，有保障，有颗基本的公正之心，找到社会大部分人的主流而非偏颇的意见，作出更为细致科学的制度设计的概率就很大。《中华人民共和国立法法》也提出，加强公民参与、加强利益攸关方参与，发挥人民代表的作用，加强与选民的联系等，这些都是民主立法的基本要求。

制度科学了，善治就不远。

7
警惕制度泛化和机械化

全面依法治国是中国式现代化的内在要求和重要保障。随着中国式现代化的长期实践和全面依法治国的持续深入，"现代国家一定是法治国家"的理念在人们心中已经逐渐形成共识（consensus）。但是现代化建设和法治建设并非一蹴而就，我们仍能在生活中看到一些规则失效、制度失灵的情况。一些法规制度实施后效果并不理想。因此，我们要进一步恰当理解法治，研究为什么有些制度会失灵，制度的边界在哪里，如何让制度有效，除了制度外，还需要什么补充措施。

这正是本书所探讨的核心内容，也是中国式现代化进程中需要面对和解决的实际问题。

从法治的前提来讲，现代化的制度设计需要"以人为本"。我们首先要明确，法治是一种科学的治理方式，而不是管制方式。现代制度设计始终是围绕人而展开的，根本目的是保障人的权利与自由，实现人的自由全面发展。因此，制度最基本的边界就在于不干涉明显属于自治领域的事情。生活中有些地方存在着制度泛化、制度机械化倾向，例如，曾有乡镇规定不叠被子、不上桌吃饭就得罚款。这种做法在网上引发了很大的负面舆情，乡镇辖区的村民也不乐意买账。究其原因，这种事情一是法理上"管不着"，二是执行上"不好管"，三是若真的管到这个地步，人们是会很痛苦的。这样的制度多了，要么会让人感到手足无措进而反感法治，要么产生制度依赖心理，降低社会活力。大量的实践经验都表明，制度和强力可能短时间内把人

"管住"，但机械化的制度容易遏制"人之为人"的自我意识，靠"管"而活着的人，很难具备创造性、责任感、担当精神等现代人的精神品质，人性的光芒和可爱之处也都可能被磨灭，这样做实在是得不偿失。因此，法治的前提是良法，良法是需要符合人性的，设计制度时尽量避免干涉自治领域，能不用硬性的制度就先不考虑硬性的制度，能用引导性的制度就不要使用禁止性的制度，必须要用，也要考虑用最小侵害的方式介入社会治理、维护社会秩序，注意禁止不当联结、坚持信赖保护等原则。

从法治的过程来讲，现代化的制度运用需要"合法合理"。科学的制度制定后，还有如何运用的问题。两千多年前，政治家管子就讲过，有关法度方面的事情，所秉持的法律和具体的操作不能不公正，否则治理就会不合理；而治理不合理，利益不明确，国家就会贫穷，民间就会有骚乱。国家发展到今天，明显不公正已不多见了，主要是一些执法者欠缺利益衡量的能力，适用制度时缺乏足够的合理性考虑，经常性地机械执法，闹出啼笑皆非的事情。例如，有位业主深夜酒后乘坐出租车回小区，尽管他之前已经报备，但门卫以出租车并不是小区车辆为由不让进。时间已是凌晨3点，门卫处与业主住地之间还有8分钟车程，这种情况下让醉酒业主下车进行"深夜徒步"显然并不合适。我们能够理解门卫的过度"谨慎"，但更为合理的办法是登记出租车信息后再允许进入，而不是"一刀切"式禁止。再比如，某城市在落实小微企业支持政策的过程中，有的企业有充分证据证明自己属于小微企业，应享受相应待遇，但工作人员认为只要该企业没在"国家小微企业库"里，无论证据多么充分都不行。这样的做法显然没有充分理解国家支持小微企业的政策用意，也是制度适用不合理的直观体现。

从法治的实施来讲，现代化的制度执行需要主体有足够的"判断能力"。人们能否作出科学的判断，避免机械化地执行制度，通常而言至少取决于四个要素，即制度要素、知识要素、价值要素和情感要素。第一，制度要素。要有科学的制度鼓励人们去创新、去担当。特别需要注意的是，要秉持权责一致原则，权力过大，责任跟不上，容易滥权，责任过重也容易诱发不作为。第二，知识要素。回顾历史上的治理进程，可以概括为"神意治理"——由"神"来判断，"淹死的肯定是坏人"；"丛林法则"——"谁的拳头硬就听谁的"；"熟人社会"——"找关系比找法条更有用"。物换星移，进入法治社会，人们开始摒弃神治或人治的随意性，更加相信制度的力量，逐渐开始敬畏制度。但社会转型的过程中，一部分人把制度理解为"冷冰冰硬邦邦的东西"，认为制度在任何情形下都不能改变，导致制度泛化、机械化。这样的阶段，我们称之为"制度社会"，"制度社会"是"熟人社会"向"法治社会"过渡的一个中间阶段，完成这个过渡，我们要理解法治是由合法性和合理性共同构成的。一般情况下遵守合法性原则，但是不排除一些生活上的特殊情况，须知"法不远人"。第三，价值要素。良法善治还有价值、观念、思维、习惯、行为方式等问题。比如遵守红绿灯交通规则，首先是个自律性问题。人为什么要遵守红绿灯交通规则？如果仅从单一利益考量，等红灯是"利益受损"的，而解决遵守红绿灯交通规则问题，除了信号灯设计科学、执勤合理外，最难的是行为人本身有遵守红绿灯交通规则的心理和习惯。如果我们把社会只理解为竞争性的"赢家通吃"，只搞你输我赢、没有合作精神，那么人们就很难愿意放弃自己的利益，更难以理解"适当地让渡一部分利益，才能使包括自己在内的共同利益最大化"。这些意识、思维习惯往往需要从小养成，所以主体的"价值要素"也是极为重要的。第四，情感要素。有了知识，也有制度保护，在符合比例的情况下明知哪种方式更好，但就是没有勇气，不愿意担当，不愿意作为，缺乏基本的共情心理和价值追求、认同，那么就仍难以达到现代化的预期目标。因此，可以说合乎"情理法"、起到"真作用"的现代化制度执行，上述四个要素一个都不能少。

民之所向，政之所行。中国式现代化的本质是人的现代化。中国式现代化的法治方略，正是为了人民、紧紧依靠人民、不断造福人民。坚持以人民为中心，需要我们有更加开放的心态、更大的视野和格局，使国家更强大，公民更幸福。甘肃发生地震时，就有一个"网红"讲，他离甘肃800千米远，与他有什么关系？试想，具有这种思维方式的人多了，会实现我们期待的现代化吗？显然不会，他们的观点也不是中国大部分人的观点。实际上，在各种价值位阶中，我们要理解"人之为人"的权利的崇高位置，它不分种族、民族、宗教等。现代化进程就是法治的进程、观念革新的进程、人人自由全面发展的进程。要更好地实现现代化，需要我们不断加固权利的底座和藩篱，不仅要珍惜保护自己的权利，还要珍惜保护其他人的、其他地区的、其他国家的甚至动物的权利。到那时，还有谁的权利不会更好地被保护呢？反之，如果不断缩小权利保护的圈子，那么最终自己也会被排斥出去，失去权利的保护与支撑。在这两种不同的世界观和方法论当中，历史反复证明，蔑视自己和他人的权利将会把我们带向保守、狭隘、萧条、野蛮、不公、战争；而尊重和保护人权，才能够找到人类这个命运共同体中人性最大的公约数，这是人类道德和人道主义的必然要求。

人的现代化，是权利意识的现代化，是价值观念的现代化，也是世界观和方法论的现代化。唯有不断尊重和保护人的权利，才能推动社会更加文明、公正、和平、繁荣、开放、包容。从制度理念到规则运行再到生活秩序，权利的保护与尊重始终贯穿其中。我们是希望生活在绝不考虑别人权利的社会，还是愿意生活在为别人留条路、"与人方便与己方便"的社会呢？

一念云端，一念尘土。都是我们的选择。

8
"人的劣根性"是压制性社会的产物

鲁迅曾抨击中国人的劣根性，诸如见到权贵的奴性心理，只有活着才是最高目的的狗苟心理，"各人自扫门前雪，莫管他人瓦上霜"的旁观心理，以及精神胜利法所蕴含的自我安慰心理，等等。但这些所谓的劣根性是中华民族与生俱来且不可更改的吗？

"劣根性"归根结底，是长期的压制性社会资源匮乏、规则缺位、救济无效而促使理性人形成的一种自我保护的策略。

在漫长的专制社会，"听话"往往是暂时利益最大化的选择并深深印刻在一代又一代人的记忆之中。古代社会，老百姓能活着已是不易，更别提有尊严的幸福生活。

那时，国家的公力救济往往不好使，司法机关与行政机关合体，无法有效解决公民权利被侵犯的问题，抗争的结果往往是身败名裂，又没有其他的发泄途径，莫不如精神胜利求得一时之安慰。社会无法形成公平、公正、公开的氛围，"管闲事"往往容易"落不是"，国家、社会与个人的利益没有挂钩，人们没有动力和能力管别人的"闲事"。老百姓还没有习惯遵守普遍性的规则以及感受到形成规则后所带来的利益。更多的是，制定规则者不用遵守规则，遵守规则者不参与制定规则。

因此，在专制社会，遵守规则往往被看作是没能力的表现，有权的用特权，有钱的花钱，没钱的靠抢才能得到某种不该得到的利益，争抢正是资源匮乏、规则缺失后最理性获得资源的方法。加之农业社会本身的不开放性和国家有意识地阻止多元和开放，渐渐地形成所谓的"劣根性"。

压制性社会既非稳定社会，也非幸福和效率社会。压制性社会无法避免历史周期律。在那个时代，拥有权力、追逐权力往往是大部分人的追求。毕竟得到权力就意味着得到特权，可以享受与大部分人不一样的利益。

不过我们也注意到，在那样的时代，无论高层还是底层，人们要么被权力所压迫而痛苦，要么为攫取权力或维护权力而备受煎熬。

这样的社会既无效率也谈不上幸福。

可以说，那时社会上的大部分人通常都只是权力的附庸，而不是为自己"生活"。特权意识所滋生的机会主义，使人们发现万事"赶早不赶晚"，"会哭会闹才有奶吃"，整个社会急功近利、焦躁不安。拥有权力的人随意地行使权力，人们得不到人格的平等和处理问题时的公平对待，生活得不舒心，大部分人就没有那么强的社会责任感。

"劣根性"是过去那个时代的产物，不是哪个民族固有的，更不是不可移除的。

改革开放以来，人们已不再是见到官员退避三舍、又爱又怕。前段时间，几个官员打伞看孩子做操的行为，在网络上遭到了广泛的批评与指责。特别是中央八项规定出台后，"官老爷"的作风得到了明显改变。

可见不是不能变。

当然，我们看到生活中还有一些现象让人感到不满或不安。比如随地吐痰、不愿排队、到处争抢、"和稀泥"的执法等。治理体系和治理能力的现代化能够解决"劣根性"的问题。

民主是社会责任感的前提，是相互合作的基础。生活中，很多人随地吐痰，但一般人不会在自己的家里随地吐痰。人们感受到家是自己的家，也要让人们深刻认识到，国家也是自己的国家。自己或者代表是规则的制定者，规则能够反映自身的利益，促成了人的社会责任感。

历史上，人们往往把眼睛盯在拥有权力的人身上，因为只有他们才是资源的分配者，唯有媚上才能获得最大的利益。而身边人的利益考虑与不考虑、尊重与不尊重都没有关系。媚上者必压下，而层层压下的后果是，到最底层没人可压，就可能出现精神胜利或形成互害的社会现象。

民主让人们不再像历史上那样，随着大量自治性团体的出现，每个人都拥有自己的权利与声音，只有相互合作才能达到目的和实现利益。

人类的资源是有限的，资源分配合理，会消解一部分不满。但人们仍然会追求特权，希望得到更多资源。所以，有科学的规则特别重要，它能让人们作出明确的利益衡量，促使社会更加文明。比如，吐口痰包在一张纸里会节省很多成本，人们自然不会再随地吐了……

当规则变成铁律，人们渐渐习惯并感受到利益，就会发现许多事情不需要着急，因为规则已经明确了，合理的事情就是能办，不合理的事情抢也办不成。当然规则科学特别重要，规则不能成为制度设计者刁难他人的手段，故意"强人之不能，禁人之必犯"，进而有选择地进行利益交换。这不但不能形成法治思维，还会进一步虚化法治。

因此，制度设计者应当接受某种形式的监督和约束，既包括制定过程需要相关利益人的参与，也包括其他程序的约束和多种形式的监督。

制定制度或形成多数意见后，如果执政者只顾及自己的利益，不考虑国家和社会长远发展，怎么办？这就需要司法机关甚至合宪性审查机关对此进行判断，综合考量，把社会危机纳入规则的轨道并予以化解。

即使运用法治思维和法治方式，解决劣根性的问题也需要一段时间。在这个适应期和过渡期，既要从制度上着手，也要重视孩童的教育。

在德国，每个刚入学的孩子都会有一个更高年级的孩子与之为伴，并带他熟悉新的学校和环境。大学里也经常要求集体完成某项任务，各司其职、各尽其能。这样做既激发了人们相互关心的天性，也使其懂得了合作能够创造更大价值的道理。此外，从小进行过马路不闯红灯、垃圾分类等现场教育，效果也很明显，孩子做到了，对成年人也是一种触动。

在民主法治社会，权力不再那么重要，也不能那么任性，公民的权利不会被包括立法者在内的任何权力所随意侵犯，越来越多的人恢复本真，把工作和生活分清，集中精力干好本职工作，寻求生活的真谛，享受生活，热爱自己生活的土地，热情包容地对待身边的人……

所以说，民主法治与人们的幸福紧密相关，劣根性随着社会的向前发展、认识的不断深入正在离我们远去。

9

过度的"比"，弊大于利

"比"这个字最早出现在甲骨文中，形象是两人步调一致，比肩而行，没有大小的区分。"比"的本义是靠近、并列或挨着，只有挨得很近才有"比较"的可能，因而又有"比较"之义。《诗经·小雅·六月》："比物四骊"，《尔雅·释地》："南方有比翼鸟焉，不比不飞，其名谓之鹣鹣"。从秦朝使用隶书开始，"比"字逐渐演化成两个匕首的"匕"组合在一起，右面的"匕"逐渐大于左面的"匕"，有"明显超越，高出一头"之义。

能不能"比"？我觉得，这个"比"应该是学习，择善而从之，而不应该非要高出一头。今天，我们经常讲初心和使命。我们党的初心和使命就是为中国人民谋幸福，为中华民族谋复兴。必须要强于对方的过度的"比"与初心相悖。

过度的"比"至少有以下坏处。

第一，过度的"比"可能带来反向的效果

现实生活中，有些工作层层加码，要求满意率达到百分之百。有的人自行车丢失，警察认真找了，结果没找到，当事人说，"我对你的工作满意，但丢自行车我不满意，所以不能给你评价'满意'"。有的纯家务事也要政府管，不管就上访，个人利益达不到就给信访工作打"不满意"。因此，有的同志戏称："用了百分之十的精力去管那些该管的，而百分之九十的精力却管了那些不该管的。"这里必须澄清，追求满意率确实对转变政府部门工作态度发挥了重要作用，但不能简单粗暴地作"比"，可以作为参考，绝不

能极端化。现在很多领域都追求"百分之百"，这影响了正常工作的积极性，也不是实事求是的态度。

第二，过于急切的"比"不能准确反映实际情况

人是趋利的动物，这种趋利性无论如何都难以全面克服。以高校科研论文发表数量为例，虽然国家三令五申不以课题论文数量为指标来判断学术水平，但如果没有了这个"学术GDP"，在学校看来，似乎就没法证明自己"强于"别人。有没有思想性、学术性贡献，课题是否真的解决了实际问题都很难直接判断，而发表了多少文章、拿了多少课题好统计，可以"比"。后果是老师们想方设法申请课题、找渠道发表文章，文章的思想性、学术性却难以保证，教学质量深受影响。

第三，过度的"比"容易让人产生等级感

历史上有石崇与王恺争豪，沈万三炫富……失利一方往往心情郁闷，而获利一方也难以长久。现代社会，人有其长，也有其短，人各有志，没必要为一己之利、逞一时之能，非要争个高低上下。过度的"比"会蒙蔽双眼，似乎"GDP"高了，就高人一等，有了俯视旁人的权利和待遇，无谓地增强了等级观念，加剧了心理不平衡。

第四，过度的"比"容易产生极大的心理压力且不"人性"

要求完成符合规律的工作量可以理解，但一些企业单位采取末位淘汰制度，无论多努力，总有一个人会处于"末位"，这等于要人无休止地工作，才能"比"过他人。再如一些高校"非升即走"的规定，虽然能调动教师的工作积极性，激发科研动力，但也加剧了职业压力和焦虑感，可能导致学术功利化、教学质量下降。

人类一直都有结合自身实际学习他人长处的愿望，并为之努力，这是人性自带的光芒，"比"要有度，无须也不应强求。

10
绩效考评无法替代民主评价

为保证各项决策落到实处，各地政府结合实际，设计了一整套绩效考评指标体系。这套指标体系在明确目标导向、助推社会发展、加强群众联系等方面都发挥了重要作用。我们在肯定绩效考评机制积极作用的同时也应当正视其存在的问题。考评机制由于其考评指标、考评操作和考评效果等方面的缺陷，无法全面替代民主评价机制。

很难科学设计考评指标。一是考评指标难以定性、定量。考评指标的文字描述有一定的模糊性，不易准确判断。比如，有些地方的指标体系规定："民意调查、听取意见、专家论证、社会听证、风险评估、合法性审查、集体讨论决定是重大行政决策的必经程序"，但哪些属于重大决策则是一个很主观的判断，因此各方经常在是否"重大"这一问题上扯皮。听取意见应具有广泛性，应听取所有利益相关方的意见，但事实可能是只听取了"路人"或"同路人"的意见，而这在指标体系中很难量化评估。二是考评指标很难面面俱到。虽然一个部门往往要在不同方面接受多个单位的绩效考评，繁复的考评使各级政府不堪其扰，但这些考评都难以涵盖该部门的所有业务，是不完整的。这种数据缺失的抽查式考评容易产生以偏概全的结果，无法正确评价真实的工作绩效。而对指标体系科学性的质疑正是绩效考评的最大软肋。

很难有效进行考评操作。一是考评过程难保公允。在实际考核中，由于各考核评价人员素质能力的差异以及偏误的存在，不同考评者的考核结果差异很大。考核者在进行评估时，会自觉或不自觉地出现各种心理上和行为上的偏向，使考核结果有失公允。实践中，上级来考核，下级常予以接待，如果下级热情接待但上级打分很低，似乎又不近人情。受各种因素影响，同一种类的考评分数往往拉不开距离，有时仅仅差了零点几分。二是弄虚作假在一定范围内存在。一些地方为了及时获得各项指标数据，采取"下级上报—上级审核"的模式，其中"忽悠"和"水分"也难以避免。

很难达到预期考评效果。一是考评结果可比性差。考核结果多为横向比较，即不同城市、不同部门的分数比较，而没有纵向的现任和下任的比较，更没有竞争机制，没有形成足够的压力和动力，无法准确客观地综合衡量一个官员的为政效果。各个部门的业务也不相同，如老干部局和行政执法局的工作就有很大差距，以相同或类似的指标去衡量不同的部门没有足够的说服力。二是考评并未全面调动和激发工作的积极性。对一些指标的片面追求导致政府忽视没有纳入指标体系或在指标体系中所占权重较低的工作，使相关部门工作动力严重不足，不愿发挥能动性办好事，既然多做多错，"惰政"成为越来越多人的选择。另外，当一个单位出现了重大事故被曝光时，就会被"一票否决"，这意味着这个单位的其他工作同时被全面否定，工作积极性深受影响。三是考评与问责结合不够紧密。由于考评机制无法全面准确科学地衡量官员的执政效果，因此很难有效设计问责、惩戒等跟进机制。"环保考核追不上官员升迁"正是这一问题的写照。而轰动性的案件作为偶然性因素成为追责的主要原因，这种情形下的问责多被认为是"躺着也中枪的倒霉蛋"，很难形成普遍的社会威慑力。

有一些地方的绩效评价由两部分组成，一部分是上级对下级的考评，一部分是民众对相关部门的满意度测评。本来民众参与评价是好事，但这种民众满意度测评也存在很多问题：一是受经费、人力和时间等因素的制约，满意度测评只能适当选取被调查人。一般而言，少的只调查几十人，多的调查几百人或上千人，其中还有很多是当地政府的"关系人"，这与民众整体相比较，样本显然不够科学。二是测评主要看百姓对政府工作满意与否，而接受调查的百姓往往受一时的心情或政府做法的影响，比如受访前一天电视或报纸的信息就可能导致其作出不一样的判断，随意性很大，很难成为科学依据。实践中排除政府干扰的独立调查机构所调查的百姓满意度指数往往很低，与政府自我考核的结果形成鲜明反差。

考核的根本目的是确保政府和干部为人民群众谋福利，督促其做到"权为民所用，情为民所系，利为民所谋"。各级领导干部是人民的公仆，是公权力的行使者，因此对其评价的应当是广大人民群众，而不仅是上级机关。这才能客观、真实地反映政府的工作效用。执政者的自信正是源于民众的信任，没有民众的广泛支持，就不可能有良性的社会管理。

总体而言，当前绩效考评机制收效甚微，正是无法准确判断民意、民主性不足造成的。民主是办坏事必须承担责任的机制，是办好事持之以恒的动力，是执政信心的来源和合法性的根基。民主评价机制不需要全面定量定性，因为它在执政者与人民之间确立了一种牢不可分的天然联系，无论愿不愿意，都被捆绑在一个利益共同体中。

民主评价机制不是对一时一事的评价，而是一个固定时间段对政府活动效用的综合性评价，并直接决定执政者的去留，这显然比一事一议更符合社会管理的规律。"党内民主是党的生命"，是平稳实现人民民主的前提，是提供各级政府良法善治动力的主要抓手，是当下协调各方利益的有效措施。提前抢占民主的高地，对于执政党而言利大于弊。当然，在充分的民主评价机制建立之前，绩效考评仍是个有效办法。但应当认识到绩效考评机制只能是民主评价机制的辅助补偿机制，而不能替代民主评价机制。

（《学习时报》2013 年 9 月 10 日）

11
靠"数数"评价教师（人）不科学

高校教师的工作，一方面，传授既有知识，通过教学讨论等方式为培养学生的判断、表达、创造等解决问题的能力提供积淀和可能；另一方面，通过自己在教学过程中的思考，结合现实的需要和深刻观察，推动人类在认知方面的升华或者提供解决实际问题的方法。文、理、工科皆是如此。从古至今，创造性的工作从来不是靠"数数"能够计量的。没有人逼着瓦特改良蒸汽机、卢梭写社会契约论、鲁迅写杂文……他们更多是基于自己的观察、兴趣和社会责任感等与生俱来的品质及后天习得的知识，完成泽被后世的事业。

用"数数"的方式来评价创造能力和解决实际问题是幼稚可笑的。比如，一年发表几篇文章，得到多少个课题，课题拿到了多少钱；更神奇的是横向的课题更"值钱"，不同等级的期刊分值又不同，得了奖还可以加分，讲课学生给了多少分……为了得到可以数出来的"分"，教学科研工作不再是一种出于学术兴趣和责任感的事业，而是来自"数数"压力的被动工作。一些违背常理和常识的奇谈怪论因此应运而生，学术造假屡禁不止，用"高深莫测"的话语包装出根本不解决问题的文章层出不穷……在成年人的世界，我们知道，找到办不成事情的办法其实很容易，怎么办成事才需要智慧。但"数数"的方式很容易让人放弃继续深入思考的责任感，驱使人们采取更浪费时间精力且收效不大、危害不小的方式进行所谓的研究。把本来没有高低贵贱之分的知识、科学、技术进行高端低端的划分。当然，国家、社会、企业可以在小范围内用课题的形式引导一部分人作相关研究，但高校不能认为不进行这些研究就是对学术没贡献、对社会没贡献。比如，一个科学家解决了老百姓生活中或者工厂里的实际困难，能说对社会没贡献吗？一个学者没有课题支持、没有各种学术光环，却做出了重要的研究成果，不更值得尊重吗？一篇文章没那么冗长难懂但切中要害，一个倡导或者呼吁推动了社会进步……这些就不重要吗？

这种靠"数数"来评价教师的方式至少有以下害处：第一，极大地浪费了高校的人力智力资源。"聪明人"本该把才智放在真正创造性的研究或者解决问题上，但为适应"数数"机制不得不去制造看似玄妙却价值不大，堆砌真真假假的数字空谈。第二，难以形成百花齐放、各尽其才的环境。以"数数"的方式来分配资源，必然使有限的资源归于个别高校、个别教师，其他高校和一部分认真教学、潜心搞科研的教师只是"陪太子读书"。本来可以为百姓、企业、社会、国家做点实事，实现自身价值，而在这种评价体系里却经常变得费力不讨好，教学科研工作的主动性和积极性深受影响。第三，教学成果因难以有效评估而被"数数"的科研冲淡，有些大学老师不是引导学生学习并掌握解决问题的方法，而是围绕"数数"制度焦头烂额，学生没能成长为适应未来社会的解决问题的人才。第四，扭曲了学术性。由于"数字"的"极端重要性"，凡是能够掌控"数字"的人都变成了资源的拥有者，促使部分教师变得急功近利，不再关心研究内容的思想性和真正的创造性，而更关心谁占有"资源"，抢占或"巴结"资源的拥有者，逐渐丧失科研创新的相对独立性，社会价值难以真正实现。长此以往，违背常识、常理、常情的观点和不务实的教学研究有成为主流的风险，而专家在老百姓的眼里将可能沦为"砖家"。

"数数"的方式对管理者制造稀缺有"好处"，对一些已经适应或者拥有相关资源的人有"好处"，对于硬要把人进行分类有"好处"，但对社会整体而言是弊大于利。

宽松的学术环境造就有责任感、有创造性的成果，功利的学术环境培养的是"长不大的孩子"。这里的"宽松"并非鼓励不作科研，也不是发表文章一概无用，不能极端化理解。成果中有很多真知灼见、有助于提升思维的好文章，也有很多解决问题的好办法，不过需要在"多如牛毛"的文章中去找寻。真正的学术研究不是"逼"出来的，创新性的成果往往通过艰苦努力而水到渠成。逼可以"抄"，但很难"超"。我们不反对评价激励机制，但评价要适度，方法要科学。计数式的评价可以作为辅助手段，而非决定性机制。

追根溯源，"数数"的方式仍然是从上到下的管理而非治理。这种方式在很多领域不同程度存在，绩效制度设计得再缜密也不可能穷尽世界的万般变化。本来可以把精力用在更具有开拓性、更符合老百姓利益、更适应实际情况的地方，可现在有些领导干部和科研人员忙于数字、追求政绩就已经焦头烂额，更无暇顾及其他。评价应是综合性的，过度强调某一方面，很容易用力过猛而扭曲。

忙于"数数"的时代不结束，具有广泛意义的发挥大家聪明才智的时代则很难到来。

12

"讨好型社会"如何转变?

讨好不等于表达善意,讨好不等于服务,讨好不等于忠诚。讨好型社会虽然可以营造一种表面和谐融洽的景象,但有很多危害。讨好型社会无法真正发现自我、发展自我,无法真实判断人的意图,也不利于社会创新,不利于形成正常的社交关系和促进社会发展。进入现代文明社会,人格权的独立性和人格权受到尊重都要求改变"讨好型文化"。

一、"讨好型文化"的危害

在日常生活中,广泛存在为了取悦他人而迎合他人、迎合社会舆论或社会期望的现象。这种迎合主要来自下属讨好上司、病人讨好医生、家长讨好老师、商人讨好公务员等有利害关系的人群之间……但有的时候也不限于明显的利益方,朋友、同事之间也常有这种现象。

这种取悦和迎合被大众文化所认可,甚至被认为是一种"良善"的习惯,本文称之为"讨好型文化"。"讨好"虽然与"善意""服务"和"忠诚"等表达有一定的交集,但也有很大的不同。

讨好不同于表达善意。善意是人与人相互之间的表达,是一种内在的修养;而讨好往往表现为单向度,即讨好的对象一般是拥有一定资源的人,通常无法判断讨好者的内在修养,很多时候讨好者的语言和行为甚至让人反感。

讨好不同于服务。服务是基于工作属性,每个人在这个社会上都在从事某项服务于他人的工作,基于职业的服务虽然也表现为一定程度的讨好,但仅限于工作业务之内;而讨好则延伸至私人领域和生活的方方面面,且讨好与服务在迎合的程度上也有所不同。

讨好不同于忠诚。忠诚往往基于历史的信赖或者价值观相近，是由内而外的一种表现，忠诚可以在关键时刻甚至弱势情形下仍愿意竭尽全力，肝脑涂地；讨好则多是对资源拥有者的奉迎，讨好的语言和行为不代表对被讨好者的忠诚，无法判断讨好者的个性和价值，很可能说一套做一套，阳奉阴违，也可能虽未有实践表现，但内心与被讨好者背道而驰。

讨好型社会的危害主要变现在：第一，丧失人作为人的自我价值感。人的自我价值的实现源于通过自身努力创造新的价值，从而满足社会、他人及自己的需要，表现为一定的成就感。而一味地迎合，背离了自己创造价值的可能性，因而难以产生自我成就感，难以由衷激发社会责任感。第二，导致自我压抑和内心冲突。为了迎合他人，往往会放弃自己的喜好和想法，甚至会忽视自己的需要和欲望，导致自我压抑和痛苦。第三，难以坦诚相待，无法准确找到与他人真实的交集。因害怕被拒绝或失去别人的好感，会不自觉地隐藏自己的真实想法和感受，难以真正与他人建立深入的关系。第四，对于被讨好者，容易迷失自我，个人的独立能力也随之萎缩。第五，影响社会正常发展。讨好的行为不顾及社会正常发展，往往用力过猛，有时甚至仅仅出于猜测，很可能偏离本来的方向，扭曲真实的情况，也会产生极大的不确定性，使社会难以产生合理的预期。

二、"讨好型文化"的成因

"讨好型文化"的成因很多，主要包括：第一，教育未能跟上时代的进步和人类文明的发展。过多强调孩子要遵从他人的期望和需求，而不是尊重自己的想法和感受；过分追求功利主义，以利益最大化为判断行为的唯一标准，而忽视了核心价值的树立与实现。第二，资源过于集中。如果资源过于集中，人们没有选择的权利，个人诉求表达的制度供给不足，"讨好"就可能成为最为"理性"的选择。第三，法治尚不健全。首先，法治不健全容易造成机会主义盛行，加上资源集中，很容易使"讨好"泛滥。其次，法治不健全，个人的权利保护不够，自然有"背靠大树好乘凉"的想法。最后，违反法治合法性原则或者合理性原则的做法在一定程度上存在，使"讨好"成为成事的必要条件。第四，社会保障不充分。社会保障越充分，人们对他人和社会的依赖度就越低，"讨好"行为就越没有市场。第五，过分的竞争模式。竞争越激烈，"讨好"就越有市场。再加上社交环境中存在着一些不健康的思想行为，如盲目攀比、追求享乐、"圈子文化"等，都可能导致人们为了取悦别人而不断地迎合他人。

美国人本主义心理学家马斯洛提出人类有五种基本需要（层次由低到高）：生理需要；安全需要；归属和爱的需要；尊重需要；自我实现的需要。后来他又在尊重需要和自我实现的需要之间增加了认知需要和审美需要。马斯洛指出，只有低级需要基本满足后才会出现高一级的需要，只有所有的需要相继满足后，才会出现自我实现的需要。讨好型社会的主体还没有表现出对更高层次的追求，甚至主要争夺的仍是一般性的生理需要。随着中国式现代化的不断推进，从安全需要到自我价值实现，这些心理上的需求必将成为更多的人对美好生活的新期待，也注定呼唤从"讨好型社会"向"服务型社会"转变。

三、"讨好型文化"的转换

进入现代文明社会，人格权的独立性和人格权受到尊重，都要求改变"讨好型文化"，实现这样的改变需要以下几方面的努力。

第一，培养有独立人格的创新型人才。要求在教育领域更多提倡自我表达：鼓励人们真实地表达自己的想法和感受，而不是为了取悦他人、迎合他人。培养具有独立人格的创新型人才是创新型社会和形成共建共治共享局面必不可少的条件。

第二，发展全过程人民民主。全过程人民民主是社会主义民主政治的本质属性，是中国式现代化的本质要求，是公民有权利、有意识、有能力自我表达、纠正错误和合理分配资源的重要方式。充分发展全过程人民民主，才能保障人民当家作主，不依赖讨好而成为有话语权、负责任的人。

第三，坚持全面依法治国。随着全面依法治国的推进，权力只能依据通过正当方式建立起来的标准来执行，这就避免了权力的专断，减少了机会主义，增强了可预期性。每个人都可以挺直腰板做人。全面依法治国背景下的执法，既不是古代"人情社会"的人情执法，也不是冷冰冰的机械执法，合理的事情可以得到合理的对待，"讨好"的必要性就会大幅度降低。

第四，健全社会保障体系。切实把"幼有所育、学有所教、劳有所得、病有所医、老有所养、住有所居、弱有所扶"落到实处，老百姓不再为教育、医疗、养老等基本保障问题担忧，也不再因这些问题被区别对待。

第五，推进现代文化建设。社会主义核心价值观意义重大，影响深远，有必要深入开展宣传教育。发展面向现代化、面向世界、面向未来的，民族的科学的大众的社会主义文化，积极营造支持个人自由表达、拥有自我意识、激发全民族文化创新创造活力的文化氛围。

第六，团结合作型社会建设。社会发展的本质不是你输我赢、你死我活的竞争，不是"有限游戏"，而是能够持久发展、身心愉悦发展的团结合作型社会，是能够确保社会发展、民族延续的"无限游戏"。适度竞争是建设团结合作型社会的应有之义，但过度竞争、不正当竞争则会阻碍社会进步。

习近平总书记在党的二十大报告中指出："全面建设社会主义现代化国家、全面推进中华民族伟大复兴，关键在党。"[①] 坚持党的自我革命，不断完善与革新，从而推动"讨好型社会"在中国式现代化的语境和大背景下转型，是实现中华民族伟大复兴的必要途径。

---

① 习近平：《高举中国特色社会主义伟大旗帜 为全面建设社会主义现代化国家而团结奋斗——在中国共产党第二十次全国代表大会上的报告》，《人民日报》2022 年 10 月 26 日。

13
为什么法不规范情感？

　　法律一般不对情感、想象、未实现的意图等进行规范，特别是不用强制的手段来限定情感，这是现代社会一条基本的法律原则。被确立为原则，至少有以下几个原因。

　　第一，情感自由是人的基本权利，不具备法律所追求的统一性。人天生具有情感需求，这源于人的自我本能需求和社会交往需求。情感的本质是一种主观感受，代表着我们对观察或经历的情境的反应，能为我们的行动提供动力和指引，是当下的我们与周围环境发生关联的方式。所有情感都伴随着特定生理变化，也受到主体所处的语言和文化环境的制约。对于爱与恨的表达，在不同地区之间以及同一地区的不同人之间始终存在着差异。情感有很多共同性，比如大多数人都痛恨杀人、强奸等暴力行为，都热爱自己生存的土地等。但是，情感的差异性也很明显，比如对"美"的认知，正如"汝之蜜糖，彼之砒霜"。绝对的统一性情感并不存在。大同之中必有小异，强制的统一会使每一个小异都具有危险。我们无法阻止任何人仅在思想上去恨我们所爱的人和物，也不能要求任何人只能按照特定的言行与我们共同表达同一种爱或恨，因为这并不必要，也不真实。情感的隐私性和个体化，决定了对情感的外化行为不宜过度干预，限制情感的外化行为虽然看似表达同一种感情，却往往内心另有所好，极容易产生虚伪和不负责任的情况。

　　情感的差异性和难以观察的属性都决定了它应当是自由的，情感自由是人所享有的一项基本权利，不宜通过法律的惩罚手段强求统一。

第二，法律规范情感缺乏现实基础，不具有可执行性，缺乏谦抑性。假定法律规范情感具有正当性，其执行就不可避免地要由特定执法者来进行。情感是一种包含判断功能的感知，具有极强的主观性。此时，执法者的个体判断将占据主导地位，使此类法律实施的过程成为执法者个体情感的压倒性展示的过程。这将给法律实施造成极大的风险。因此，法律，特别是惩罚性的法律，所指向的往往是可感知的、无争议的、恶的客观行为，其对于主观性极强的情感很难具有可执行性。

"法律是使人们服从规则之治的事业"，通过惩罚这一手段对特定行为进行责难以实现维护良知之目的。惩罚的本质即是斥责，是严厉的责难。最好的惩罚应是尽可能采取最富有表现力的、代价又最低的方式进行责备。因此，惩罚性的法律务必保持谦抑性。现代立法是一项科学的活动，是对历史教训的总结，发挥固根本、稳预期、利长远的作用。虽然也表现为一定程度上对自由的限制，但最根本的目的是实现广大人民群众的自由，带有良善和导向文明的意蕴。

第三，法律规范情感不利于创新与进步。中世纪欧洲有很多情感性惩罚规定，人们的言行只有完全符合教会的规定时才被认为表达了对上帝尊重的情感，否则将面临所谓"法律"的惩罚。在这一时期，欧洲人民处于水深火热的生活之中，社会发展缓慢。文艺复兴和启蒙运动之后，欧洲人民可自由地通过各种言行来表达自己对上帝的信仰之情感。反观历史，恰恰是宗教口中的"异端"之思使"地球不再被认为是宇宙的中心"，使"人之为人"成为常态，产生了巨大的创造力，社会以此为起点获得巨大进步。

情感与创新均来自人的主观能动性，自由的情感是创新的来源和动力之一，也是社会文明的标志之一。现代法治文明的标志之一在于"枪口能抬高一厘米"，这源于有血有肉的人对与自己有血脉联系的同类具有天然的怜悯和呵护之情感。进入人工智能时代，人工智能正在一步步地取代人的许多工作。那些不断被取代的工作基本上具有一个共性，即可重复性。重复性源于单一性。由于单一，所以不变，其在过去、现在和将来均如此模样；由于单一，所以极易被复制，缺乏挑战性和创新性。情感是人区别于机器的重要标志。人的情感具有多元性和不可预测性，因此，人类社会才会永远具有创新性和创造力，进而不断进步。用法律来规范情感，情感会逐渐单一化，最终可能阻碍人类社会的前行之路。

虽然我们依然可以在一些国家找出对情感予以过度关心的极端的例子，但凡是规范人的情感或思想的行为，都显而易见地给百姓造成一定风险。随着社会发展变迁，有些争论在所难免，希望这一讨论有助于夯实法治中国的社会基石，推动法治中国更稳健地前行。

第二章

依法治理·可预可信

——论提升社会治理法治化水平

　　法治是治国理政的基本方式。作为"能够变化并且经常处于变化过程中的有机体"，现代社会的转型实质上是现代性元素逐步替换传统性元素的动态过程。这一结构性的变化催生了日益复杂的治理形势与日趋多元的治理需求。为适应新形势下的需求，需要提升社会治理法治化水平，社会治理体系也需要嵌入法治思维和法治方式，在人们心中形成可预期性，进而塑造公信力。在迈向中国式现代化的伟大进程中，要善于发挥法治固根本、稳预期、利长远的保障作用，让人民群众在社会治理过程中感受到"看得见的法治，摸得着的幸福"。

1
依法治国是中华文明最关键的一次"进化"

　　生物学意义上的"进化"是指种群基因频率的改变，使有利于生存与繁殖的遗传性状变得更为普遍，使有害的性状变得更为稀有。"进化"的核心是产生最适合环境的变异，使"适应"得以发生。与自然界一样，人类社会的进步也是渐进的。但在一些特殊的历史时期则表现出更为明显的"进化"特征，一定程度上摆脱了路径依赖，即在量变积累的基础上达到某种质变，进而促进中华文明的大进步、大发展。

　　春秋战国时期，奴隶制度走向鼎盛，同时也进入了奴隶社会的"高水平均衡陷阱"，即建立在奴隶制基础上的社会生产力已经达到顶峰，作为社会主要劳动力的奴隶无法取得一般人的社会地位，进而渐趋失去创造力，中华文明自然开始转向对既往国家治理方式的批判和重新选择。以郑国子产明法"救世"为开端，因势变法，铸刑书于鼎上，打破了"刑不可知，则威不可测"的绝对人治治理方式，开辟了一种用法律治理国家的新的统治模式。其后又有邓析竹刑、吴起变法、李悝变法、商鞅变法种种。凡是采用法律作为主要治理方式的国家都出现了一时的繁盛局面。然而，这些"法治"国家往往昙花一现，秦国在统一六国后，仅仅执政了十五年就被推翻，引起了统治阶层内部"亡秦者，秦也"的思考，进而转向"外儒内法"的治理方式，希望通过"宽""德"来缓和统治阶级和被统治阶级的矛盾。唐代作为中国封建社会的巅峰，吸取了历朝经验教训，发现历史周期率正是统治阶级在执政一段时间后，把人民利益从国家利益分配中切割出去造成的，因此提出了

"水能载舟，亦能覆舟"的执政思考，把更多精力投放到合理分配利益上去。《唐律疏议》《唐六典》等都堪称法律的传世之作，统治者重视建立在人民利益基础上的法制，缔造了兴盛的社会、繁荣的文化、碰撞的思想。在"良法"的治理下，经济、科技、政治等社会各方面在当时都居于世界领先地位。唐宋时期，中国的生产力再次达到顶峰，随后又出现了一次"高水平均衡陷阱"，即依赖农业生产的封建社会生产力难以大幅度提升。随后明清开始有了现代经济的萌芽，但由于与封建社会治理方式格格不入而备受打击，没能形成气候。

1949 年中华人民共和国成立以后，经过 30 年的实践探索，中国共产党作出了改革开放的伟大历史决定，打破了旧的意识束缚，实行社会主义市场经济，极大地提升了人民的创造性。与此同时，市场经济下的矛盾也呈现凸显的趋势，但这并不是中国所独有的情况，而是"进化"中的国家的共同特征。在《旧制度与大革命》一书中，法国历史学家托克维尔以其敏锐的观察提醒世人：改革必须到位，否则，一方面，改革激起人们对利益的渴望，另一方面，权力无处不在，时时刻刻压制着正常的需求，这是很危险的。我们认识到，既要保持社会主义市场经济的主体地位，又要认清市场经济必须与自由、平等、规范的民主法治社会环境相结合。如何渡过"进化"的"深水区"，化解"进化"的风险？党中央适时提出"全面推进依法治国"的战略决策，既是一剂猛药，也是一剂良药。法治的诸要素中，"平等"保障了人的尊严，"自由"增强了社会的创造力，"民主"促进了社会的责任感，"秩序"提高了社会的稳定度。厉行法治为社会主义市场经济提供了明确的指引，维护了正常的市场秩序；提供了一个公平公正的社会环境，建立起社会正常的是非观；既能够有效约束公权力，又能够维护正常的社会秩序；既能够促使政府小而有效，又能够促进社会自治，建立权责明确的社会制度；还有助于形成普遍的社会安全感、归属感和自由感。

纵观中国"进化"的历史，也从来不乏反对的声音，从最早的子产铸刑书到王安石变法、张居正改革，再到清末的"恭倭之争"，都是以违反传统为借口阻挠改革和新生事物。事实证明，大凡顺应趋势改革成功的，无不促进了社会的大发展，实现了社会的大繁荣。同时，我们也看到，历史上的改革者虽然贡献巨大，名垂青史，但改革多因最高统治者的变化而不能持续，改革者被罢黜甚至丧命。为什么改革不能持久？核心就在于执政者未能始终保持与人民群众的血肉联系，未能时刻关注百姓的利益所在，未能建立起现代国家所必备的人民当家作主和权力制约的法治秩序，也未能把好的改革成果转化成人民群众的现实利益并用制度固定下来、执行下去。习近平总书记多次告诫领导干部，"心无百姓莫为官"，并强调"关键在落实"，"空谈误国，实干兴邦"。以实践为标准，实事求是，切实把法治落在实处，对于巩固党的执政地位、确保国家长治久安，具有十分重要的意义。

进化就意味着改变，意味着除旧布新。推行社会主义市场经济、实施依法治国，是中华文明最关键的一次"进化"，它消除了封建社会官本位的思想，以社会和市场为基础配置资源，使官员真正成为百姓的代言人。当然，每一次"进化"，都可能出现短暂的不稳定期。但只要上下一心，形成法治共识，认识到法治对中国未来的巨大良性影响，把不稳定因素控制在可控的范围内，最终就能够使每一个公民感受到法治所带来的好处，感受到公平正义和自由；就能够避免历史周期率，保持党的执政地位不动摇；就能够促进中国社会成功转型，实现中华民族伟大复兴的中国梦。

（《法学家茶座》2015 年第 2 期）

2
科学的制度既"防小人"也"养君子"

抑制人性中的"恶"是现代社会制度设计的核心理念和主要内容，同时我们也不能忘记：张扬"善"也是制度设计始终贯穿的重要思想和基础价值。

"陈媚捷救小孩"在网上炒得沸沸扬扬。陈媚捷是上海的实习生，看到三名五六岁孩童头上的重物摇摇欲坠，飞身冲上去救人，自己却被压在了重物底下，胸椎爆裂性骨折，至今不能站立。被救孩子家长写了两份证明其救人的材料后，"至今连声感激都没有"，肇事"重物"所属的工厂更是"没有任何说法"。无独有偶，屡见报端的还有一些被撞的人毫无根据地咬定施救者就是撞人者。这些现象对于中国社会的健康发展显然会产生持久而严重的危害。于是有人责问："遇到这样的事，我们要相信道德还是法律？"严格地讲，这不是良法和道德的冲突。法律不应让人们在良心和规则之间挣扎，在这种问题上，法律应当站在道德这一边，为人们张扬"善"消除障碍。因此，立法者及司法者在制定和适用法律时应当让人们感知到：法律符合人的良知。

以前看到过一个故事，大意是一个商人想要一个王子的马不可得，于是假装病在路上，王子扶他上马，商人上马就跑。王子边追边喊，马可以给你，但你千万别说是怎么得到的，不然以后就没有人敢救助路上的病人了。商人汗颜还马。当然，制度设计者不能要求所有的人都有王子的远见和商人的从善如流，也不能指望个别人既不可靠也不长久的善性发挥。制度设计者应当考虑的是如何稳定地激发出人的善性，鼓励人们做好事，形成良好的社会风气。

　　激发善性首先要解决谁来为受害人埋单以及好人的风险谁来承担的问题。在一个各方面保障都完善的社会里，人被撞后责任不明时，应当由保险公司或者某种特殊的救济基金承担责任，而不是随便抓一个救自己的人作为救命稻草。如果没有其他证据佐证，且施救者不承认，不应认定施救者为责任人。但如果肇事责任人拒不承认，取证后发现是其所为，则要加重惩罚。试想，立法或司法确定这样的规则，会有更多的人愿意忠于自己的良心去救人，没有谁愿意冤枉好人。回到"陈媚捷救人"一案中，在社会保障没有到位的情况下，可判决厂方负主要责任、孩子家属和陈媚捷自己承担一定的责任。毕竟厂方没能妥善管理设备，应负主要责任；孩子家属无论从孩子的监护上还是感情上也都负有一定的个人责任和社会责任；而陈媚捷没有考虑自身的能力，也有一定责任。

　　还有另一个问题，能做好事而不做怎么办？"见死不救"是否要承担责任？精细而科学的制度不但能够肯定"好人好报"，免去做好事的后顾之忧，还能够对应该做而没有做好事的人根据其后果的严重程度进行惩罚。世界上许多国家深谋远虑的制度设计者就规定了救助者的义务。如《德国刑法典》第323条（C）项规定："意外事故、公共危险或困境发生时需要救助，根据行为人当时的情况急救有可能，尤其对自己无重大危险且又不违背其他重要义务而不进行急救的，处1年以下自由刑或罚金。"《法国刑法典》第223-6条规定："任何人能立即采取行动阻止侵犯他人人身之重罪或轻罪发生，这样做对其本人或第三人并无危险，而故意放弃采取此种行动的，处5年监禁并科50万法郎罚金。""任何人对处于危险中的他人，能够个人采取行动，或者能唤起救助行动，且对其本人或第三人均无危险，而故意放弃给予救助的，处前款同样之刑罚。"该法第223-7条规定："任何人故意不采取或故意不唤起能够抗击危及人们安全之灾难的措施，且该措施对其本人或第三人均无危险的，处2年监禁并科20万法郎罚金。"西班牙、意大利、奥地利刑法中也都有类似的规定。

　　从某种程度上来说，人们素质的高低在于是否有科学的制度进行引导和规范。走在西欧国家的马路上，在有红绿灯的地方，你闯红灯，有些车辆甚至会加速行驶；而在没有红绿灯的斑马线，如果有行人，车一般都会停下来让行人先行。为什么？在没有红绿灯的斑马线撞人要负全责。久而久之，人们就养成了斑马线上让路的习惯。高素质正是在科学的符合人性规律的制度长期规范下形成的。制度的科学程度不仅决定社会秩序遵守的程度，还影响人格和品格的塑造和养成。打破"丛林法则"是社会文明的表现。制度虽然是纸面的，但张扬善性的制度效果则可以辐射到生活的点滴之中去，激发出善性的人们才会找回坐公交车让座、为别人开电梯后的一声"谢谢"和善意一笑。

（《学习时报》2011 年 11 月 4 日）

3

"社会稳定" 与 "法治秩序"

——国家治理策略的抉择

社会主义和谐社会的六大基本特征之一就是"安定有序"。无论是倡导"社会稳定"，还是主张"法治秩序"，都是致力于使国家处于安定有序的和谐状态。但细分起来，"社会稳定"与"法治秩序"代表了两种不同的国家治理策略，从内涵、外延到实现手段、作用效果都有所不同。

一、基本内涵

"社会稳定"从字面理解，是指"社会稳固安定，没有变动"，可见，这是一个静态的概念，它更关注事物外化的表象特征，如数量的增减、质的改变等；而"秩序"解释为"社会有条理，不混乱"，它强调一种动态的平衡，更关注事物内在的条理性，如结构、性质、成分在排列组合中的变化。比如一个苹果在快要腐烂前，我们肉眼看这个苹果，仍然可以说它是稳定的，但是它的内部分子结构已经发生了变化，内部已然处于无序的状态。社会也是如此，风平浪静的"稳定"下面往往波涛汹涌，暗藏着各种突发因素；而"秩序"虽然看似表面纷繁复杂，实则各种力量在法治的轨道上相互对冲，井井有条，既自由又普遍地遵守规则。

二、正当性

"社会稳定"具有很强的包容性，既包容了正当行为，也包容了非正当行为。为了达到"稳定"的效果，有时也允许牺牲正当性。牺牲"正当性"的做法虽然可以解决一时的问题，但留下了长久才能显现出来的更为严重的后果：一方面使公民无所适从，没有明确的是非准则；另一方面变相鼓励了"刁民政治"，通过不正当方式，比如通过"暴力抗法"获取不当利益。"法治秩序"则必然具有正当性，即合法性。"法治秩序"自身的规定决定了人们对自身行为的后果是可预期的，它以法律规定的形式使正义公平得以张扬，罪恶遭到惩戒。它首先肯定了多元利益以及不同的诉求，并设计了相应的利益表达、利益诉求、利益约束和利益保障机制，使利益诉求在正当性的前提下以确定规则的形式得以实现或救济，而不需要通过成本更高的其他方式来实现。

三、民主参与性

社会主义和谐社会要求社会主义民主得到充分发扬。离开法律秩序的"稳定"不注重社会公众的参与，或者说公众参与没有条理性，公众参与与否主要出于政治的考虑。因此，"稳定"中的公众参与具有较强的随意性，有时参与，有时不参与，它渗透到社会的各个领域，没有形成规范化的制度。所以，"稳定"中的公民参与经常造成不确定甚至成为不稳定的因素。而"法治秩序"形成本身就是民主决策的结果，它注重培养自由的民众参与机制。在实际中，摈弃法律秩序的"稳定"不强调公众参与，而以法律秩序为核心的"秩序"让公众把好两头，即通过民主制度使民众充分参与到决策的制定和决策的监督层面，中间的法律及决策的执行与适用则交给更为专业的人士，这既符合现代化的社会分工，也有利于提高效率和防止无政府状态。一旦出现问题，通过相应的保障机制来解决。特别是发挥舆论探寻真相的作用，提供给公民参与的充分信息。

四、目的

社会主义和谐社会要求社会充满活力，因此，自由是和谐社会的基本特征和要求。"社会稳定"重视结果，不重点考虑是否实现自由和权利，甚至会有社会稳定与自由权利冲突的论调，认为正是自由影响了社会稳定；而"秩序"则仅仅是实现自由的手段，自由是秩序的目的和动力。"稳定"则担心自由行动一旦形成群体性行为，就没有日常的规范化制度加以疏导。而"秩序"告诉人们可以自由行动，但不是所有具体的自由行动都值得一试。危害国家安全的行为被明确地予以禁止，对社会的不满可以通过合法途径，如书信、电话反映、媒体监督等法定形式表达。自由与权利不足虽然短时间不会显示出危害性，但一旦显现，造成的危害则是巨大的。

五、实现手段

从手段上看，"稳定"更倾向于用政治手段调解纠纷，更注重国家权力的作用；而"秩序"主要运用法律手段解决纠纷，它更注重内在的形成机制。正如法律箴言："秩序并不是一种从外部强施于社会的压力，而是一种从社会内部确立的平衡。""稳定"不希望看到不满，这并不符合矛盾普遍存在的原理，如果所有的"情绪"都通过国家强制力隐藏起来，就忽视了政治性所带来的非规范性可能引起的更大的不公正以及造成更严重的纠纷。而"秩序"首先承认冲突的普遍性，并通过设计交流平台，通过对话、协商机制来解决冲突，通过自由的辩论探讨达成共识，通过制度疏导使不满发泄出来，释放抑郁。如果这种情绪是合理的，那么通过制度为之解决；如果是不合理的，必然被更多的人所反对，而不至于久而久之形成大范围的随时可能迸发的力量。"秩序"使政治国家与公民社会的张力被规范化的公民间的博弈而消解，国家不必再做痛苦的"家长"，而只需做防止逾越的"藩篱"。这既有助于国家轻松有效地治理，也有助于公众从公正的立场解决问题。

六、效果

早在200多年前，法国历史学家、政治家托克维尔在考察美国民主政治并比照法国时，就曾表达过对权利与自由欠缺足够的关怀而造成社会动荡的

担忧，其后法国革命也验证了托克维尔的考察。公民享有充分的权利是公民
主体意识或者说主人意识的前提条件，唯有如此，公民才能更加关心社会事
务，重视社会安定，也深知任何危害社会安定的行为都将损害他们的切身利
益。托克维尔的考察说明，只有建立自由与权利充分保护的秩序，才更有利
于健全人性，激发公民的主体意识和参与意识，生成对国家、社会、他人的
责任感、认同感，使社会长治久安。

中国封建社会是个"治""乱"循环的社会，周期性的社会动荡不断地
把社会拉到原来的出发点，造成社会资源的极大浪费、民生的凋敝和社会的
倒退。之所以无法打破这个周期律，很重要的因素就是公民与国家这对对立
统一的矛盾体一直没有找到有效的策略调和。那么二者间的张力是否有一个
节点，使社会处于公民权利充分保障和国家井然有序的状态呢？秩序或许是
当代社会找到的一剂良方。秩序是一个法治命题，是法治的核心价值，是人
类经验的结晶。传统的保持社会安定的方法和传统的表达不满的方法已经不
适应民智已开、利益多元的社会。传统治理策略求稳怕乱，为了表面安定不
惜一切代价的方式，既增加了维稳的成本，也未从根本上解决问题。法治秩
序实现的不是表面的风平浪静，而是充分享有自由与权利但又在法律之下的
秩序。时代变迁促使政治家的治理策略朝着更适应多元化社会的需求、更有
利于维护公民的权利、更有助于促进社会良性发展的方向作出更为明智的
抉择。

（《学习时报》2009 年 8 月 24 日）

4
法治化处理拆迁矛盾

因拆迁所造成的社会矛盾成为当前中国社会中较为突出的矛盾之一。百姓认为"给钱不够，参与不足"；政府或房地产公司认为"百姓刁蛮，不断加价，给多少钱也不卖，甚至卖了又后悔"。双方站在各自的立场上互不相让。但是，拆迁矛盾不是个死结，通过法治的途径可以得到解决。涉及拆迁的法治基本原则是：第一，明确公共利益所包含的基本内容，防止"浑水摸鱼"；第二，即便为了公共利益也尽最大可能不损害私人利益；第三，损害的私人利益以最大诚意予以补偿；第四，必须在公开透明的公众参与程序制约下实施；第五，所有的权利都有公正救济的途径。法治化处理拆迁矛盾应着力以下几个方面。

在征收的前提——"公共利益"界定上下大功夫

房屋拆迁（除了违法建筑）以国家征收为前提，而征收又以"公共利益"需要为前提。现行各种法律法规对"公共利益"尚未形成成熟的理论标准，《国有土地上房屋征收与补偿条例》试图以列举方式界定公共利益范围，但"法律、行政法规规定的其他公共利益的需要"作为兜底条款又开了很大的口子。建议更加细致地思考房屋征收中所有公共利益的情形，排除其他可能。政府、公民和法院都基于这一标准认定是否属于房屋征收的范围，这将有助于从法律源头减少以"公共利益"为名的商业拆迁。

在规划而非拆迁上下大功夫

拆迁动的是公民最根本的"奶酪"——房屋，因此土地规划中应尽可能减少房屋拆迁。科学合理的规划应当是减少拆迁发生的规划。城市规划做得好的地方有个"问句规则"：拆迁还要规划师做什么？也就是说城市规划设计中，能够绕开拆迁才是"帝王规划"。拆迁是最后的手段，不得不为，应更多考虑城市规划的科学性，尽可能把功夫下在规划上而非拆迁上。在这一点上，法律应提供明确的指引，从而走一条尽最大可能少拆迁的城镇化之路。

在公平合理的补偿标准上下大功夫

拆迁要求公平补偿，何谓公平有两种意见。第一种认为全面市场化，由市场决定；第二种认为，土地是国家所有或者集体所有，因此应当减去所有权人的土地价值后给予补偿。第一种意见由于无法准确评估市场价格可能造成国家财产损失；第二种意见在实际运作中产生了很多矛盾，即便是为了公共利益的征收，百姓得不到合理的补偿他们也不会接受。因此两种意见实际上都因弹性过大而不具操作性。遍观各国拆迁补偿，一点儿不出问题几无可能，但出现问题较少的国家的办法可以归纳为：补偿范围广泛明确；补偿标准科学可行；补偿方式灵活多样。核心是不让被拆迁的老百姓感到吃亏。具体做法是：

一是尽可能把拆迁补偿范围以法律的方式明确下来，并将所有该补偿的都列入补偿范围。补偿除正常范围，还应当包括树木、石土、搬家租房，甚至周边影响、预期损失等。这些钱对于拆迁而言都是"小钱"，但给人的感觉十分规范，让人没话可说。

二是补偿的计算公式。究竟补偿多少合适很难明确，给出一套细致的计算方法显然对于各地都是适用的。中国各地都规定了自己的计算标准，可从中选取较为合理的计算公式。全国统一补偿标准可避免"眼红"和不必要的纷争。

三是灵活多样的选择。如日本的征地补偿方式除现金补偿外，还可采取替代地补偿、迁移代办和工程代办补偿等办法。我国比较成功的模式如广东"货币补偿与留地安置并行"模式，海南三亚、陵水的"主动拆迁与留物业安置"模式以及河北邯郸经济开发区的"长期生活补贴"模式等，都不约而同地增加了替代方式。现在看来，实物补偿更容易得到百姓认同。

此外，毕竟房产是多数百姓最大的一笔财产，为慎重起见，在房产的价格评估上，可以引入第四方、第五方的评估。即拆迁方所邀请的第三方评估如不能令被拆迁人信任，被拆迁人可以邀请第四方进行评估，如果评估差距巨大，处理争议的法院可以再邀请一方进行评估，并确定房产价值。德国就采取这种办法。

在民众参与程序上下大功夫

公民的全程参与是确保其利益免受不当侵犯的最佳途径。民众参与，一方面增加了监督，另一方面"当了家就知道柴米贵"，可以在群众中起到一定的宣传作用。因此，必须通过法律详细规定公民参与的程序，以多种途径确保公民知晓并以最大诚意请他们参加。许多国家从城市规划开始就真诚吸引民众参与进来。在征地和拆迁中更是不遗余力地广泛宣传、协商，真诚希望得到每个人的支持。信息公开是各国的普遍做法，毕竟"阳光是最好的防腐剂，路灯是最好的警察"。注重发挥舆论监督作用，引起公众对可能的腐败问题的关注。

在大型公共项目上可设立拆迁与补偿委员会或者协调小组，由政府主导，邀请被征收人和建设方协商，妥善处理，提出三方合意的征地补偿与拆迁计划书。

反对意见书面回馈机制是保证公民有效参与的重要方式。在规划和拆迁中，公民不同的意见没有被采纳应书面告知其原因，一方面给予公民没有采纳的理由和依据，另一方面有助于真诚倾听不同声音，防范权力的滥用。

在司法救济上下大功夫

前面的工作下足了功夫，绝大多数人的利益就会有保障，最大限度地减少社会的不稳定因素。尽管如此，还可能会有人不满，有人"故土难离"。怎么办？一方面，具有内在正当性的拆迁不应因个别人的情绪而停滞；另一方面，要给他们救济和说理的地方。

法院较政府或信访部门而言是个不错的选择。第一，法院自身具有中立性和相对小的危险性；第二，救济范围具有广泛性和示范性；第三，救济结果具有强制性和终局性等。它弥补了其他社会治理方式的诸多不足。法院的救济大门必须敞开。无论政府对与错，法院都不能采取回避的态度，都要给当事人一个"说法"，从而切实发挥这一社会减压阀与平衡器的作用。虽然上述办法会损害效率，但与后果相较是值得的。

（《学习时报》2013 年 5 月 27 日）

5

法治化化解医患矛盾

　　最近，恶性"伤医事件"频发，总括当下医患纠纷发生的种种缘由，可谓复杂交织，需要从根本上给予妥善的解决，仅依靠群众自觉和医患之间的简单沟通已难以化解这些纠纷。而传统的化解医患纠纷的方式多偏重于"花钱买平安"，用公家钱安抚群众事，这种方式容易产生"示范"效应，从表面看似已经解决纠纷，但从长远看，积压了矛盾，在某个极端事件上易于爆发。因此，要解决当前日益严峻的医患纠纷，我们认为应当以体制机制为突破口，以法治为保障，构筑法治化的医患关系，具体而言包括以下几个方面。

　　一是打造市场化的医疗竞争体制。当前，反映出的公立医院缺乏服务意识，以及和患者沟通能力不强的弊病，正是公立主导体制下公立医院缺乏市场竞争意识，加之信息不对称，导致群众缺乏对医院的足够认知造成的。因此，建立以市场为导向、有效竞争相结合的格局，是法治化处理医患关系的应有之义。这就首先要求，放开医生自由执业的禁锢，可以让医生自由流动，积极参与市场竞争。同时，畅通信息渠道，打造由市场规制的流动机制。民营医院的发展能够及时缓解公立医院的压力，但当前民营医院的发展面临着优秀人才匮乏的困境。通过以上措施，可以引导优秀医疗人才自然有序地向有需要的地方流动，甚至可以引导小病集中于社区诊所，大病进大医院，形成公立与民营有序竞争的新格局。其次，政府"少、慎"参与医院的资源分配，确保医疗资源市场化有效流动。政府主导下的医疗体制，在资源分配上易带有导向偏好和寻租可能，容易将有限的资源分配给实力较强的医院。这样的格局往往造成"强者更强""弱者更弱"，民营"打酱油"仅集中于专科医院，纠纷也往往在大医院"井喷"的困境。格局的改变需要政府将主导权交给市场，通过有效的市场化来化解这些纠纷，这种医疗良性竞争氛围的形成是法治化解决医患矛盾的基石。

二是构筑社会化的医疗保障机制。我国当前选择性医疗保险制度能够实现全民参保，但并不能实现对每个公民的真正保障，特别是农民，"看病难，看病贵"仍然是主要问题。对此，应该完善当下选择性医疗保险制度，在保有城镇职工基本医疗保险的基础上，提高城镇居民医疗保险和新型农村合作医疗保险的报销比例，减轻其医药负担。同时，引进商业医疗保险制度，使其作为传统医疗保险制度的补充机制，以促进整个医疗水平的提升。实践中，引进商业医疗保险制度，不仅可对患者实现医药费的及时补贴，分担其医药负担，而且可将医药纠纷中的风险转移给商业保险机构。此时，商业保险机构可集中力量成立专门的医疗事故或纠纷鉴定机构，进行基本的医疗事故调查或取证，摆脱传统依赖医院本身进行医学鉴定的问题。加快构筑社会化的医疗保险机制，也是法治化化解医患纠纷的关键点。

三是完善中立化的调处配套机制。由于管办不分离，"公立为主导加行政垄断一体化"使得对公立医院缺乏足够的监管，没有客观中立的政府监管机构和监管体制，也就无法形成客观、中立、有效、专业化的监管机制。一般而言，医疗事故纠纷的调查机构往往是该医院本身，系一种典型的"自查自纠"，缺乏独立性与可信性，导致患者不满。因此，有必要设立第三方独立的监督机构或调解机构来进行平衡，保障患者对医疗事故鉴定结果的满意度。此第三方机构应该拥有专业的医学鉴定团队，对种种医疗事故纠纷进行鉴定，且具有一般的权威性，保障其鉴定结果的有效性。该机构之下，可按照法律规定设立专门的医疗纠纷调解机构和仲裁机构，对医患双方进行及时沟通与协商，确保医疗纠纷及时解决；而对机构裁决不服者则可向法院提起诉讼，保障医疗纠纷相对人合法权益。同时，鉴于当下医患关系的紧张程度，医院自身还应该建立相应的事故风险防范机制和纠纷协商机制，保障医患纠纷"早发现，早解决"。此外，要积极改革现有的医院协会、医师协会等行业自律组织和专业技术团体，大力培育和发展患者权益维护组织。引导行业协会和执业协会转变成为有效的行业自律和合法权益维护组织，并引导这些组织有序地开展工作，这是法治化化解医患纠纷的保障。

四是建立示范性的医疗纠纷解决宣传机制。传统的纠纷解决方案，侧重于低调处理、"摆平"为目的的方式，这变相鼓励了"医闹"，容易引发恶性效仿；而法治化的医疗纠纷调处机制，则倡导将矛盾公开化、透明化、合法化地处置。这有赖于建立典型医患纠纷"定期公布机制"，充分借助公共媒体的作用，发挥典型案件的良性示范效应。将典型的、成功的医疗纠纷调解或判决案例定期发布，增强患者对现代法治的信心，有效遏制其产生暴力伤医的不良心理倾向，从而促进和谐医患关系的构建。

（《学习时报》2014 年 5 月 26 日）

6

乞讨者治理需法治化

　　每当走在大中城市火车站、地铁里、大路旁，甚至是行车道上，总能看见一些"惨不忍睹"的乞讨者，或口中喃喃，执碗乞讨；或残肢伏地，逶迤前行；或旁卧老人，磕头不已，甚至还有的别出心裁，以"一拳十元"的方式乞讨。同时，乞丐月入过万、住宾馆、打飞的的新闻屡见报端。究其原因，城市中乞讨者多为"职业化"工作，利用大家对弱势群体的同情心，企图不劳而获，甚至"公司化"运作，成为被黑恶势力所操控的滋生犯罪的群体。

　　对于广大群众来说，面对乞讨者，给钱可能被骗，而且还会诱使更多的人行乞，甚至自残或者残害少年儿童；不给钱又良心上过不去。对于社会而言，当人们没有办法确认是否应该给予乞讨者施舍时，实际上也在不断考验着人们的同情心，甚至损害整个社会的同情心。而乞丐群体，多为老人、小孩、妇女及残疾人等弱势群体，处于社会底层边缘，流动性强，不易管理。因此，加快对乞讨者的法治化治理，既要保护其行乞权，又要打击其中的违法犯罪，而不仅仅是一阵风的运动式或驱逐式管理，才是解决这个两难问题的根本办法。具体建议有以下几点。

　　完善社会救济救助制度。政府首先要以立法的形式保护乞讨者的生存权，保证乞讨者吃得上饭，有地方睡觉。要把乞讨者可以得到国家救济的情况通过新闻媒体使全体民众知悉，也就是让公民知道给不给钱都不会影响他们的生存、在社会主义社会饿不着，这样就不用再考验人们的同情心，有助于人们正确判断是否需要对乞讨者施以援手，防止变相鼓励乞讨者不劳而获并不断扩张。

　　保护未成年人权益。未成年人乞讨或携带未成年人进行乞讨的行为极大地损害了未成年人的身心健康。对于未成年人独立乞讨的，有家庭的应救助返回原籍，没有家庭的应由社会福利部门收养；对于携带未成年人进行乞讨的，要予以严惩。笔者认为，当前要加大执法力度，同时对情节恶劣的还应追究相关人员的刑事责任，这么做可以有效遏制不法者买卖儿童甚至残忍虐待儿童的现象。

严厉打击骗乞及残害他人乞讨的行为。儿童行乞对其一生都会产生巨大的负面影响，不利于儿童乃至整个社会的良性发展。凤凰卫视就曾报道过，一些乞丐头为了激起大家的同情心，把孩子的脚从小就用木板敲残，然后不给治疗，直到"流脓"以便有"更好的卖相"获得人们的同情而得到更高的回报。因此，对于采取欺诈、胁迫等手段骗取他人同情乞讨的，应按社会治安管理办法严肃处理，对于暴力残害他人的，应加紧取证，追究刑事责任。

限定行乞范围，结合城市管理，对行乞时间、行乞地点加以规定。行乞是个人生活方式自由选择，但是这种自由不能损害社会及公众利益，如早晚高峰时段、人流密集区域不准行乞。

乞丐现象在古代主要是缺衣少食造成的，在现代社会则有一部分人不愿工作或更倾向于这种生活方式，因此彻底消除几无可能。可以发挥其他社会组织，如慈善机构、社区、社会团体的作用。

加强宣传教育。既要加强对乞讨人的宣传教育，鼓励他们自食其力、自力更生、自立自强，也要对广大人民群众宣传教育，告诉人民群众乞讨人"有地方吃饭"以及乞讨背后的残忍犯罪行为，让人们作出恰当的判断。

乞讨者的治理法治化迫在眉睫，法治治乞既有助于打击犯罪，又不用考验人们的同情心，是社会和谐和进步的一种重要表现形式。

（《学习时报》2015 年 1 月 12 日）

7

不能只在"禁与不禁"间徘徊

防范电动车带来的危险难道只有"禁行"与"不禁"两种选择吗？"一禁了之"一般而言不是现代治理的主要处理方式，而简单的支持和反对也不是应有的解决问题的态度。解决这类问题的关键应该是让人们遵守交通规则，而不是不让出行。

近日，深圳市掀起了一场史上最严"禁摩限电"整治活动，北京市等地在一些路段也准备实施禁行，风波正在全国蔓延，影响还在持续发酵中。政府禁行自然有其道理和法律依据，摩托车、电动车泛滥，已严重影响市民出行安全，存在重大的交通安全隐患。数据显示，2015 年全年，深圳市涉摩涉电交通事故死亡人数为 41 人，同比上升 27.66%。《深圳经济特区道路交通安全管理条例》《深圳经济特区道路交通安全违法行为处罚条例》等作出了相关规定，《中华人民共和国道路交通安全法》也进行了宽泛的授权，"依法应当登记的非机动车的种类，由省、自治区、直辖市人民政府根据当地实际情况规定"。

这次"禁摩限电"行动引起了社会上的激烈讨论，也不乏质疑的声音，如这一行动的依据是否符合宪法和法律的精神，制定过程是否符合法定程序，是否符合"比例原则""信赖保护原则"，等等。

"禁"与"不禁"双方各执一词，显然也都有其道理。人们在享受电动车带来便利的同时，也时时处处感受到电动车逆行、超速、闯红灯带来的危险。我们要问的是，防范电动车带来的危险只有"禁行"与"不禁"这样的两种选择吗？"一禁了之"一般而言不是现代治理的主要处理方式，而简单的支持和反对也不是应有的解决问题的态度。摩托车、电动车主要的问题不是它们的存在与否，而是车主不遵守交通规则，很多行人也是如此。解决这类问题的关键应该是让人们遵守交通规则，而不是禁行。笔者建议以下几点。

在广泛参与的基础上制定统一的摩托车、电动车甚至自行车的速度、配置、车牌、车灯等规定，明确必须安装车灯，必须拥有车牌照才能上路（主要目的不是为了限制数量，而是为了便于依法追究责任），违法成本必须足以让车主不愿再次违反交通规则。

设计、划定摩托车、电动车、自行车道路，并明确只能在规定道路上行驶。依法惩治不遵守交通法规的摩托车、电动车。交警不可能将所有违反交通规则的车辆全部查处，也不需要一一惩治，只要形成随机性查处的执法环境，即只要看见违反交通规则的摩托车、电动车或者被举报并有充分证据就予以惩罚，形成遵守交规的社会氛围。

利用媒体进行充分的法治宣传，以现实的案例使人们充分了解遵守交通规则的利益和违反规则所带来的实质上的利益损失。久而久之，摩托车也好、电动车也好，甚至行人就会在制度的引导下渐渐养成遵守交通规则的习惯。交通安全了，出行便利了，人们的生活也会更加舒适和幸福。

（《学习时报》2016 年 4 月 21 日）

8
遏制腐败的战略突破口

处理好权力腐败问题，依然是当下和今后较长时期内党和国家一项十分重要和紧迫的任务。在矛盾多发的社会转型时期，要解决好腐败问题，必须坚持"惩防并举、重在建设"的方针。

"惩防并举、重在建设"是我们党多年反腐倡廉斗争的经验总结。从制度完善着手，不断深化体制改革是改革开放 30 多年来党风廉政建设最宝贵的经验。党的十四大、十五大与十六大报告相继提出，建立有效防范以权谋私和行业不正之风的约束机制；通过深化改革，不断铲除腐败现象滋生蔓延的土壤，从源头上预防和解决腐败问题。党的十七大报告在重申"坚持标本兼治、综合治理、惩防并举、注重预防的方针"的基础上，要求建立健全惩治和预防腐败体系。又先后出台了《建立健全教育、制度、监督并重的惩治和预防腐败体系实施纲要》和《建立健全惩治和预防腐败体系2008—2012年工作规划》，提出以建设性的思路、举措和方法推进反腐倡廉建设，使惩治与预防、教育与监督、深化体制改革与完善法律制度有机结合，在坚决惩治腐败的同时，更加注重治本，更加注重预防，更加注重制度建设，做到惩治和预防两手抓、两手都要硬，形成有利于反腐倡廉建设的思想观念、文化氛围、体制条件、法制保证。

惩治与预防腐败不是一句空话，需要实实在在的行动，需要深化体制改革与激励制度创新。党的十七大以来，特别是《建立健全教育、制度、监督并重的惩治和预防腐败体系实施纲要》和《建立健全惩治和预防腐败体系

2008—2012 年工作规划》实施以来，我国在党风廉政建设和反腐败工作上取得不少成就，但随着经济的发展、人民对物质生活越来越高的追求，深入开展这项工作仍然面临一些突出问题。我们认为，未来五至十年，我国预防腐败战略实施应当在以下方面取得突破。

第一，制定国家反腐败总体规划，统一认识，开展行动。2012 年初，胡锦涛总书记在第十七届中央纪委第七次全体会议的讲话中提出，"按照建立健全惩治和预防腐败体系要求，全面推进反腐倡廉各项工作，加强调查研究和科学论证，注重顶层设计和总体规划"。建议由相关机关制定《惩治预防腐败中长期规划（2013—2020）》，专门、系统、全面地部署惩治预防腐败工作。

第二，细化、完善反腐倡廉法律法规建设，实现有法可依。对比反腐成效显著的国家和地区，我国的反腐制度建设存在立法缺位、规定粗疏等问题。我国至今没有一部由全国人大或者全国人大常委会制定的专门的反腐法律。[①] 这与全面实施依法治国方略的要求不相适应。党内廉政法规、国家机关和事业单位内部廉政规定往往不够具体，缺乏可操作性。以新加坡为例，《公务员纪律条例》明文规定，公务礼品价值超过 50 新元必须交公。

第三，强化反腐机构建设，特别是发挥检察机关的法律监督职能，实现规范化、法治化反腐。监督机构的独立性是监督有效性的重要前提。在目前宪法确立的政治体制框架下，已有一个独立于行政机关、审判机关的法律监督机关——检察机关。可以修改《中华人民共和国人民检察院组织法》及相关法律法规，强化检察机关对行政机关的法律监督权，并按照独立的法律监督属性建立健全领导体制和管理体制。

最后，有必要提出的是，解决中国腐败问题有两个策略：一是自然进化策略，即相关文化、意识、制度逐步积累跟进，最终发展成为规范化的反腐

[①]　2018 年 3 月 20 日，十三届全国人大一次会议表决通过了《中华人民共和国监察法》，该法为首部反腐败国家立法。

败综合治理模式；二是"理性改革"策略，即切实深化体制改革，包括建立独立有效的反腐败机构，从制度上强化权力监督和制约等。从长治久安计，改革将会有利于维护每一个公民的幸福和尊严，有助于凝聚民心，保持党的先进性，巩固党的执政地位，增强党的执政能力，实现中华民族的伟大复兴。

（《中国社会科学报》2012 年 3 月 19 日）

9
对监察委员会的监督制度设计

党的十八大以来，中央强力反腐，形成巨大的震慑效应，取得了显著成效。为了保持反腐败工作持久的高压态势，扎紧制度的笼子，实现监督的全覆盖，优化政治生态，监察委员会的改革势在必行。这也是执政党自我完善、自我革命的重要举措。

毫无疑问，任何权力都有走向专断的风险。国家监察权可能囊括从调查、审计、建议到处分、侦查、预审等环节的全方位监督的权力，所以对这项权力的监督也要进行更为严密的制度设计。防止"灯下黑"，既是保障这项新的国家权力正常行使的需要，也是维护国家监察权持久公信力的保证。对于监察委员会的监督，笔者认为至少应当包括以下九个方面的内容。

第一，完善监督执纪过程中的程序监督。2017年1月，中央纪委制定了《中国共产党纪律检查机关监督执纪工作规则（试行）》[①]，这一规则强调工作流程的规范化、科学化，强化自我约束机制，是党的纪律检查机关进行自我监督的重要依据。规则明确细化了多个工作环节、流程的处理时限。如线索处置不得拖延和积压，处置意见应当在收到问题线索之日起30日内提出，并制定处置方案，履行审批手续；立案审查中，对严重违纪涉嫌犯罪人员采取审查措施，应当在24小时内通知被审查人亲属；同时，注重工作

---

① 《中国共产党纪律检查机关监督执纪工作规则（试行）》已于2019年1月1日废止，现施行的是《中国共产党纪律检查机关监督执纪工作规则》。

过程中档案、记录的留存，不仅要有文字记录，还应当有影像记录。立案审查中，审查谈话、执行审查措施、调查取证等审查事项，必须由 2 名以上执纪人员共同进行；案件审理中，审理组成员必须在 2 人以上；坚持审查与审理分离，审查人员不得参与审理等。严密的程序规范，能够形成内部职能、职责的制衡，能够聚焦关键点和风险点，规范程序，严格监督纪律，有力回应"谁来监督纪委"的社会关切，强化自我监督的"防火墙"。

第二，进一步加强监察机关的自我监督。建议在现有程序上完善内部监察部门的工作流程。可以设计随机监督与专项监督相结合的制度，建立完善内部监督部门依程序随时随机对纪检人员的监督程序。设计专项监督，比如对一些重大事项和重要人物启动的监察程序，可以依申请对相关责任人予以全方位审查，一是避免受到干扰，防止出现利益勾连，影响案件查处；二是更容易把案件办成铁案，防止未来由于涉案人员利害关系影响案件质量。

在内部管理上，建议办案部门和综合部门适当分离，这种分离并不是物理上的分离，而是工作上保持一定的距离。可以适当借鉴香港廉政公署的分离制度。比如，为了防止内部打听、走漏案情和说情、打招呼等行为的出现，贪污处和社区关系处的工作人员由于不办案，不承担相应案件的承办风险，因此不允许进入执行处办案区。这种禁止规定，都是通过一张门禁卡来执行，廉署职员的工作证和门禁卡合为一体，上班时必须刷卡才能进入大楼，每层楼、每个工作区都相对封闭，进出人员必须刷卡。每张卡都植入了芯片，一刷卡，计算机中心就作了相应记录。如果某个工作小组的案情发生了泄露或者被举报有说情现象，那么调取计算机中心相应出入口的门禁卡记录，就可以知道哪位职员在什么时间刷卡进入、什么时间离开、停留了多长时间、一共来过几次、同处工作区的还有谁等。不属于本工作区的职员，当然成为最大嫌疑的泄密者，必须接受内部调查。当前，完全有条件通过科技手段，达到内部有效监督的目的，监察委员会机关可以尽量通过科技手段，实现监察室和行政综合等部门适当分离，从完善内部管理上，实现更好的自我监督。

第三，加快建立律师介入制度。毫无疑问，无论什么人，都应该拥有人权保障。律师介入既是人权保障的需要，也是防范权力滥用的要求。首先，充分有效地保障律师在调查阶段的权利。确保辩护律师在监察机关调查阶段可以为犯罪嫌疑人提供法律帮助，代为申诉、控告，申请变更强制措施，向监察机关了解犯罪嫌疑人的罪名和案件有关情况，提出意见。其次，监察机关在第一次开始讯问犯罪嫌疑人或者对其采取留置等强制措施的时候，应当告知犯罪嫌疑人有权委托辩护人，并告知其如果经济困难或者其他原因没有聘请辩护人的，可以申请法律援助。辩护律师持律师执业证书、律师事务所证明和委托书或者法律援助公函要求会见在押的犯罪嫌疑人，监察部门应当及时安排会见，并设置一定的期限，如最迟不超过 48 小时。

值得一提的是，现有的《中华人民共和国刑事诉讼法》和《人民检察院刑事诉讼规则》都对特别重大贿赂犯罪案件在侦查期间辩护律师会见在押的犯罪嫌疑人，作出了应当经侦查机关许可的规定。对于已经成熟并实施多年的法律规则，在未来的国家监察立法中，可以继续借鉴并适当保留有关规定。但是考虑到在实际执行过程中，由于对特别重大贿赂犯罪的理解争议和《最高人民法院、最高人民检察院关于办理贪污贿赂刑事案件适用法律若干问题的解释》的出台，提高了犯罪的门槛等因素，建议可以适当提高贿赂犯罪数额的门槛，比如由 50 万元提高至 300 万元，并进一步明确重大社会影响和涉及国家重大利益的范围，防止以此为由变相剥夺律师会见的权利，堵塞制度漏洞。

第四，完善社会监督体系。建议把每年处理案件的具体情况向社会公布，可以通过发布监察工作年度白皮书、专项监察工作白皮书，定期举行新闻发布会，适时公布典型案例等形式，针对人民群众密切关心的案件、社会影响力大的案件，及时传递权威信息，让社会更全面、更便捷地了解案件处理情况。对于不属于监察范围、被舆情炒作、属于诬告陷害的，因为事实不清、证据不足不立案的，及时与媒体沟通，通过权威媒体发布、预防部门释法说理，以及监察委员会官方网站、微信公众号等方式向社会及时公布。特别是随着办案人员数量的大幅度增加，建议监察机关不仅要对予以查处的案件高度重视、跟踪督办，对于不予查处的案件，也要及时回复，厘清政策、讲明道理、阐释缘由，并建立非增加新的证据"一事不再理"制度，未予处理的也要存档并适当向社会公开，通过"媒体开放日""人大代表参访""监督员制度"等方式接受随机检查。

第五，加强新闻媒体和社会舆论的监督。舆论监督除了具有广泛性和开放性的优势外，还可以有较高的思辨度，这对于国家监察机构的监督也会发挥重要作用。习近平总书记在党的新闻舆论工作座谈会上强调："新闻媒体要直面工作中存在的问题，直面社会丑恶现象，激浊扬清、针砭时弊，同时发表批评性报道要事实准确、分析客观。"新闻舆论监督的强弱，实际上是一个社会文明程度的重要表现。现实生活中，往往是"不怕内部通报，就怕媒体曝光"，这体现的其实就是舆论监督的威力。"阳光是最好的防腐剂"，鉴于各级纪委近年来在接受媒体监督和主动与媒体沟通方面取得的突出成效，建议监察委员会要继续并大胆做接受新闻媒体和社会舆论监督的表率，让新闻媒体监督和社会舆论监督成为实现全方位监督的一个重要补充，从制度设计上、具体措施上，建立起一套保护舆论监督权落实的规章，发挥新闻媒体和社会舆论监督的力量。

第六，落实各级人大及其常委会的监督职责。根据 2016 年 12 月 25 日第十二届全国人大常委会第二十五次会议表决通过的《全国人民代表大会常务委员会关于在北京市、山西省、浙江省开展国家监察体制改革试点工作的决定》，目前在试点地区北京市、山西省、浙江省都产生了首个省级监察委员会主任。[①] 监察委员会由本级人民代表大会产生，监察委员会主任由本级人民代表大会选举产生，监察委员会副主任、委员，由监察委员会主任提请本级人民代表大会常务委员会任命，监察委员会对本级人民代表大会及其常务委员会负责，并接受监督。为了更好地发挥人大及其常委会监督的职责，建议：一是监察委员会要定期向本级人大及其常委会报告有关工作；二是可

---

① 周根山：《北京山西浙江成立省级监察委员会》，《中国纪检监察报》2017 年 1 月 22 日。

考虑在各级人大常委会下设计一个专门委员会负责对监察委员会不作为和乱作为的举报调查工作，实行不告不理；三是鉴于各级监察机关有权监察各级人民代表机关的公职人员、常委会主要负责人和人大代表，建议监察机关对其采取涉及人身自由的强制措施，如留置等，应当经同级人大常委会同意。

第七，强化上级监察机关监督。现行《中华人民共和国行政监察法》[①]规定，监察对象对监察决定不服的，向作出监察决定的监察机关申请复审，申请人对复审决定仍不服的，向上一级监察机关申请复核。但这样一项巨大的权力仅内部决定就成为终局决定似乎不太合理，建议仍可启动裁判程序。根据姜明安教授建议，国家监察立法有必要适当引入司法救济机制，即监察对象如对监察机关采取的限制人身自由的强制措施（如留置），对财产部门强制措施（如查封、冻结、扣押、搜查等）不服，国家监察法应赋予相对人向法院提起诉讼的权利。[②] 监察机关虽不是行政机关，但是监察机关的上述行为具有广义的行政行为性质，因此，对监察对象向法院提起的这类诉讼，可将之纳入行政诉讼范畴。同时，实行严格的回避制度，对于监督对象提出有关监察人员回避并提出合理理由的，应当准许；各级监察人员是被监察人员近亲属、利害关系人或者与被监察人员有其他利害关系的，可能影响公正处理等，也应当主动回避。

第八，衔接好司法监督。国家监察机关在立案，采取强制措施，查封、扣押、冻结涉案物品、财产等过程中，接受司法监督是十分必要的。将调查的案件移送给检察机关起诉及审判机关裁判时，检察机关、审判机关各是一道监督程序，起到确保案件达到审查起诉、法院裁判标准的作用。在当前的监察体制改革试点过程中，北京市检察机关专门设立了"职务犯罪检察部"，专门与监察委员会进行办案衔接，负责对监察委员会调查案件进行立案审查，衔接完善诉讼程序。

① 《中华人民共和国行政监察法》已于 2018 年 3 月 20 日废止，现行法律为《中华人民共和国监察法》。
② 姜明安：《国家监察法立法应处理的主要法律关系》，《环球法律评论》2017 年第 2 期。

第九，不断加强党内监督。古人讲"外疾之害，轻于秋毫，人知避之；内疾之害，重于泰山，而莫之避"。对我们党来说，强化外部监督是必要的，但从根本上讲，还在于强化自身监督。习近平总书记在十八届中央纪委六次全会上指出，要"确保党内监督落到实处、见到实效"，进一步彰显了"打铁还需自身硬"的气魄，对强化党内监督也提出了更高更严的要求。实现对监察委员会的权力监督，关键在党内，一是要坚持民主集中制，通过坚持、完善、落实民主集中制，把民主基础上的集中和集中指导下的民主有机结合起来，把上级对下级、同级之间、下级对上级的监督充分有效地调动起来。[1] 二是要严格依照《中国共产党党内监督条例》进行党内监督，做到没有禁区、没有例外，不允许有不受制约的权力，也不允许有不受监督的特殊党员。把信任激励同严格监督结合起来，形成有权必有责、用权必担责、滥权必追责的制度安排，确保党内监督无死角、全覆盖、落到实处。三是要根据《中国共产党纪律检查机关监督执纪工作规则（试行）》[2]规定，审查组应当设立临时党支部，加强对审查组成员的教育监督，没有"上下班"，没有"八小时之外"，开展政策理论学习，做好思想政治工作，及时发现问题、进行批评纠正，发挥战斗堡垒作用等。

（李勇、余响铃：《国家行政学院学报》2017 年第 5 期）

---

[1] 人民日报评论员：《把强化党内监督摆在重要位置——五论学习贯彻习近平同志在十八届中央纪委六次全会讲话精神》，《人民日报》2016 年 1 月 19 日。

[2] 《中国共产党纪律检查机关监督执纪工作规则（试行）》已于 2019 年 1 月 1 日废止，现施行的是《中国共产党纪律检查机关监督执纪工作规则》。

10
责任超出权力易诱发不作为

现代社会，有一条基本的追究责任的原则，我们称之为权责一致原则。

现代意义上的责任追究是和权力归属紧密联系在一起的。这条原则的内在逻辑是"权力是人民的，人民赋予的权力不得滥用"。只要在权力范围内出现滥用，就必须有人为此承担相应的责任。

"权责一致"原则要求责任和权力相匹配，保持一种微妙的平衡关系。当责任的范围小于权力的范围时，对行使权力的积极性和主动性影响不大，但增加了滥用权力的风险；当责任的范围大于权力的范围时，增强了权力行使的责任感和危机感，但可能减弱行使权力的主动性和积极性。因此，权力过大或者责任过大，都不是科学制度设计的内在要求。

在人类传统治理中，权责不一致经常发生。

最显而易见的问题是权力过大，责任过轻。当这个问题积累到一定程度时，有一段时期把解决办法寄希望于严密制度体系。"摇手举足，辄有法禁"，但又产生了效率低下，遇事久决不断的问题。"人心日柔，士气日惰，人才日弱。"（《水心别集》卷十二）。唐朝时期的韩愈曾作《进学解》感慨自己："跋前踬后，动辄得咎。"如同狼向前进就踩住了自己的颈肉，向后退又会被自己的尾巴绊倒，进退维谷。《清史稿·徐继畬传》中也有类似的记载："现行之条，苦于太繁太密，不得大体。尝见各直省州县有莅任不及一年，而罚俸至数年、十数年者，左牵右掣，动辄得咎。"意思是，施行的条例太繁杂、太细密，体现不出国家大局。常常看见各直属省管辖下的州、县官员有上任不到一年的，而罚薪俸到几年、十几年，左边牵制，右边干扰，只要一做事就会有过失或罪责。在这种情形下，地方官员即便有抱负也很难得以施展，甚至不敢有自己的是非判断，造就了更多不愿为、不会为、不敢为的官僚。不为或者等待上级命令成为常态，阿谀奉承一流，干实事的能力有限，毕竟干得多错的机会就大，且语言的多面性加剧了由上至下评价的不确定性。

中国古代的一些思想家看到了问题和症结，也提出过一些方案。争论过以下问题：究竟是法家好还是儒家好？究竟是分封制好还是集权制好？究竟是以道义为本位好还是以功利为本位好？究竟是"圣君贤相"好还是"无为而治"好？……方案不少，但都难以切中要害。

中华人民共和国成立后，从某种意义上说也是一直在探索权责关系的问题。

改革开放极大地激发了各地竞争和发展的积极性，但责任追究制度的设计和执行等方面有所欠缺。党的十八大以来，对遏制腐败出以重拳，相对中立的监察机构建立与完善，起到了遏制权力滥用的重要作用。

随着制度的不断完善，既要防止追责不力，也要防止追责泛化、简单化的问题。如果责任过重，不论如何道德激励，都容易让人觉得负担过重，很多人容易担忧过多而畏首畏尾，致使那些虽然没有规定，但基于常识和合理性原则就可以办的事情拖拖拉拉甚至办不成。

生活中需要运用合理性原则、比例原则来处理的事务一点不比合法性的少，这种积极性如果无法得到激发，效率就会受到很大影响。

当然这个平衡点并非那么容易找到，过大过小都难以避免，但这种平衡追求不能停止。基于此，我们认为，至少有以下几个方面可以促进权责一致原则的实现。

责任法定，有责必究

只有法律明文规定，才能成为确认和追究违法责任的依据。对违法责任的确认和追究，必须严格依法进行，并严格限制类推适用。同时，有权有责，有责必履，失责必究。

以过错责任为主，无过错责任为辅

现代社会的责任追究不完全是过错责任，即不完全因为行为人主观上有无过错而承担相应的责任。当某些行为对社会公共利益等影响过大时，也会追究一定的无过错责任。但无过错责任，即便是问责，也一定要有理有据，如同民事责任要十分慎重地运用无过错责任一样，过多以无过错责任来追究，会使人们无法预知自身行为的安全性，容易产生"多做多错，不做不错"的错误信号和心理认知。

正如《中国共产党问责条例》中所说的，问责要"综合考虑主客观因素，正确区分贯彻执行党中央或者上级决策部署过程中出现的执行不当、执行不力、不执行等不同情况，精准提出处理意见，做到事实清楚、证据确凿、依据充分、责任分明、程序合规、处理恰当，防止问责不力或者问责泛化、简单化"。

追责要考虑比例原则，避免不当联结

追责要符合比例原则，第一，责任的追究要符合正当性的原则，即追责的原因是违法和有过错，而不是其他什么原因；第二，追责要符合比例原则，不能拿着大炮打蚊子；第三，追责要考虑所追究的责任与行使的权力的内在必然关联性。

这既是权力行使安定性的基础，也是现代文明的要求。开车挠痒是否应该罚款罚分？官员发微信朋友圈点赞是否有必要追责？大多数人恐怕难以认同，追责问责要考虑比例原则和内在的合理性。

贯彻人民主权原则

传统治理中，即便加大监督力度，也仍然是少数人对多数人的监督，具有射幸性质，只对上负责的制度逻辑也很难真正激发官员们对下的责任心。

人民主权原则把公务员职务和切身利益勾连得更加紧密，也设计了更加合理的进退制度和承担责任制度，为人民服务不再仅仅是一种督促或要求，而是治理者现实的利益取向。

"自律—监督"原则

传统的"管制—监督"模式难以对全社会进行科学的、有效的、全面的监督，且法不责众有时也在发挥一定的作用。而以道德自省为基础的自律，即使在古代农业社会也难以产生普遍真实的效果。以权利为基础的自律更符合人的本性需求，构建和完善以权利为基础的"自律—监督"模式是国家治理体系和治理能力现代化的必经之路。

11
"五个结合"推进城镇化

与工业的合理布局相结合

城镇化的目的之一是解决大城市基础设施匮乏、生活环境恶化、劳工住房短缺、城市污染严重等"大城市病"。通过城镇化，转移一部分企业到城郊或欠发达的农村，既能解决超负荷运转的大城市问题，又能开发偏僻农村，也将有利于逐步缩小城乡及东西部差距。欠发达地区由于较低的生产生活成本以及税收减免政策，因而能够吸引企业安家落户。但如果包括土地在内的各种资源不能在市场上自由流动，就无法形成有效的竞争格局吸引企业建厂，而没有工业化的支撑，劳动力无法就地就业。仅仅由政府出资建设高楼，不但大大加重政府财政负担，还可能因劳动力不能定居造成所谓的"鬼城"现象，致使资源极大浪费，甚至成为社会不稳定因素。没有劳动力的就地就业，就不可能有健康持久的城镇。促成工业合理化布局是城镇化建设成功的核心问题，而市场能够在资源配置中起基础作用，则是企业有效率作出选择的关键。

与农业现代化相结合

城镇化是缩小城乡差距、节约农村土地资源、转移农村剩余劳动力、增加农民收入、转变农村经济增长方式的有效途径。为保障粮食安全，须同步推进农业现代化，并与工业现代化相互促进，建设粮食优质高产，生态绿色安全，集约化、标准化、组织化、产业化、机械化程度高的农业现代化。同样，农业现代化必须建立在劳动力自愿并能够自由流动的基础上，因此，提供更好的适应农民生存选择、不受户籍限制的自由流动并建立相应社会保障体系，是顺利推进城镇化的基础。

与完备的服务业及市政服务设施相结合

城镇化本身也是一次"造城运动"。城市郊区利用其低廉的地价和生产生活成本以及优良的自然环境，分流了大城市部分人口和一部分农村居民。发达国家针对本国实际，提出了许多方案。如在伦敦这样的大城市附近规划新城，每个新城疏散几十万人口；有学者建议以5000个居民为一个单位设立一个区，这个区应包括学校、医院、个人服务业等所有服务设施。还有学者建议，一个区（邻里）应该按照一个小学所服务的面积来组成，大约包括1000个住户，实现儿童上学不用穿越马路，构建"易于步行的邻里"。一方面，发达的服务业和完善的市政设施是吸引人口流动的必要条件；另一方面，新城人口集中化布局、产业集聚化发展、基础设施和公共服务集约化又提供了许多就业机会和经济发展的条件。调查显示：制造业与服务业在城镇比在农村有效率得多。因此，新城发挥了城市和农村的两个优势，建设功能完备、服务业发达的小城镇，既可以解决部分就业问题并提高生活质量，从长远来看，新城房屋出租出售也会给政府带来可观的利润。公私合营是解决资金短缺问题的重要方式之一。

与生态保护相结合

城镇化不是企业、人口的简单迁移，而是为人类创造更好的生存空间。城镇化是城市环境恶化后的一种优化选择。因此，城镇化过程中要充分考虑保留原有的绿地和自然美景，并建造新的绿地以供人们健康舒适生活。早期的城镇规划学者就提出，"田园新城"应当适宜人类居住，"一个公园一个城"。同时，对大城市进行填充式改造，通过高密度、垂直的空间利用来减少土地用量，用于增加绿地面积。也就是"人上高楼，地留绿化"。通过林荫大道将城市连接起来，通过绿带阻止大城市的无限扩张。

大企业选择新城作为厂址，也是集中治理环境污染的一次机遇。毕竟新企业在环保方面的设施和条件要远远优于过去的老企业。发达国家的经验是，通过法律制定较高的碳排放标准，从而确保企业实现节能减排。

与民主法治相结合

如果在城镇化中，公民的主体地位缺失，没有机会表达自己的利益，很难想象这样的城镇化能够顺利推进。当前，中国城镇化中的矛盾绝大部分都是农民的利益不能得到有效表达造成的。毕竟每个人都是自己利益的最好判断者，公民参与应贯彻于城镇化建设的始终。需要注意的是，公民参与不是政府操控，不是仅仅邀请活跃的公民做无实权的顾问或者找些与己无关的路人作为代表，也不是仅仅宣传教育公民应当遵守政府的决策，而是信息的广泛公开，以最大的诚意使公众，特别是利益方知晓，并提供可选择的方案，与市民共同协商，没能采纳的意见要以书面正式告知原因等。

此外，城镇化既需要国家设计长期的战略规划，也需要各地制定短期的详细政策。由于各地情况不同，城镇化建设必须因地制宜进行城市规划，发展适合本地特色的产业，发挥地方自治的功能，辅之以有效的民意代表机制，从而确保城镇化建设的正当性、合法性和有效性。

发达国家一般都设立了独立的监察人，主持听证会或负责城镇化中的申诉事宜。对于一般的规划以及城镇化中损害公民利益的行为，司法机关有权审查，这对防止权力滥用、纠正城镇化中的错误、弥补城镇化中政府与公民间可能出现的裂痕都有重要的作用。

（《学习时报》2013 年 5 月 20 日）

12
"12345" 热线与地方治理

一个地方政府的法治化水平，不是体现在数字上，而是体现在老百姓看得见摸得着的治理能力上。如果考试的题目都告诉你了，开卷考试按照答案填写即可，虽然也会提升一定的治理能力，却不一定是"群众导向"，也不见得考了好分数，法治和社会治理水平就真的高。老百姓身边的普遍问题能够得到妥善解决，才是治理能力或者说法治化水平高的体现。要把人民满意不满意、高兴不高兴、答应不答应、赞成不赞成作为衡量党和国家一切工作的根本标准，以造福人民为最大政绩。

我们看一个城市治理水平如何，可以通过这个城市人们去留的意愿来判断，如果自己已经无法选择，那么可以根据他对孩子的期待来判断。通常而言，一个人在一个城市有强烈的无力感和无助感，在可以获得正当利益时，只能屈从于别人，无法自主选择，抑或当自身正当利益受损而无法得到有效保护时，人们通常不大喜欢这个城市，或者说这个城市的法治化水平不高。

"12345"政务服务便民热线是专门受理百姓生活事项的公共服务平台，提供"7×24小时"全天候人工服务。有的地方把"110"等热线也一同并入，便于百姓记忆和使用，以期提高为民服务水平，推进依法行政，创新社会治理，维护自然人、法人和其他组织的合法权益。

政务服务便民热线直接面向企业和群众，是反映问题建议、推动解决政务服务问题的重要渠道。"12345"的水平，侧面反映了一个地方的法治化程度，甚至比那些已经摆在桌面上的一系列数字更可靠。凡是电话打不进去，打进去后有很长的介绍，最后还是占线的"热线"，或者用各种托词，正当的、很简单的事情都解决不了，则可以说当地为民众服务的能力还没有提升、态度还没有端正，或者说整体的法治文化氛围还没有形成，法治化水平还不够高。因此，看一个城市法治化水平，往往不需要劳心劳力地到各地调研查摆，只需要看群众遇到的普遍性难题能否解决。我建议设立"12345"指数，通过打电话，就基本能够判断这个地方的法治化水平了。

除了"12345"指数，还可以设立"栏杆"指数、"闯红灯"指数等。与群众生活相关的"栏杆"指数，可以测量当地的营商环境和治理水平。一般而言，公园、生活用地的栏杆越多，治理能力越差。"闯红灯"指数可以测量一个地区的文明程度和法治文化的状态。

13
地方政府提高营商环境法治化水平的着力点

"法治是最好的营商环境"。营商环境是支撑经济发展的"软实力",也是地方政府治理水平、治理能力的集中体现。提升地方营商环境的法治化水平,至少可以有以下着力点。

首先,地方政府要以法治方式引导社会形成正向的可预期性。一是规则的可预期性,不能是"朝为行云,暮为行雨"。特别是对于关乎人身、财产等重要权利的规则,在较长的时间内不应当改变,要让人们有充分的安全感、长久的安定感。当然,地方政府也可以根据发展实际而对规则作出改变,但一定要产生"变得更好"而不是"变得更差"的效果。二是价值观念的可预期性,不能是"人情翻覆似波澜"。地方政府要具有"包容性发展"的战略意识与长远目光,在法治秩序下创造易于激发创造力与创新力的社会环境,促使人尽其才、各尽其能。三是平等权的可预期性,不能是"东边日出西边雨"。地方政府平衡好"平等"与"合理差别"的关系,对各个市场主体公平对待,一味地"加码""押注"本地企业,打压或排斥外来竞争主体,均不可取。

其次,地方政府要支持、引导多元主体建设营商环境,形成广泛的公众参与性、有效的政府回应性。营商环境实际上可以视为"社会大环境"当中的一个小环境,强调政府、企业、社会组织、社会公众等主体之间的良性互动。因此,在营商环境的营造中,规则体系的构成、制度体系的运转都要考虑如何充分吸收市场主体的意见、增强社会公众的广泛参与。好的营商环境也要求政府增强"安全感"、降低"存在感"，平时无事不扰、遇事有求必应，在利益表达机制与沟通渠道的建设中，强化政府与市场主体之间的长期互信。

最后，地方政府营造营商环境要有"担当精神"和"务实作风"。对于市场主体日常经营中的合法、合理诉求，地方政府要"敢为人先"，而遇到有损营商环境"美誉度"的突发事件时，也要多关注真实诉求，少采用"鸵鸟政策"，积极担当作为，将影响人民生活的老问题一个个解决掉，把满足人民群众美好期待的新举措一条条落在实处。

（《法治时代》2023 年第 10 期）

14

有利于自由宽容，是制度开明的基本标准

人类曾经制定过无数的制度，但并不是所有的制度都能做到固根本、稳预期、利长远。什么是现代意义上的"良法"？现代的开明制度有什么标准？

美国1648年《法律和自由》规定，任何人都不应"懒散地或无意义地虚度他的时间，违反者将受到总督法院和郡法院认为应当给予的惩罚。"1741年，南卡罗来纳州规定，禁止工匠经营酒馆，因为从事酒馆这个职业耽误工匠从事手工业。瑞士的加尔文时代，规定女士不得穿戴华丽的衣饰，甚至都不允许人们喝果汁。

人类进入近现代社会之前，不论中外，大部分人都是被规训的对象。奴隶自然是不自由的，女人也只享有极其有限的自由，即便是"自由的男人"，从上到下自由的范围也是不一样的，职权地位越高，自由度越高，大部分人都享受不到今天我们所享有的自由与权利。

中国古代的三纲五常、裹脚留辫大家更是熟悉。这时的欧美同中国一样，妻子在丈夫死后是没有继承权的，甚至可以说还不是完整意义上的"人"，因为她们往往归男人所有，既包括人身，也包括财产。

1857年之前，英国是"没有离婚的国家"，法律根本不允许离婚。但并不是所有人都没有这样的自由和权利，亨利八世就可以离婚，非常富有的人也可以从议会中弄出一份罕见的私人离婚法案，1800到1836年间，这种情形平均每年有三次。

这是规训与惩罚的时代。"割鼻断手的肉刑被广泛地使用"，绞刑是常态

化的死刑处理方式，经常发生在病态或喜庆的人群面前。大部分人不自由，但仍有少部分人有机会超越于制度之上。掌握制度的强者的特权是"随性"，被制度偶然优待的"强者"有机会"酗酒和施虐"；而弱者的武器则是"通奸、遗弃和潜逃"。

直到 19 世纪中期，已婚妇女才被更多地视为自由的个体。被丈夫遗弃的已婚妇女有权向法院请求出售她的土地，进而财产逐渐得以保护。虽然趋势如此，但仍然有不少争议。有的人认为，"给予女人财产权的做法会让一个女人远离她的家庭领域和她的孩子，并把她推向一个美好的情感被淡化和所有可爱的特质被玷污的世界"。黑人奴隶更不应该拥有任何东西，因为他们本身就是财产，甚至一个黑人家庭还可以成为被分割的财产。

如今，我们对过去落后的制度和做法深恶痛绝。我们评判每项制度，都要结合当时的社会环境，即便一些做法存在一定的历史合理性，但这种"合理性"与历史的趋势、社会的进步、多数人的幸福要求比起来，是没有任何价值可言的。

总之，那个时代，是跪拜、是臣服，没有自己独立的意志和权利。人类拥有今天的自由是近现代社会化浪潮演进的结果。因此，我们得出的结论是，人类的文明史是一部自由宽容史，最终的目标是实现人的自由而全面的发展。

当前社会中也有很多引起争议的做法，比如，有的地方乡规民约规定，家里的沙发上不能乱扔衣服；有的地方为创建"文明城市"，规定不能贴春联；有的公司规定，所有员工必须穿有领的上衣，不得穿牛仔裤。有的学校规定不得往床上放玩偶，等等。

这些问题都被大家广泛讨论。每个时期都有不同的看法，有的人享受别人的不自由，有的人因习惯而安于不自由。但这不是一个现代社会的发展趋势。

自由有边界，自由的边界是不能侵害到国家的、社会的、他人的自由；制度也有边界，制度的边界是不界定与他人无干的人的自治领域，其蕴含的根本价值观念是对人的尊重。

这里的"无干"是对他人没有切实的利益影响，符合社会的文明和道德风尚，但不包含想象、个体不愿意看到的情感等。人应当享有更大的自由，享受更宽容的环境，这是文明的发展方向。

200 多年前的美国，设计出"不让工匠开酒馆"的制度，既不会有好的执行效果，也难以有好的社会效果。

我们重申人类的文明史是一部自由宽容史这个命题，是希望给当下的各种争论提供一个标准，那就是在我们争论不休时，最好要作出更有利于自由和宽容的制度选择。

第三章

护航创新·促进发展

——论以法治激发主体创新活力与社会发展动力

　　创新是引领发展的第一动力。从"李约瑟难题"到"钱学森之问"都昭示着创新需要相应的社会氛围和社会环境，不仅硬件上要有足够的技术条件和物质条件，在软件上还要有支持鼓励——至少是足够包容的法规制度、政策体系。同时，人才是产生创新、驱动发展的核心要素，对相关人员进行绩效考核时要注重方式方法，确保能者上、庸者下、劣者汰，不能对创新发展考核搞"一刀切"。总之，以高质量创新引领高质量发展，需要法治筑基、规则护航，切实以法治激发主体创新活力与社会发展动力。

1

为进一步全面深化改革筑牢法治保障

党的二十届三中全会深刻把握我国发展新的历史方位和使命任务，强调"紧紧围绕推进中国式现代化进一步全面深化改革"。法治是治国理政的基本方式，面对国内外局势的深刻变化，立足于新形势下进一步推进全面深化改革的新任务、新要求，要全面推进国家各方面工作法治化，为进一步全面深化改革筑牢法治保障。

法治奠定改革的制度基础。党的二十届三中全会提出，必须全面贯彻实施宪法，维护宪法权威。宪法是治国安邦的总章程，是国家的根本大法，为进一步推进全面深化改革框定基础性的制度方向。重大改革于法有据，是推进改革的前提基础，要确保始终在法治轨道上推进改革，让法治思维和法治方式贯穿改革的全过程。改革必须在宪法框架内进行，不得违背宪法的基本原则和精神，同时要着力健全保证宪法全面实施的制度体系，建立宪法实施情况报告制度。通过维护宪法权威，确保改革的制度性基础，防止改革过程中的任意性和无序性。

法治锚定改革的长远目标。法治具有固根本、稳预期、利长远的保障作用。作为公共判断的标准，法律规则可以为社会主体确立稳定预期并指引其依规则行动，也为改革发展预留空间。比如，全国人大常委会授权国务院在海南自贸港暂时调整适用有关法律规定。党的二十届三中全会对深化立法领域改革作出部署，要求"完善以宪法为核心的中国特色社会主义法律体系"，"统筹立改废释纂，加强重点领域、新兴领域、涉外领域立法"。改革要行稳致远，就需要以高质量法律规范体系锚定长远目标。

法治凝聚改革的广泛共识。改革进入深水区与攻坚期，共识的凝聚对于全面深化改革具有重要作用。通过法治程序，改革的决策和实施过程得以规范化、透明化，从而赢得公众的信任和支持。法治既是经验的总结、规律的反映，亦是社会的共识，人们对法律规则的共同认知和共同遵守便是共识形成的重要表现。面对社会利益格局的多元化，以法治消除分歧、凝聚共识，就要加强人民当家作主制度建设，在立法、执法、司法等各个环节发展全过程人民民主。例如，在上海虹桥、江苏昆山等地广泛设立的基层立法联系点，充分体现了全过程人民民主的要求，凝聚了广泛的立法共识，为推进法律更有效实施奠定了民意基础。法律的权威源于人民发自内心的拥护和真诚的信仰。当前要下大力气弘扬法治精神，积极传承中华优秀传统法律文化，着力引导全体人民做社会主义法治的忠实崇尚者、自觉遵守者、坚定捍卫者。

法治防控改革的潜在风险。全面深化改革需要坚持底线思维。改革是一场深刻的革命，必然引起社会各方面关系变动和各方面利益的深刻调整。党的二十届三中全会对深入推进依法行政、健全公正执法司法体制机制作出部署。行政机关处在为民服务的第一线，老百姓对依法行政的感知最为突出。深入推进依法行政，就要着力推进政府机构、职能、权限、程序、责任法定化，促进政务服务标准化、规范化、便利化，减少各类"不平等"和"不对称"，持续提升行政决策公信力和严格规范公正文明的行政执法水平。司法是维护社会公平正义的最后一道防线。当前，要着力健全监察权、侦查权、检察权、审判权、执行权相互配合、相互制约的体制机制，确保执法司法各环节全过程在有效制约监督下运行。

法治巩固改革的关键成果。我国改革实践的基本路径可以概括为"基层探索"与"顶层设计"的有机结合，即地方先行先试，经验成熟后再归纳总结并上升为法律制度。宪法、民法典、立法法、治安管理处罚法等法律的修改和制定均体现出对改革成果的法律确认，巩固了相关领域体制机制改革的关键性成果，为国家的长治久安夯实了法律保障。要进一步完善党委领导、人大主导、政府依托、各方参与的立法工作格局，以法治化的方式固定改革成果，确保改革成果的长期性、有效性、普惠性。

改革开放四十多年的历史深刻呈现了法治与改革之间的辩证关系。可以说，我们的每一次改革突破都是建立在法治保障之上的，每一次法治进步都是在改革中推动的，社会主义现代化事业正是在改革与法治协同发力、共同推进中不断向前迈进。

（《光明日报》2024 年 7 月 27 日 ）

2
激发市场主体的创新动能

《中华人民共和国国民经济和社会发展第十四个五年规划和二〇三五年远景目标纲要》提出："坚持创新在我国现代化建设全局中的核心地位，把科技自立自强作为国家发展的战略支撑，面向世界科技前沿、面向经济主战场、面向国家重大需求、面向人民生命健康，深入实施科教兴国战略、人才强国战略、创新驱动发展战略，完善国家创新体系，加快建设科技强国。"企业作为市场最活跃的主体，在创新生态中占据主导地位，既是研发活动的最大投入者，也是重要创新活动的承担者和成果占有者，在创新体系中处于核心地位，因此，必须充分激发企业自主创新活力和积极性。

积极发挥政策导向作用。创新型城市建设的初期大多由政府主导驱动，通过制定科技扶持政策，优化城市基础设施，提供高质量的就业、教育、医疗、住房等服务，营造良好的创新创业环境。如深圳市早年科技基础薄弱、科教资源匮乏、科技人才较为稀缺，政府选择将企业作为解决技术问题的主力军，通过建立起"以企业为主导、市场为导向、政产学研资介相结合"的创新综合生态体系，设立千亿政府引导基金、50亿天使母基金，撬动银行、保险、证券、创投等要素资源支持企业创新创业，成功孕育了华为、腾讯、中兴、比亚迪等头部企业，培育了4700家国家级高新技术企业，实现了从加工贸易基地向技术创新中心的惊艳转型，一跃发展成中国最具创新活力的城市。深圳市的成功做法得益于其以企业为主体创新体系建设，对其他地区有着重要的参考借鉴意义。激发企业创新活力应坚持市场导向，积极发挥政策导向作用，着力解决制约城市创新的突出短板问题，从人才、资金、项目、基础设施等领域出台相关规划及配套措施，全方位优化创新生态系统，让企业更自主、更便捷地作出创新决策。通过引进先进技术研究院等新型研究机构，引领科技资源聚集，支持企业高标准组建创新研究室、研究中心，加强共性技术平台建设，推动产业链上中下游、大中小企业融通创新，促进产业转型升级。在鼓励大企业科技创新的同时，有效提高企业维权意识，通过筑牢知识产权的防线，为企业创新升级保驾护航。强化反不正当竞争措施，避免大企业过度兼并和打压中小微企业，为那些具有颠覆性创新潜质的中小微企业提供发展空间。

聚集高端人才，夯实发展基础。习近平总书记强调："硬实力、软实力，归根到底要靠人才实力。全部科技史都证明，谁拥有了一流创新人才、拥有了一流科学家，谁就能在科技创新中占据优势。"[1] 当前，高水平创新人才不足，特别是科技领军人才匮乏，是各地普遍存在的共性问题。距离经济发达地区较远的城区缺乏经济凝聚力，而较近的城市由于受"虹吸效应"影响，也存在"高端人才引进难、本土人才留不住"的现象。针对人才比较匮乏的地区，可通过校地合作，建立知名高校分校或者引进符合产业发展需求的高端研发机构等方式，引导和鼓励各地依托行业领军企业、相关高校或科研院所，共同建设一批产业协同育人平台、新兴产业人才培养和发展基地，配套建设人力资源产业园；资助科技企业赴各大院校招揽互联网、工程类等急需紧缺人才，定期组织高校学生到企业参观访问、实习锻炼，支持企业引进人才；通过提高待遇、股权激励，做好教育、医疗、住房等生活配套，减轻员工后顾之忧，留住人才，为经济社会高质量发展储备一批发展潜力大、专业水平高、创新能力强的高素质人才队伍，让科技创新和人才驱动同频共振。

健全适合不同发展阶段的投融资机制。创新链、人才链的发展离不开资金链的支撑。虽然近年来我国风投规模快速增长，但大部分研发力量和资金

---

[1]　习近平：《努力成为世界主要科学中心和创新高地》，《求是》2021年第6期。

支持都集中在科研院所和一些大企业，中小科技企业难以获得金融机构和风投机构的青睐。美国硅谷之所以能成为全球科创企业的摇篮，孵化一批高科技企业，关键在于拥有完善的风险投资体系和风险投资机制，全美国70%以上风投公司都在硅谷设立办事处，每年资助一大批科技初创企业。积极引导金融资本与孵化器对接，增加普惠型科技创新投入，根据企业创新的不同环节，配套建立种子基金、孵化基金、产业发展基金等，同时发挥科创板、新三板等作用，进一步丰富完善多层次资本市场，把各部门、各方面的财力整合起来，通过"资金变基金"、"间接补"、"后补助"、利用金融工具等方式，为技术创新提供市场资金支撑。

完善科技中介服务网络。科技中介既是加速科技成果向现实生产力转化的黏合剂，也是实现科技创新引领产业升级、推动经济向中高端水平迈进不可或缺的信号塔，能有力推动技术要素市场化、产业化，促进科技与经济深度融合。当前，我国科技中介机构仍存在市场体系不健全、整体市场化和社会化程度不高等问题，这也是国家创新体系建设中亟待加强的薄弱环节。欧、美、日的科技中介服务业起步较早，中介机构类型较多，如美国小企业管理局（SBA）和商务信息中心（BC），主要是为中小企业提供信息咨询科技服务，实行各种担保和贷款计划，帮助中小企业获得资金和政府采购合同等。而大学里的技术转移办公室（TLO），其主要工作是将大学里的技术成果放到合适的企业平台上，同时把社会、产业界的需求信息反馈到大学，推动大学与企业的合作。要解决科技成果转化率不高、信息不对称问题，应加大政策扶持力度，重点引育一批研发中介、技术转移、创业孵化、第三方检测、知识产权等领域科技服务中介机构，通过鼓励创新服务模式，加大资金扶持力度，落实财税优惠政策，促进科技中介机构发展壮大，全面提升服务能力，为科技成果转化和创新创业提供更专业、更全面的服务，加快大学、研究机构和企业间的技术流动，推动产学研资介紧密合作，引导传统产业利用先进的科技成果实现转型升级。

（《科技日报》2021年5月25日）

3
科技创新的要素分析及现实路径

科技创新是一个国家和民族发展的不竭动力。从历史经验来看，影响科技创新的要素包括理性宽容自由的社会环境、重视基础科学研究和基础科研结构的构建、重视长远规划、重视制度的引导、重视人才的培养和市场主体的实践创新能力等。基于此，提升中国科技创新能力要结合实际找准定位及发展战略，打牢基础研究根基，激活企业自主创新活力，营造全社会支持创新的浓厚氛围，抓好科技人才的培养和储备，积极发挥政策的强有力指导作用。

一个国家经济社会发展到一定阶段，人口红利、资源红利逐渐式微，往往会遇到发展瓶颈，再取得跨越性发展难度较大。我国突破瓶颈的方式一般有三：一是商业扩展，如提出"一带一路"倡议，构建双循环新发展格局；二是充分挖掘未开发地区潜力，如实施乡村振兴战略；三是创新驱动，依靠先进科学技术提升生产力，转变经济发展方式。习近平总书记早在 2013 年考察河南时就指出，"要突破发展瓶颈、解决深层次矛盾和问题，根本出路在于创新，关键要靠科技力量"①。一个国家科学技术发展水平是多方面因素相互交织、综合作用的结果。为进一步推动科技创新，有必要总结中外历史经验教训，深入研究

---

① 《习近平在河南考察时强调 深化改革发挥优势创新思路统筹兼顾 确保经济持续健康发展社会和谐稳定》，《人民日报》2014 年 5 月 11 日。

制约科技发展的症结，剖析促进科技发展的各个要素，走出一条符合我国实际的科技创新之路。

中国科技发展的经验及启示

中国古代社会的科技发展速度远没有今天日新月异、突飞猛进，主要有以下几方面制约因素：一是封建统治思想妨碍人们对科学的探索。统治阶级只推崇有利于维护统治地位的文化思想，特别是西汉时期的"罢黜百家、独尊儒术"，以及传统封建社会"学而优则仕"的功利观和"仕农工商"的等级观，在很大程度上妨碍了人们对科学的探索，到明朝八股取士和清朝文字狱，更进一步禁锢了思想，使得知识分子远离科学，创新的意识和动力不强。二是研究方式方法的缺陷，注定无法取得长足的发展。中国古代的科学成就主要来自应用科学，实用性很强，主要采用传统的典籍整理与经验总结的方式，对事物发展的规律探索不够，没有形成系统性的理论探究。三是功利文化倾向太重，影响创新的氛围。从科学的角度来说，一切创造性的发现和研究本质上是非功利的，保持一颗超越功利之心才能进入创造状态。中国古代的学术研究功利性太强，祖冲之费尽千辛万苦才把圆周率的小数位算到了第 7 位，在那个年代已实属不易，但在当时他的成就并不被周围的人所认可，觉得这个研究发明对于巩固皇权统治用处不大。

改革开放以来，随着对科技认识的转变和体制机制的改革，中国科技发展取得了长足的进步，主要有以下几个方面的转变：一是科技与经济结合越来越紧密。坚持把发挥科技对经济的带动支撑作用作为改革的主线，推动科技与经济的关系从"面向、依靠、服务"到"融合、支撑、引领"的历史性转变。1978 年，我国科技进步贡献率仅为 16.5%。2020 年，科技进步贡献率超过 60%。二是企业自主创新动力越来越足。改革开放之前，我国主要的科技创新活动集中在高等院校和科研机构。改革开放以来，先是将重心调整为构建以企业为中心的国家创新体系，再到进一步聚焦企业创新发展的市场环境，逐步建立完善以企业为主的创新体系，有效激发各类创新主体活力。三是政策引导越来越有力。改革开放后，我国坚持科技创新和制度创新双轮驱动，通过及时调整和完善政策，不断激发科技人员创新创造的积极性。不过对比发达国家，我国科技创新由于时间和周期较短，虽然取得重大进展，但仍存在基础研究投入不足、关键核心技术受制于人、科技创新体制机制不够完善等问题。

促进科技创新的要素分析

纵观古今中外科技发展历史，我们可以从中归纳总结出科技发展的一些基本规律以及影响科技创新的一些基本要素。

一是重视"理性、宽容、自由"精神的培养。新思想、新技术的发明和创造需要有理性、宽容、自由的社会环境。普遍相信科学、尊重科学，推崇科学法则和科学方法；思想行为上具有相对的独立性，人们可以从事自己感兴趣的事情，职业的选择多样化且受到同等尊重；社会可以容忍适度的冒险和创新，既赞美成功也宽容失败。"理性、宽容、自由"的环境，是绝大多数人可以基于自己的兴趣爱好进行创造创新的社会基石，这也正是人类科学研究和技术创新迅猛发展的关键原因。

二是重视基础科学研究和基础科研结构的构建。重视基础研究是现代掌握前沿科技国家的共同特点。日本从 20 世纪 60 年代起，逐步转向注重基础研究，从政策、计划、财政、金融等方面，政府不断加大引导和支持高技术产业应用研发力度，其研发经费占 GDP 比例（3.5%）、由企业主导的研发经费占总研发经费比例、核心科技专利数 3 个指标均名列世界第一。美国为保证更多的基础研究得以发展，积极为基础研究提供资金，并对科学家采取不干预政策，由其自主决定研究的方向和深度。此外，美国科技的腾飞还离不开其种类齐全、数量繁多的研发机构，特别是一些非营利性研究机构，如巴特尔实验室等发挥了重要作用。

三是重视长远规划。一个国家的崛起，离不开坚定科技发展的决心和长远战略规划的支撑。爱沙尼亚是一个人口只有 130 万的欧洲小国，1991 年才获得真正意义上的独立。从 20 世纪 90 年代到现在，爱沙尼亚在促进科技创新方面致力于三件事：网络基础设施建设、培养科技人才、鼓励创新创业。在新基建方面，爱沙尼亚从独立以来就在大力推动互联网基础设施建设，1997 年前后实现了绝大部分国土的网络覆盖，到 2002 年实现了绝大多数人口居住区域免费 Wi-Fi 覆盖。有了高速运行的光纤网络，爱沙尼亚开始推行数字办公，极大地解放了劳动力，提高了工作效率，营造了良好的政务环境。在教育方面，爱沙尼亚推出"程序老虎"（ProgeTiger）计划，成为全球首个让小学生学习编程语言的国家。在鼓励创新创业方面，爱沙尼亚积极营造良好的科技创业氛围，公司可以在线成立、注册和管理，企业在分红前无须缴纳企业所得税，爱沙尼亚还获得"最短时间注册新企业法人"的吉尼斯世界纪录。现在，仅爱沙尼亚首都塔林的科技经贸园区，就聚集着 150 多家科技创业企业，为爱沙尼亚贡献着税收和新技术。爱沙尼亚仅用了 20 多年时间，就已经翻身成为科技信息大国，5G 网络、可见光无线通信（Li-Fi）、网络政府、电子报税等各方面的数字化都处于世界领先地位，还孕育出了 Skype、Hotmail 等高科技企业，成为高度数字化的国家。

四是重视制度的引导。科技创新需要制度的保驾护航，美、日等科技强国很早就运用法律和制度保障科技创新及创新企业利益，激发科研机构和科研人员积极性。知识产权在美国受到宪法保护，在建国之初就颁布了专利法，极大地调动了发明创新的积极性。从 19 世纪后期制定"不公平竞争法"和"反托拉斯法"，到 20 世纪中期之后，为加快研究成果向应用技术转化，美国先后出台了《国防航空和宇宙航行法》《购买美国产品法》《拜杜法案》《小企业创新法》等法案。其中 1980 年通过的《拜杜法案》是美国科技发展史上一部最具影响力和激励性的法律，它通过对大学科技成果权属进行改革，明确了科技成果的所有权和使用权问题，极大地激发了大学以科技成果服务社会经济发展的动能，满足了发明人的利益诉求，奠定了美国在随后四十年以生物医药和信息技术两大支柱产业为代表的科技优势地位。

五是重视人才的培养和市场主体的实践创新能力。人才是创新之源、发展之基。一切创新的动力，都源于人才的活力。世界上任何一个科技创新高地，都是高端创新人才的聚集地。企业一直是美国技术创新的主体，企业的研发经费占全美研发经费 75% 以上，企业既是研发活动的最大投入者，也是重要创新活动的承担者和成果占有者。美国工业企业从事创新研究的实践探索较早，在 19 世纪末期就开始通过建立自己的工业研究实验室从事研发活动，如通用电气公司成立了研究实验室，专门进行技术创新，通过在研发人才、技术和制度上的积累，公司在核能开发、航空发动机、军用雷达和电视广播技术等领域均取得多项重要的创新成果。类似的还有 IBM、思科，以及苹果公司等。市场主体对研发创新的重视和实践，直接导致了越来越多的重要创新由企业研发机构来完成，研发活动变得更有针对性和计划性，科技成果的转化速度和转化率也在日益提高。

新发展阶段推进我国科技创新的几点思考

结合实际找准定位及发展战略。当前，我国经济已由高速增长阶段转向高质量发展阶段，产业发展也处于转型升级的关键时期。新一轮科技革命和产业变革将为我国转变经济发展方式、优化产业结构、转换增长动力提供新机遇，同时也有可能带来差距被进一步拉大的严峻挑战。我们要实现全方位高质量发展超越，必须找准科技创新的主攻方向，以关键共性技术、前沿引领技术、现代工程技术、颠覆性技术创新为突破口，不断完善技术创新体系，提高技术支撑能力，努力实现关键核心技术自主可控。既要强化战略导向和目标引导，健全科技创新体系，加快构筑支撑高端引领的先发优势，还要瞄准世界科技前沿，抓住大趋势，下好"先手棋"，打好基础、储备长远，实现前瞻性基础研究、引领性原创成果重大突破。特别是要着重在技术创新、产业创新、人才建设上加大布局力度，打好关键核心技术攻坚战，积极围绕产业链部署创新链，实施高水平科创平台建设行动，打造一批制造业创新中心、工程研究中心、企业技术中心等高水平研发机构，促进我国产业迈向全球价值链中高端。

　　打牢基础研究根基。建设科技强国，提升科技创新能力，要一步一个脚印地走。目前，我国全社会研发投入占 GDP 比重还不高，尤其是基础研究投入只占到研发投入的 6%，而发达国家这一比例通常是 15%~25%。要建设高水平自立自强的科技强国，必须重点加强基础研究和前沿技术研究，加快培育提升原始创新能力，夯实持续创新发展的科技基础。同时，要发挥好高校作为科技创新桥头堡的作用，建立健全国民教育体系，积极发展中等和高等职业技术教育，建设一批高水平的研究型大学，不断提高全民科学文化素质，大力加强基础研究人才培养。

　　着力激发企业的自主创新活力。企业是技术创新的主体，在实现科技自立自强中发挥着不可替代的作用。一方面，要立足当前产业发展需求，深化产学研合作，通过完善各类创新平台技术转移功能，培育发展专业化技术转移机构，鼓励企业加强对引进技术的消化吸收再创新和已有技术的集成创新。另一方面，要着眼长远，把握科技和产业发展新方向，对重大前沿性领域及早部署，瞄准核心技术和关键环节，高标准组建企业创新研究室、企业研究中心，特别是要发挥大企业的引领支撑作用，加强共性技术平台建设，推动产业链上中下游、大中小企业融通创新。在科研条件欠缺的地区，政府可以积极创建平台，促进企业与高校科研院所产学研用互通。通过"揭榜挂帅"发布企业技术需求清单，推动重大科技项目技术攻关，持续增强企业创新力和竞争力，力争在未来科技和产业发展中占得先机。在鼓励大企业科技创新的同时，尽可能保持对小企业的支持，使小企业的创新活力得到维持和发展。

　　营造全社会支持创新的浓厚氛围。良好的创新氛围是创新人才、一流科研成果产生的前提。应切实加强和完善知识产权保护制度，使科技创新的价值、市场价值和创新者的人力资本价值都能得以充分实现。大力提倡科学的冒险精神、创新精神和竞争精神，逐步形成鼓励研究开发的冒险精神和容忍失败的文化。此外，要从小抓好科普教育，把科学普及放在与科技创新同等重要的位置，激发青少年探究科学知识的热情，着力营造相信科学、热爱科学、学习科学、运用科学的良好氛围和自由、理性、宽容的社会文化土壤。

抓好科技人才的培养和储备。高校资源缺乏的地区，可通过校地合作、建立知名高校分校或者引进符合产业发展需求的高端研发机构等方式，引导和鼓励各地依托行业领军企业、相关高校或科研院所，共同建设一批产业协同育人平台、新兴产业人才培养和发展基地；资助科技企业赴各大院校招揽互联网、工程类等急需紧缺人才，定期组织高校学生到企业参观访问、实习锻炼，支持企业引进人才；通过提高待遇、股权激励，做好教育、医疗、住房等生活配套，减轻员工后顾之忧，留住人才，为经济社会高质量发展储备一批发展潜力大、专业水平高、创新能力强的高素质人才队伍，让科技创新和人才驱动同频共振。

积极发挥政策的强有力指导作用。科技政策对科技创新具有明显的导向作用，是科技创新的"催化剂"和"加速器"，尤其是在基础研究等方面，更应该发挥政府在财政资金支持方面的作用。积极发挥政策的宏观调控作用，引导企业持续加大研发投入，撬动更多社会资本投入科技研发。同时，把更多财政资金投入企业不能为、不想为的基础研究和源头创新中，补齐市场短板，提高创新整体效能。不断创新政策供给方式，推进治理体系和治理能力现代化，借助人工智能算法等方式，综合运用标签化匹配、智能化展示等精准推送方式，自动为企业精准匹配政策，减少申报程序，实现"不见面"申报，根据企业条件自动匹配，实现符合条件即享受政策。

新时代推进科技创新工作，既要在重要领域和关键环节精准发力、重点突破，更要注重从全局性和系统性出发，全面协同推进；既要立足当前、解决燃眉之急，更要着眼长远、做好顶层设计，始终保持战略定力和改革韧性，不断推进以科技创新为核心的全面创新。

（《国家治理周刊》2021 年第 16 期）

4
从假球风波谈规则

在 2012 年伦敦奥运会上，由于 8 名羽毛球女双球员消极比赛，国际羽联决定取消她们的伦敦奥运会参赛资格。这两场比赛令人啼笑皆非，显然既不尊重观众，也不尊重羽毛球作为一项体育比赛的精神。从这个角度讲，羽联对 8 名球员的判罚无可非议。假球风波争论的焦点是比赛规则不合理能否惩罚球员。羽毛球自从 1992 年进入奥运会以来，前五届奥运会羽毛球赛一直采用单败淘汰赛制，并未出现过此类情况。然而，为了让低水平选手多打几场比赛，在伦敦奥运会上使用了屡遭诟病的小组循环赛制。小组循环赛制的漏洞在过去的汤尤杯中就有所显现，一些球队为了下一轮避开强手而刻意求败。因此，2010 年吉隆坡汤尤杯决定，小组赛结束后产生的八强重新抽签，避免了有意输球的情况。本次奥运会并没有采纳这项规则。毫无疑问，规则的漏洞使理性人自然朝着有利于自己的方向作出努力。为此，国际羽联主席、副主席分别表达了他们的歉意。

假球风波已经过去，站在道德高地的批评已经没有多少实际意义。然而，因规则不合理、有漏洞而自肥的现象在现代转型国家还时有发生。因此，国际羽联这项决定所涉及的一些与社会治理相关的问题有必要加以剖析，这种情况应当如何看待和处理，对法治建设有一定的镜鉴价值。这一风波涉及为什么要遵守规则、要求遵守规则还需要哪些条件、如何改变不合理的规则等问题。

首先，遵守规则是普遍意义上的社会成员成本最低、获益最高的社会生活方式。那么，为什么有的国家、民族习惯遵守规则，而有的国家、民族却不习惯遵守规则呢？是人种的不同吗？答案是否定的。形成普遍遵守规则的习惯从本质上而言仍旧是制度问题。守法既源于习惯、意识，更有赖于规则本身的合理性、执法的规范性、救济的有效性以及修改的可预期性。

如何使制定的规则尽可能合理呢？理论上讲，制定规则的人能够代表规则所涉及的利益时，规则被遵守的概率会比较高。也就是说，每一种被牵扯的利益能够在规则制定中尽可能地被表达，并被不同程度采纳。当然，即便如此，也不能保证规则不与社会的整体利益发生龃龉。在这种情况下，遵守规则是原则，但若规则与人类更高的价值观念相冲突，则规则要让位于这些价值，这是例外情况。同时，不合理的规则能够被预期修改也是公众持续遵守规则的重要支点。

其次，要严格执行规则。规则必须被毫无例外地、合理地遵照执行。规则的执行者要一视同仁，公正地执行规则，当社会成员发现规则执行不平等，或者遵守规则得不到回报，不遵守规则而得不到惩罚时，将会大大激发出人们破坏规则的意识。另外，规则还要合理地而非机械地执行。比如水患到来时就不能给汽车贴条，如果不收取过路费能够带来更多的利益，那么就应义无反顾地做出这样的决策。发达国家设计了不少独立的委员会作为柔性监督机关提供申诉救济渠道，防止这种常识性的不公平、不合理的政府或企业行为。如做出某个行政行为的法定期限为 30 天，但如果该机构对所有其他人都用 15 天，唯独对这个人用 30 天，这个人可以以行政行为不合理为由提出申诉。久而久之，制度会引导执法者评估不恰当行为对自身利益的影响，并保证执法的规范性。

再次，不合法不合理的执法行为能够得到及时纠正，避免规则被错误地解释和使用。公平的司法者首先是独立的司法者。因此，发达国家在法律适用上十分重视司法官的中立性。比如回避制度，法官薪金、退休保障等，确保司法官不被眼前的利益或威胁所诱惑及影响。法官有更大的利益保障以及良好的法律适用能力，这是公正司法的基础和前提。

最后，规则不合理时，有相应的修改程序。规则的改变不必依靠暴力，是法治社会的重要特征。因为法治社会已经为规则改变、缓解社会对现行规则的不满提供了合法而有效的修改路径。这次羽毛球风波中或许有一些经验：一是中国、韩国这样的羽毛球大国激烈反对并掀起了广泛的讨论，二是羽联官员由世界各国代表选举产生，羽联官员为了其事业计，必须既要考虑到公平合理，也要尽可能不得罪任何一个国家。这也就是为什么作出了判罚后国际羽联主席、副主席分别以不同的形式提出了规则需要修改并表达了歉意。无论是一个运动员还是一个公民，他们都是弱小的，但如果以组织或团体的名义，那么他们的"声音"就可能被听到，因此形成有效的社团组织对于缓解纠纷而不是将不公平和愤懑"凝聚在胸"会有一定的作用。当然，这种一般社团的结社自由与政治结社的自由还是有所区别的。此外，规则的修改不能依靠修改者的善心。因此，对于规则修改者而言，最重要的制约措施就是将他们的利益与规则遵守者的利益联系起来，用制度确保他们能否持续担任规则修改者由规则遵守者来决定。如此，才能保障规则的制定者能够代表遵守者的利益。当然，为了防止激情修改规则，规则的修改还要经过严格的法定程序。

总之，高素质不取决于民族、种族。一个高素质的民族得益于科学的制度长期作用于人。如果体坛丑闻能够带给我们更多的启示，那么，它既是坏事也是好事。

（《学习时报》2012 年 9 月 3 日）

5

从"排队插队"看法治中国实现

前段时间排队体检，队伍前方有人插队，引起一点骚动。因离我较远，我表达了一下不满，站在我前面的一位女士认为插队不要紧，我为她的"胸襟"表示钦佩。随着队伍的前行，快要排到我们时，前面的这位女士接了一个电话，她有位"早有预谋"的朋友想插进队伍来，估计怕我说"闲话"或者这位朋友还没到，请我站在了她的前面……

这个"插队事件"实际上是法治中国建设的一个缩影。

按照规则排队是绝大多数人的内心需求，也是法治中国实现的根本动力。但是我们看到，有机会插队并获取额外好处的人及其亲友不愿排队，并为之寻找到了各种各样的借口。现实生活中插队的机会有可能来源于权力，有可能来源于暴力，也有可能仅仅来源于"机会"。随着反腐败力度加大，权力滥用的成本不断提升，扫黑除恶有助于解决暴力产生的机会，剩下的广泛的"机会主义"怎么办？

杜绝插队，构建既生机勃勃又井然有序的法治秩序，建设法治中国，首先应该树立一个理念，即法治社会的治理模式不是"管制—监督"模式，而是"自律—监督"模式。

我们要清醒地看到，依靠"管制—监督"管理社会，不断地增加监督者的数量，提高了社会管理的成本，降低了社会活力，然而总有人游离于监督之外。如果大部分人都自律了，辅之以监督就容易得多了。

我们认为，当下法治中国建构的思路要转向如何形成"自律—监督"的模式。

我们发现，支持插队者的说辞有："人要宽容无争。""插队可以为有紧要事务的人争取到更多时间，提升效率。""插队可以实现传统文化中的尊老爱幼。"……把插队问题解决不了归结为"历史原因""宗教原因""插队者素质不高""排队者普遍对公共事务漠不关心"等。

除了这些言论混淆视听外，我们还注意到，插队常态化及获得插队机会的人很乐意享受这种"与众不同"，而当我们普通人遇到插队时，看者众、纠者寡。这些都使按照秩序排队显得"困难重重"，甚至导致一些人悲观失望。

从人类发展历程来看，没有哪个民族是天生愿意排队的，插队也不是哪个民族固有的、不可改变的，排队形成习惯不是不能实现。

首先，经济的发展，特别是市场经济对秩序和平等价值的需求已经在人们心中埋下了文明的种子。其次，有能力插队的人并非都保守顽固、故步自封，其中不乏有社会责任感或有危机意识（怕遭到批评、指责或拒绝）的，逐渐转向支持排队或以身作则，常态化插队的人数在不断减少。再次，有些"机会主义者"在这次排队中可能有机会插了队，但在下次排队中就可能没有机会插队，甚至被别人插了队，因而不是插队的坚定支持者。更为重要的是，坚定不移地相信插队有好处的人毕竟是极少数。最后，排队、按秩序或者按法治办事有群众基础。把插队这个"锅"甩给排队者的漠视，不完全正确。负责任的制度设计者要考虑如何激发排队者的公共意识而非听之任之。培养群众对公共事务的广泛参与意识，增强法治观念，提高道德修养，是形成"自律—监督"模式的必要条件。具体需要做到以下几点。

第一，自律的前提是了解自己和他人的自由和权利，在此基础上才能知晓自己权利的界限，形成有权利且权利在合理的规则内行使的普遍意识。第二，营造排队不是"有意为之的稀缺"，而是"随机性稀缺"的社会环境，尽可能化解"随机性稀缺"造成的资源紧张，通过法治本身的可预测性，淡化人们争抢资源的冲动。第三，公共意识的培养和民众参与社区、社团实践，也会促进人们处理排队等公共事务的能力和水平提升。

在增强公民法治意识的基础上，制定制度和规则时有必要对此作出明确的利益衡量，不能简单地诉诸"修心"，甚至像古代那样依靠消灭欲望来解决这个问题，更不能在人们尚未自律时表现得束手无策。

排队插队这种行为一般属于道德范畴，多依靠道德舆论和"自律—监督"来规范和约束，但如果这种行为引发了纠纷或冲突，并且涉及他人人身安全、名誉等权利的侵犯，就可能触犯《中华人民共和国治安管理处罚法》的相关规定。我们在日常生活中应自觉遵守公共秩序，尊重他人权益，避免因为排队插队等行为引发纠纷和冲突。

6

用制度构建"诚信中国"

改革由问题产生，又在不断解决问题中深化。"孩子让座时车辆急刹车，老人摔倒向让座者索赔"等类似的新闻屡屡见诸报端，信用领域所呈现的种种问题已然将制度层面的征信体系改革推到了风口浪尖。不可否认，个人自律层面的诚信行为依然在社会发展中发挥着弘扬正能量的重要作用。据媒体报道："2013 年 10 月 21 日，贵州修文县龙场镇新寨村六十多岁的贫困村民周明菊，来到县农村信用联社小河沟分社，还清了已故丈夫刘某某 1995 年 10 月借的贷款本息 6600 多元。"周明菊这位贫困交加的老人用行动印证了诚信是做人的原则。但仅仅依靠个人自律，已无法应对整个社会领域存在的信用危机，必须依靠制度化的改革来防止人性失律，并进一步规范社会行为。

社会征信体系的建设有助于弘扬社会正能量，健全社会信用体系。以制度的方式培养人的习惯、调整人的理念，中国古人就有深刻认识。早在周朝，养老的礼仪就已成定例，守孝三年的制度更是固化了中国人以孝为先的理念，为中华民族孝道文化的形成发挥了至关重要的作用。通过制度来激发人性中的善，是中华民族对人类文明的重大贡献。国外也有一些国家用制度来推进社会信用体系建设，如德国为规范闯红灯这一失律行为，通过制度化的构建，将闯红灯者的行为与个人诚信相连，一旦闯红灯，将面临罚款、车险费的增加以及申请银行贷款利率提高的处罚。

人性属于道德的范畴，道德可以分为愿望道德与义务道德，愿望道德是一种实现社会生活幸福的高标准，比如见义勇为、舍己为人；而义务道德是一种保持社会生活有序的低标准，比如遵守规则、遵守法律等。当前，很多人认为，我们能要求别人执行的只能是义务道德，而不能对愿望道德有所要求。实际上，我们也不能让愿望道德随意发展，仍然需要在一定的界域内对其进行制度化的建构。制度是中性的，如果能够把个人的利益与国家、社会的利益结合在一起，就能激发人性中的善或者人类社会共存所需要的品质；反之，则容易使好人办坏事。因此，我们需要用制度来构建社会信用体系，防止人性失律。在具体路径上，我们认为可以通过两种制度建构来实现。

第一，褒扬诚信的制度设计。褒扬诚信是社会信用体系构建的核心，通过制度设计来实现褒扬诚信的社会风尚，是实现"诚信中国"的重点。

首先，需要设置多元化的奖励举措来弘扬诚信文化，营造全民守信的氛围。为此，必要的奖励措施是不可或缺的，奖励的形式应努力实现从物质到荣誉的转变。对于征信个人、见义勇为个人，要给予一定的荣誉，而这些荣誉要与其个人信用评级挂钩，提高社会主体的守信意识。

其次，完善我国的见义勇为权益保障制度，激励人们见义勇为。要明确国家补偿义务，保护见义勇为者的人身和财产权益。国家应制定明确的补偿范围、标准以及规范的赔偿程序；同时，完善见义勇为基金管理制度。为保障见义勇为者的权益，特别是保障见义勇为者在丧失劳动能力甚至牺牲后其家属的权益，国家有关部门及地方政府应完善见义勇为基金管理制度。

再次，以证据规则保障诚信者的权利，重塑敢于见义勇为的社会氛围。当前，一部分人不愿意见义勇为的一个重要原因在于，人们害怕因见义勇为而承担责任。需要用证据规则进行保障，对于证据不足或者没有证据的，根据"谁主张谁举证"的原则，作出对举报者不利而对见义勇为者有利的处罚决定。这对于重塑被扭曲的见义勇为行为具有重要意义，也是法治精神的重要体现。

最后，通过新闻媒体的正面宣传，推进全民守信的新格局。新闻媒体在报道见义勇为行为时，要多发布正面的宣传材料，而不是围绕有争议、负面影响较大的反面材料报道。

第二，惩戒失信的制度设计。柔性的惩戒制度设计可以从三方面着手。一是建立个人信用账户，促进个人诚信建设。社会诚信可以通过个人信用账户的形式实现。该信用账户类似于我国的银行账户，但适用范围应大于后者。具体而言，个人信用账户应涵盖用户的身份证信息、投资情况、借贷情况、社会公共信息等内容。二是实行政务公开，加强政府诚信。在依法行政的前提下，政府应努力推进信息公开化进程，提高工作透明度和公信力，实现由权力型政府向服务型政府的转变。三是建立失信惩罚机制，强化监督作用。搭建联合征信数据库系统平台，探索建立公民、法人诚信档案，加强对失信行为的监管。通过对失信者在法律范围内进行披露、曝光，建立"黑名单"制度，加大对违法行为的惩处力度，真正发挥对失信者的约束惩戒作用。

刚性的惩罚性赔偿制度设计可以借鉴国外的经验。惩罚性赔偿制度源于英国，发展完善于美国，如今该制度已被越来越多的国家采用。当前，我们也需要构建符合中国国情的惩罚性赔偿制度来保障我国信用体系建设。从法律经济学角度看，惩罚性赔偿具有秩序价值。欧洲多数国家的地铁与城铁无人检票，但会有人在不固定的时间查票，如果查到逃票将会重罚。而在我国，即使有人检票，仍有人逃票。因为即使被查到，也只不过是补票而已。换句话说，在我国逃票的人没有任何损失。从警示的角度出发，惩罚性赔偿制度具有引导价值。由于赔偿的数额大于实际损失，会引导更多的人避免同样事情的发生。从保护被害人的角度看，惩罚性赔偿制度具有正义价值。惩罚性赔偿不仅具有补偿性，还有惩罚性。这样，既保护了被害人，也彰显了正义价值。我国在确立惩罚性赔偿制度时，应特别注意惩罚性赔偿适用标准的制定以及如何确定具体赔偿金额。

（《中国社会科学报》2013 年 12 月 20 日）

7

构建"诚信中国"的困难与解决之道

建立健全一个诚信有记载、好事有保障、坏人有惩罚、人人可知道的诚信制度体系是市场经济的基石，是公民幸福感的保障，是践行社会主义核心价值观的基础，是实现中华民族伟大复兴的中国梦、建成富强民主文明和谐的社会主义现代化国家的关键。这个体系必须与政府公信力建设及提升公民文明素养结合起来，通过制度长期引导，把遵纪守法内化为每个公民自觉的行为和习惯。打造"诚信中国"还有很多现实困难，许多积弊需要深入分析原因并有针对性地加以解决。

诚信制度难执行的原因

造成难执行的首要原因是立法标准和立法细致程度的问题。制定出详尽细致的标准，有明确的惩罚措施，让人们有的放矢，才能形成明确的社会指引。

首先，制定诚信体系的标准应当适当。过高的道德标准可能造成的结果是：法不责众，最后难以执行；人变虚伪，用两套话语体系来讲话，失去了是非心。在德国，人们拾到财产会得到奖励，而不是简单地强调拾金不昧，这既使人们的内心得到平静，也以制度促进了人们归还失物。

其次，诚信制度立法是法律制定者已经进行利益衡量的结果，而不能过多要求法律的适用者进行利益抉择。公共交通通常会设立爱心专座，但没有强制规定专座必须让给弱势群体，也没有规定不执行会有什么样的处罚措施，仅强调让座是中华民族的传统美德，结果因抢座而打架的情况屡见不鲜。在一些发达国家，老、幼、病、残、孕的专座必须让给弱势群体，不让座就会被罚款；而其他座位可让可不让，完全取决于自己的情况，毕竟其他人也可能会有这样那样的情况同样需要座位。这既避免了有座不让，也避免了不少弱势群体"仗势欺人"。当下这些公共交通工具中之所以会产生座位纠纷，是因为制度缺乏明确细致的目标指向和评估标准。

再次，诚信制度不到位和越位。例如，备受诟病的国人凑齐一拨闯红灯，早期人们将其归因为国人的素质，后来发现国人在外国不闯红灯，外国人在中国也闯红灯。这使我们不得不反思是否有制度上的原因：红绿灯之间的间隔设计不是很合理，有的红灯长达 90 秒，会让行人失去耐性。发达国家在一些信号灯时间长的地方，会相应配备有电梯的过街天桥。由于向右转弯车辆多不受红灯限制，经常与行人抢行。法律过多考虑行人利益助长了行人闯红灯，行人闯红灯处罚不力等制度原因尚未理顺。在德国，闯红灯者不仅会被罚款，车险费增加，还要承受个人信用评价降低的风险，直接影响向银行申请贷款，贷款利率也远比其他人高。在有红灯的斑马线，需要分清是谁的过失；在没有红灯的斑马线，车撞了行人须巨额赔偿。这些措施有助于在制度上引导人们作出符合公共利益的选择。

诚信制度难执行的另一个原因是责任不明，惩罚不力。"有权必有责"是法律制度设计的关键。在德国，凡是公共场合有门的地方，走在前面的人总会为后面的人扶门。为此，很多人认为德国人的素质高，但事实是，在德国人扶门的背后有着惩罚性的制度作为支撑。德国法律规定，若关门时将人撞伤，就得无条件赔偿，还要帮人医治。久而久之，人们就形成了公共场合前面的人为后面的人扶门的习惯。

从政府身上找原因

诚信政府是"诚信中国"的逻辑起点和突破口，制定符合百姓利益的诚信规则是"诚信中国"的前提和基础。

构建"诚信中国"，政府首先要诚信，法律并不强求领导干部道德有多高尚。法律层面的诚信是指如果政府工作人员不履行承诺，必然会被问责。这既需要提高政府工作的透明度，也需要建立起有效的监督和评价机制。

确立诚信体系的起点和充分认识长期性的问题

中国社会一直在"摸着石头过河"，许多制度还不成熟不完善，这就为不诚信而获利提供了一定的制度空间。如果现在的诚信体系溯及既往，由个别人来承担不利后果，既不公平，也很难取证和惩罚，打击面过宽也不利于改革的顺利进行。因此，过去的行为现在仍然发生作用则需要按照新办法。我们应当认识到，信用体系建立后不会马上体现出效果，也需要认识到，制度会带来一时的不便，但从长远讲，则是普惠的。就像路上本无红绿灯，有的多了，时间长了，也就知道它的好了。

做好宣传引导工作

在转型国家，遵守规则还不是多数人的信仰，做好事的好处和做坏事的坏处大家还不是特别明确，舆论应当发挥引导功能。

我们的媒体宣传缺乏连续性，经常看到媒体对某企业不诚信的行为进行报道，在进行了广泛的社会批评后，结果不了了之。此番报道后，企业受到怎样的惩罚，又是否真正作出调整，我们不得而知。这既有制度保障不足的问题，也有舆论引导不到位的问题。对于司法判决的宣传也是如此，媒体对社会某重大案件的判决进行狂轰滥炸般报道，至于判决执行情况如何，媒体就不再追踪报道了。中国正处在转型时期，不是所有人都知道法律的制裁后果，舆论监督应当进行系统的宣传，做到有始有终，告知"好人能够得到好报，坏人能够得到恶报"，才能发挥好引导的功能。

当然还有信息采集、信息监管、信息共享、公开与隐私的处理等技术问题，需要借助自然科学和社会科学的进步加以解决。

文明与否与人种无关，与经济的关联也不大。希冀通过人的内在完善达致文明状态。但在利益冲突时，其具有很强的不确定性，"翻手为云覆手为雨"是人性的弊端。只有通过外在制度规范的约束和激励提供明确的指引，用法治思维和法治方式处理，公民素质问题才能有效解决。久而久之，在制度的引导下，良善之人越来越多，为中国社会成功转型、实现中国梦提供有力的人力支撑。

（《学习时报》2014 年 6 月 30 日）

8
群众路线的着力点

中国共产党执政的目的是不断实现好维护好发展好最广大人民群众的根本利益。能否密切联系群众，关系党和人民事业的成败。开展党的群众路线教育实践活动，是党始终保持先进性纯洁性的客观要求，是坚持党要管党、从严治党的重大决策，是解决当下转型期出现的各种社会问题的一剂良药。

把党的群众路线落到实处，必须建立长效机制。坚持"一切为了群众，一切依靠群众，从群众中来，到群众中去，把党的正确主张变成群众的自觉行动"的群众路线，至少应当明确以下几个问题：一是当群众意见不一致时如何判断主流民意？有的群众要往"东"，有的群众要往"西"，到底听哪部分群众的意见？二是确保执政科学性即实现党的正确主张的问题。这要弄清什么主张是正确的主张，显然代表民意的主张是正确的主张。那么如何得知民意？国家和公民的利益不一致怎么办？群众之间的利益诉求不一致怎么办？三是确保执政有效性的问题，即如何保证正确的主张落到实处？如何保证执政者与群众的血肉联系，保证能够维护最广泛的群众利益？四是如果没按照群众路线办，执政者会承担什么不利后果？当百姓认为决策或执行不符合群众利益时，有没有常态化的"讨公道"的地方？

"把制度建设摆在突出的位置"，才能切实落实群众路线。自从有人类社会以来，利益冲突就不可避免。正所谓"有人的地方就有江湖"。在利益多元、矛盾凸显的今天，怎样避免矛盾激化？一方面，依靠劳动密集型的经济增长方式后续乏力，与此同时，社会分配不公、医疗不公、教育不公、社会成员代际不公、就业困难、物价上涨、环境污染、贪腐问题、道德下滑等方方面面的社会不满正在蔓延，甚至已有极端化的倾向。另一方面，社会还没有普遍形成解决矛盾依靠规范的法律制度的习惯，依赖"权情财"仍然盛行。普通百姓如果遇到不合理甚至不合法的蛮横做法，找不到说理的地方，得不到公平的对待，久而久之就可能愤懑在胸，借机发泄。可以肯定的是，丛林规制起作用，正说明民主法治制度不完善。

我国社会处于转型期是矛盾叠加的主要原因，但不应当成为继续前行的障碍和借口。转型过程正是向现代政治文明转轨的过程。检验我们一切工作的成效，最终都要看人民是否真正得到了实惠，这也是检验执政者的主张是否正确的主要标准。能够为自己说话，有自己的利益代表，人民得到实惠才有最可靠的保障。各个阶层都有自己的利益代表，通过博弈和妥协才能反映不同阶层群众的利益和呼声。办法总比问题多。关键是不是社会上的大多数人都能考虑解决问题的办法。能够让更多的人，特别是各级执政者不管阻力有多大，都能切实地以人民利益为出发点和落脚点，时刻把群众安危冷暖放在心上，及时准确地了解群众所思、所盼、所忧、所急，把群众工作做实、做深、做细、做透。因此，党的十八大报告提出高举民主这面旗帜以及重提群众路线，是符合当前中国实际和社会发展规律的。党内民主是党的生命。通过党内民主机制的建设，更容易判断什么是杂音，什么是正途，更容易把握社会主流的脉搏，党的执政就会更加有底气、接地气，同时也为解决当前社会问题提供了不竭的动力，为社会不满的疏导提供了规范化的途径，为决策失误的修正提供了必要的条件，为接受人民监督提供了制度的基础。群众有了发言权，就会增强群众的主人翁责任感，有利于激发群众的积极性和创造性。

有人说，当前村民自治情况不佳正说明了中国搞不好民主。村级选举没搞好，村民素质不是主要原因，制度设计不科学才是主因。村委会在中国一直是一种准行政机构，从行政权的本质属性来讲，行政权是执行法律、管理社会公共事务的权力，主要体现宪法的效率价值。政府执行行政职能，其基本要求是上行下效，哪一环出现阻碍都会影响行政权整体实施的效果。在我们社会主义国家，国家利益、集体利益、个人利益从根本上是一致的，但少数情况下的利益冲突是不可避免的。一旦这种情况出现，就可能将基层民选的代表置于一种相当尴尬的境地。"村干部要当下去，既要对群众负责，又要完成乡镇干部交给的任务，这里面经常有矛盾"（村干部语）。如果民选的代表为了自己小村落的利益而不顾大局，势必影响行政的效率和执行力，进而影响整体的行政部署。如果服从了上级的"指导"，其自治功能势必被抑制和削弱，还有可能在换届时落选。从基层民主选举的过程来看，在这么小范围内，贿选的成本相当低。"选举委员会成员通知某一选区的选民从家里来一个代表，在某一天赶集的地方进行选举，来一个代表有一天的工钱。一位家庭代表把自己全家的选票代劳了，且组织选举的人说大家最好选'张三'，大家就一窝蜂地在张三名字后画勾，这样没几分钟，选举就结束了。"此外，在这个层面上选举的代表也很难监督。我们在这样小的范围内进行民主选举，一个村由少数几个宗族组成，大的宗族可能操纵选举，造成对少数人权利的漠视。不受监督的权力必腐败，这条定理在农村仍然适用。而为防止权力滥用，在几百人的村子里，设置一套复杂的监督体系，显然有牛刀杀鸡的感觉；因是民选，上级无权干涉；罢免程序又很难启动，代表一旦选定，百姓就必须"忍受"三年。

以上探讨绝非形而上的分析，《湖北日报》内参及《南方周末》都曾报道，某市村委会自1999年换届选举以来，选举产生的村委会主任，当选后被撤换（含免职、停职、降职、精简、移任他职等）的达187人，占329位村委会主任的57%。加上其他被撤换的村委会副主任、委员，共有619位村委会成员被撤换。但这种撤换行为不能完全归咎于官员的素质，与其说是来自官员对民主的抵制，毋宁说是制度创造的矛盾通过合法程序无法消解。制度造成的困境仍要靠制度来解决。基层民主选举为我们积累了大量的经验，但也可能成为进一步改革与发展的阻碍。

即使充分的民主，政府也有可能犯错误。即便政府没有犯错误，由于认识的差异也可能产生政府与公民的争执。靠"堵"和"赌"显然不是办法，必须给老百姓一个能够讨公道或者说理的地方。这个地方是不依附于政府的，必须与管理机构"穿两条裤子"，说理的地方和任何机构是一伙的都没法建立真正的公信力，谁能相信自己做自己的法官呢？群众的意愿得到表达和执行，群众的诉求得到独立公正的判断，群众路线就有了支点，社会自然就和谐了。社会有了合理的规则、有效公正的判断标准，可争夺的资源被规范了，责任更加明确了，人们的担忧和欲望就少了，为恶的必要性就小了，自然越来越多的人会作出善的选择。

（《学习时报》2013 年 8 月 12 日）

9

新疆治理现代化研究

传统边疆治理更加依赖地方精英维护社会稳定，而在公民意识觉醒、社会文明程度提升、不同地区进行比较成为可能的现代化场景下，这种治理方式已颇显乏力。新疆民族宗教较其他边疆地区更具汇聚能力，只有抓住新疆治理现代化这把钥匙，用法治的手段破解新疆"三期叠加"的困局，才能最大限度地解决新疆问题。

目前（2016 年）的新疆处于暴力恐怖活动的活跃期、反分裂斗争的激烈期以及干预治疗的阵痛期"三期叠加"的特殊时期。政府在维护社会稳定、发展区域经济、改革治理模式等领域面临巨大的挑战。当前，新疆公安机关在各族群众的大力支持下，付出了很多常人无法想象的艰辛，在打击暴力恐怖活动中取得了显著的成绩。不过，当前形势仍然不容乐观，反恐工作依然任重道远。如果抓住新疆治理现代化这把钥匙，虽然功不一定在当代，但利一定会在千秋。

一、新疆社会治理中的关键所在

恐怖主义和低下的经济发展水平往往相伴相生，民族认同源于社会责任感和公民权利意识的培养，群众威信的提升则源于公平合理的社会治理体系。当前，新疆社会治理的关键是提高制度现代化水平。

第二次中央新疆工作座谈会提出，"以推进新疆治理体系和治理能力现代化为引领，以经济发展和民生改善为基础，以促进民族团结、遏制宗教极端思想蔓延等为重点，坚持依法治疆、团结稳疆、长期建疆"，成为新的历史形势下做好新疆工作的总要求。自治区党委制定并出台了《关于全面推进依法治疆 建设法治新疆的意见》，为法治新疆的全面建设提供了顶层制度的指导，今后新疆的社会发展必须紧紧围绕法治的要求，坚持依法治疆、依宪治疆，以法治的方式规范社会生活的各个方面。自治区党委提出要坚持打击和教育疏导两手都要硬。唯有如此，才能团结一切可以团结的人，集中力量打击少数敌人。

实现新疆治理现代化，法治现代化建设是关键。国家治理现代化的过程是国家治理能力不断加强、治理法治化程度不断提升的过程。法治化的内涵在于用制度代替人治，实现治理模式的确定性、规范性和可预期性，将所有的主体放在同样的标准下加以约束，是实现公平正义的最优选择。"法律秩序已经成为一种最重要、最有效的社会控制形式，其他所有的社会控制方式，都从属于法律方式，并在其审察之下运作。"①

用法治的手段破解目前新疆"三期叠加"的困局，化解社会治理中的突出问题，其优点首先在于平等性，即依据法治原则所制定的准则和程序具有普遍效力，需要全部社会成员不分民族、不分宗教信仰，无一例外地遵守。相较于带有针对性的政策管理手段，更容易获得社会成员的普遍认同。其次，法律的普遍适用性能够提供相同的参照标准，对解决治理过程中各部门各自为营、协作性不足的问题具有一定的效果。最后，法律的稳定性有助于解决新疆目前社会治理中，注重短期效果而忽视治理系统性、长远性的问题。应当通过将社会管理应遵循的准则及程序制度化，以长效规则而非应对性策略解决社会问题。

二、以法治的方式推进新疆治理体系和治理能力现代化

（一）良法善治是关键

实现新疆社会治理体系和治理能力的现代化，法治现代化是关键。法治

---

① 〔美〕罗斯科·庞德，陈林林译：《法律与道德》，中国政法大学出版社2003年版，第37页。

现代化的逻辑起点应当是良法之治，也就是在社会治理过程中，所依据的必须是能够符合人民的根本利益、顺应社会发展规律、体现公平正义的基本要求、维护公民权利自由的法律。

在法治的背景下，所有的社会成员不论民族、性别、宗教信仰，在法律面前都有一个共同的身份——公民，而国家联接公民的唯一纽带就是法律赋予公民的权利。因此，要将生活在新疆的人民群众放在统一的、由法律创制的规则之下，营造良好的社会法治氛围。通过共同遵守法律、无差别适用法律、平等受法律保护等环节强化公民意识，强化各族人民群众作为中华民族一分子的认同感。总之，社会的繁荣稳定不是建立在对某一群体实施特殊管理的基础上，而是应当通过建立适用于全社会的规则之治来达成。

对于政府而言，要坚持依法行政，建设法治政府。依法行政是规范公权力运行、保障公民权利实现的重要手段。通过依法行政、切实保障人民群众的基本权利，是提升政府公信力、塑造政府权威性的必要措施。特别是针对南疆某些地区宗教人员无视政府权威的现象，除了制止非法、遏制宗教极端思想蔓延等政策性的措施之外，还要坚持依法行政，将权力关进制度的笼子，使法治的红利平等地惠及每一位公民，真正做到取信于民，树立自身权威，从而最大限度地增加社会和谐因素，增强社会发展活力。

一方面，面对极少数无法回头的、与人性格格不入的恐怖分子，通过更严格的立法予以严厉惩处；另一方面，面对广大人民群众，让人们感受到服务型政府带来的好处，感受到公平正义，感受到权利的实现，发自内心支持党的领导和政府的治理。围绕人权保障和人皆幸福建立制度体系，当人们普遍感受到制度体系所带来的幸福感和利益的最大化时，就会选择支持和尊重它。

（二）以法治促进和实现经济社会可持续发展

新疆的社会稳定和经济发展互为依托。当前，积极稳妥地推进跨越式发展是新疆工作的重点之一。提高经济发展的动力、提升经济发展的竞争力、增加经济发展的持续力等一系列工作都离不开社会的稳定和完善的制度保障体系，而法治是维护大局稳定的有效手段，也是制度保障措施中最为核心和关键的要素。通过营造公开、公平、公正的社会法治环境，充分发挥法治的保障、激励和规范功能，为新疆经济的健康发展、持续发展保驾护航，使法治成为实现新疆跨越式发展的推动力。

"一带一路"倡议的提出为新疆经济的发展提供了新的发展契机，通过优化新疆参与"丝绸之路经济带"建设的法治环境，大力推进"丝绸之路经济带"的法治建设，强化保障与促进"丝绸之路经济带"建设的制度措施，努力提供和谐稳定的发展环境。同时，地方立法应积极完善与共建"丝绸之路经济带"相适应的法规，积极构建经贸法治新体制、新机制，为中国和欧亚区域经贸的合作共赢发展与社会繁荣稳定奠定坚实的法治基础，也为新疆经济的迅速发展提供有力的制度保障。

法治还是实现新疆生态文明建设和可持续发展的有效手段。完善地方环保立法，制定同党的十八届五中全会所提出的绿色发展理念及《中华人民共和国环境保护法》精神相适应的地方性环境保护法规，从制度上对以牺牲生态利益换取经济发展的发展理念予以否定，对环评不达标的企业坚决予以关停，严格节能减排的各项措施，依法保障和促进区域环境资源的可持续发展。

（三）加强法治教育，培育法治意识

使人愚昧的方式能够让人眼界狭隘，安于现状，让人更加"听话"，但利益得不到保障的现实则更容易让人们选择非理性的方式表达利益诉求，在与己无关的事件中群起生事，以非理性、超验的方式寻求帮助和身心的平静。健全法治教育机制，增强人民群众的法治意识，感受法治带来的好处，是实现法治现代化的重要环节。而法治意识的形成，其突破点就在于公民意识的培育。宗教极端思想往往是通过扭曲伊斯兰教义、利用民族主义意识来实现对人的控制，它最大的特点在于将群体之外的人视为异端，将群体内的人视为实现宗教目的的工具。接受宗教极端思想的洗脑过程，实际上就是放弃作为"人"而存在的过程，更不用说作为"公民"所享有的权利了。因此，培育公民意识，唤醒人民群众作为公民的权利意识和责任意识，是遏制宗教极端思想蔓延的有效手段。

法治是一种生活经验，与任何其他的生活经验一样，可以在实践中逐渐获得和积累，最终积淀成改变人们思维和行为模式的强大力量。[①] 通过加强法治教育、开展普法宣传，更重要的是让人们感觉到法治有用，使法治的精神和信仰深入人心，继而转化为全民认同的生活方式，是实现依法治国、建设法治新疆的战略性任务。法治意识的形成不是一朝一夕之事，而是一个长期的过程。新疆社会治理要注重对未成年人的法治教育，强化对社会秩序和法治规则的尊重、权利意识的培养，以正常方式表达利益诉求，坚定走治理现代化之路的信心。

（《行政管理改革》2016 年第 4 期，有删改）

[①]　唐皇凤：《构建法治秩序：中国国家治理现代化的必由之路》，《新疆大学学报》（哲学社会科学版）2014 年第 4 期。

10

做副市长的这一年

2020 年 7 月，经申请，中央党校派我到福建省漳州市挂职人民政府党组成员，副市长。于公，了解地方实际工作；于私，实现不同的人生价值。这一年自感丰富而精彩，有些心得，有些"偏见"，当然更多的是收获。

首先，说说心得。

有的城市魅力大一点，有的城市魅力小一点。一个城市的魅力至少取决于三个因素，即自然环境、社会环境和人文环境。

第一，宜居的自然环境。自然环境是原生的，也有人为的因素，是否符合现代理念决定了城市是否更受欢迎，更有获得感、幸福感、安全感。

以公园为例，公园这个词，在古代是指官家的园子，只有官家才能出入。而现代一般是指政府修建并经营的作为自然观赏区和供公众休息游玩的公共区域。免费开放，才是现代"公园"的本真含义。漳州市在中心城区建设了"五湖四海"等公园，全部免费开放，并严格禁止擅自开发建设和改变地块用途的行为。自由是有界限的，在公园的管理上，漳州市遵循三个原则：一是不设大标语，二是不跳广场舞，三是不准随地摆摊；享受自然则是无限的，公园的草坪是可以踩的，一家人在草坪上晒太阳、野餐，人与自然和谐共生，公园里没有什么栏杆，人们和景观都可以亲密接触。公园的椅子数量极多，每个游园人想坐都有位置，设计上也都精心考虑，看上去像一件件艺术品横卧公园，与周边景色融为一体，不会显得很突兀。城中有林、城中有花、城中有鸟、城中有湖、城中有山，"有形的风景（生态美）在眼前流动，无形的风景（幸福感）在心中流淌"。

第二，高效、务实、便捷、公平、自由、平等的社会氛围，政府能够及时回应群众关切、及时纠错的社会环境是现代城市的精髓和核心要义。一个城市把人管住不是能耐，更重要的是，工作生活在这个城市，人们觉得舒心。

在漳州，当地官员普遍相对温和。我一直有个观点："地方领导的霸气程度往往同他所在地区的富裕程度和老百姓的幸福程度呈现反比例关系。"

漳州是一个旅游城市，我经常和家人在不打扰别人的情况下出门游玩，但没有像以往那么多担忧，内心很踏实，用"气定神闲"来形容一点不为过——这种心境真的好极了。其实，在现代社会，治理体系和治理能力现代化没有多复杂，对市长、对老百姓都一样，能够实现各项权利，得到内心的安宁就会感到幸福，社会也会少些纷扰。

在城市建设中，社会治理体系和治理能力发挥着决定性的作用。地方政府能够为老百姓多些担当，老百姓的怨言就会少些。商品房"办证难"一直是老百姓急难愁盼的问题。不够科学的思维方式往往是"一刀切"，不符合规定的一概不给办证；而科学的思维方式则是分清责任，没有责任的业主不该得不到房产证。漳州在处置这类问题上"分类施策、一宗一策"，让无过错的不动产买受人不因他人问题而办不了证。对开发企业的自持资产和商品房区别对待，对拖欠规费项目先办证后追缴，将开发建设单位的违法违规责任、规费征缴完成情况与无过错购房人办证的权益相分离。有个楼盘项目验收时存在违建、超容积率、绿地率不足等问题，涉及 4000 多户商品房住户不能办理不动产证，漳州将合规的所有商品房先予验收核实办证；将不合规的项目（业主自持部分酒店、商业店面、电影院等）暂不予验收，待开发商全部整改完成后再办理竣工核实。

企业开办便利度是营商环境的重要组成部分，新设立的企业取得营业执照后，至少需要再办理公章刻制备案、银行开户、员工参保登记、公积金单位缴存登记等多个事项后才能开始经营。作为企业开办的重要一环，获得银行账号是办理税务登记、医社保公积金登记的前置和必要条件。由于金融监管的要求，银行开户审批周期最长，有些银行甚至需要 2 个月，制约了后续开办环节的办理。漳州市银行向省行申请一定数量的账号，预先导入"漳州通"平台，企业在平台自主选择开户银行和开户网点后，即可拥有一个账号。银行账号申请从"先审后批"转变为"先批后审"，实现"秒开户"，有效突破了开户"瓶颈"。

第三，良好的人文环境，是一个城市长久历史形成的独特底蕴。它看不见、摸不着，但影响着一个地区人们的生产、生活行为习惯，成为该地区最核心、最宝贵的精神财富，为构建城市灵魂提供强大的精神力量。

人文环境是历史的，需要一定时间的积淀，不过也可以通过共同参与，加速形成一种良好的人文环境。漳州市有个叫作腊州的小渔村，至今已经 29 年"零信访"。这个村不是把老百姓的不满压制下来，而是用民主化的立法、科学的制度体现人民意志、保障人民权利，合理分配好各方利益关系，构建共建共治共享的社会治理格局。腊州村通过村民代表、户代表、党员、老人协会等协商，先后修订完善《环境卫生公约》《移风易俗公约》等村规民约，把环境保护、土地利用、精神文明建设等内容融入村规民约中。

其次，再说说"偏见"。

基层可能有滥用手中权力的干部，但绝大部分干部都是很有事业心和责任感的。"上面千条线，下面一根针"。做线不易，为针更难。除了工作压力以外，更在于"婆婆"太多，有的"婆婆"事儿太多。有的时候，干好了好像都是"婆婆"的功劳，基层难有积极性；有的时候，"婆婆"朝令夕改，让基层工作尤其为难，特别是很难向老百姓解释，基层干部难以开展工作。

干部除了有实现价值、完成工作的自我动力外，还面临外在的压力，主要有二：一是考核，如果这些指标都科学，压力可能就还没这么大；二是问责，有的可能是决策不当甚至失误，有的则是突发的，是无法判断、无法避免的。毫无压力显然不是好事，但不恰当的压力会产生负面影响，"大炮打蚊子"和"一人得病众人吃药"就无法避免。

在这方面的制度设计上还有进一步优化、细化、科学化的空间。

第一，追求群众满意率本身是好事，但要更精准科学。比如"12345"平台对群众投诉处理满意度的要求为超过 95%，有个别行业由于工作性质的特殊，如城市管理局经常需要处理违章搭盖、摆摊、物业与业主、业主与业主之间的矛盾等问题，有些问题很难做到双方都满意。而考核机制规定，满意度没有达到 95% 以上，年终绩效考核被扣分，更有甚者还可能会被处分。再如信访，有的信访属于家事，也要政府管，不管就上访，有人戏称"90% 的精力用在了 10% 不该管的事情上"，信访评价的科学性也有进一步完善的空间。"挟泰山跨北海"会让人无所适从。笔者建议，满意率中有一定的容错空间或者有些领域不宜设置满意率。制度的设计不一定是标准越高越好，如对水质的要求，达到一定标准，再通过土壤、植被自然过滤实现水质净化，比添加化学药物对自然环境造成二次污染更加科学合理。

第二，尽力保持政策的稳定性。政策的不稳定性容易给地方执政带来压力，也会影响政府的公信力。

第三，切实建构起容错机制。有错必究是法治社会的一条原则，但要分清错误的类型。人非圣贤，孰能无过，过分问责，会挫伤干部工作的积极性，导致畏首畏尾。实际上，不少干部都反映很多时候不是不想为，也不是不能为，而是害怕做得多错得多，最后反而出力不讨好。建议在出台考核制度的时候，要听取执行者和被执行者的意见，坚持从实际出发，根据不同行业的实际情况区分对待，制定出可操作、符合实际的考核标准，或者让老百姓进行阶段性评价。另外，追责特别是追究法律责任时，要紧紧围绕是否违法犯罪，尽量不要过分纠缠道德领域，否则，把人看成完人，容易让人们的行为标准不明确。

第四，防止层层加码。检察机关量刑建议法院采纳率达到 80% 已经不低，各地如果不断追求更高的采纳率，法院的居中价值就没有了。建议科学分析中央决策，不是所有的指标都需要加码，有些或许是越少越好，有些保持在一个稳定区间最好。

在央地权力划分上，我没有细致研究。中央很多判断都很有实践价值和意义，比如"绿水青山就是金山银山"澄清了一些地方把环境和经济发展对立起来的错误。这些大的原则由中央定调，一些细微的操作层面如何发挥地方、企业、个体的积极性，不能全靠中央，否则活力会降低。我大胆试想，中央作一些有争议的原则判断，微观领域让地方自己制定政策，中央对政策跑偏予以纠正，对执行问题予以监督。这样会不会更好些？

最后，再附上这一年的收获和工作。

以前我把精力主要放在法治领域的研究上，对经济、公共管理等领域还不熟悉，现在则有了深刻的认知。如看到一些关键性数据，就能够对当地经济有一定的了解：哪些指标可能有出入，哪些方式可以推进经济发展，等等，对提升自己的综合能力有一定意义。

在这一年里，除了调研了解实际情况以外，还希望多干点实事，看看那些理论知识在实践工作中是不是真的有用。我分管领域不多，集中在科技和大数据方面。这一年正赶上国内国际局势变化，从中央到地方，对科技创新格外重视，如何让像漳州这样有较好的自然社会环境但缺乏科技创新基础、缺少大学等科研机构的中等发达城市补短板、强弱项、提质量，是摆在面前的一项重要任务。在这一年里，与科技和大数据领域同仁一起，有针对性地做了一些实事。

一是坚持开门制定政策。调研中发现，一些企业对惠企政策不了解，过去了解惠企政策多是到政府部门去喝喝茶聊聊天，现代年轻企业家不习惯这种方式。我大力提倡民主化的工作方式，在制定惠企政策的时候，注重广泛征求企业、科研机构和科研人员意见。让大家积极参与至少有几个好处：各方利益能够在政策制定前得到表达；执行政策不打折扣；最重要的是，了解彼此难处更容易形成互信。2020 年，全市享受科技惠企政策的企业 722 家（次），享受金额合计 2.068 亿元，有效激发了企业自主创新活力，推动全市研发投入 70 多亿元。

二是着力搭建科技创新平台。针对漳州市科研平台较少的情况，着力搭建政校企三方合作平台，先后带队组织装备制造、钢铁、食品等行业企业赴北京、西安、无锡、厦门等地高校、科研院所开展对接活动，推动市政府与北京科技大学、武汉科技大学形成市校战略合作关系，促成技术成果（项目）对接近百项，有效地解决了产业发展的技术瓶颈难题。设立技术转移机构，激励引导产业技术研究院开展技术研发，解决行业关键技术需求。

三是持续推进"科特派"工作。针对农业科技薄弱的情况，实施"科技特派员百企千村工程"为民办实事项目，在全省率先实现"三个全覆盖"，让很多农村老百姓得到实惠。

四是深入推进创业创新工作。针对众创平台"小、散、重"现象，整合全市双创力量，制定行业规范，探索适合漳州的众创空间孵化器运营标准化流程和能盈利、可复制的双创平台建设模式。在第八届福建创新创业大赛中，漳州市获得大赛 12 个奖项中的 5 项大奖，获奖数位列全省第一。

五是注重抓好科普宣传。为厚植科技土壤，组织市科技局每月编发 1 期科技资讯，介绍当前的新发明、新技术、新创造，并对可能给漳州市产业发展带来的影响进行分析，推送给县区领导干部和科技系统干部及相关企业家，进一步加强领导干部对新科学知识的学习和对最新科技发展趋势的掌握。主张科普资金不要撒"胡椒面"，要更多地向儿童倾斜，由此培养科技创新的未来动能。2020 年度科技工作受到省科技厅来信表扬。

科技创新不会一蹴而就，在数字赋能、科普培养、激发市场主体创新方面，我专门写了几篇小文章，进一步总结创新的要素及企业作为创新主体的动能激发，如《科技创新的要素分析及现实路径》（《国家治理周刊》2021 年第 16 期）、《激发市场主体的创新动能》（《科技日报》2021 年 5 月 25 日）等。

除了日常工作，我还积极参与地方性法规和规范性文件的起草、讨论，认真研究并提出意见建议，多次为市直机关和县（区）、乡镇基层干部授课，增强基层干部的法治观念。一有时间就到基层调研，除了自己分管领域的工作，还主动涉猎经济发展、乡村振兴、基层社会治理、生态环境保护、文化旅游等领域，在充分调研和深入思考的基础上，提出关于优化人才引进政策、完善自然资源领域审批制度改革等多项对策建议。我倡导在初中和小学对"何为公正？"进行研讨式教学，产生了很好的效果，并协助当地中学成功申请了教育部重点课题。

在漳州期间，得到广大朋友的帮助，政府机构、国内知名企业和大学科研机构积极支持漳州市经济发展；漳州市计划整合现有高校成立综合性大学，提及纸质书籍不够，几家出版单位共捐赠40万码洋图书协助大学图书馆建设。在此对各位领导和朋友们的支持表示衷心的感谢！

漳州，青山绿水之间，可览江水、徜碧湖、观蓝海、逛古城、赏古建。漳州的季节可以按花果划分，地域可按特产划分，山珍海味、鱼米之乡、清泉煮茶、四季花不断、长年果飘香。漳州人热情好客，宽以待人。林语堂是典型的漳州人，他曾这样讲："如果我有一些健全的观念和简朴的思想，那完全是得之于闽南坂仔之秀美的山陵。"可以说，林语堂笔下"生活的艺术"很大程度上是漳州人的写照，漳州人上得厅堂、下得厨房，对知识也十分尊重，"见贤思齐"是很多漳州人的家训。"110"报警服务热线、"12315"消费者投诉热线都发端于漳州……

在漳州工作了一年，我深深地爱上了这片土地，爱上了这里的人，也由衷地希望为漳州做一点好事、实事。在漳州的讲课费，我都直接汇入谷文昌干部学院账户，鉴于孩子们锻炼身体的场地较少，这笔钱已用于在漳州南湖公园建立免费的儿童锻炼场所，希冀孩子们有更多不以考试为压力，而以娱乐为动力来增强体质的地方。高新区副区长蓝磊博士题词："愿你常怀理想，愿你倍添勇气。"这也是我对孩子们的期望。

第四章

全球视野·本土语境

——论法治文明交流互鉴

　　"中华文明是在中国大地上产生的文明，也是同其他文明不断交流互鉴而形成的文明。"本章对不同国家和地区相关经验做法进行展示和归纳，既有基于制度溯源的学术考察，也有基于亲身经历的细节呈现。通过对世界各国和地区法治建设和制度实施的思考，观照国内现实问题，希望能够借助文明交流互鉴得到一些有益的启发。同时，也能增加一些阅读的广度和趣味性。

1
肯尼亚宪法改革模式与埃及革命模式
——非洲两国模式比较及启示

肯尼亚在特殊的历史背景和机遇下，进行了宪法体制改革，确立了"主权在民""人权自有"等思想和原则，建立了切实的公民利益保障制度，不但完善了肯尼亚的政治体制，对既有利益触动较少，对经济破坏较小，而且有力地增强了肯尼亚人民的"宪法意识""公民意识"。埃及在社会矛盾积聚后爆发了革命，在短期内对政治、经济的破坏都比较大，也并未尽如革命前埃及人的愿望——建立一个真正的民主国家。

在庆祝"八二宪法"颁布三十周年之际，关于中国宪法改革的呼声也日益高涨。远在非洲大陆的诸多国家，宪法改革方兴未艾。其中，肯尼亚十分具有代表性，肯尼亚宪法改革中提出了很多与以往不同的思想，在民众中掀起了一场宪法意识的改革；埃及则在民众革命的迫使下进行着自身的宪法改革。笔者不揣冒昧，尝试对两国的变化进行比较分析，并希望从中得出一些启示。

一、肯尼亚宪法修改与社会转型

（一）背景

肯尼亚人民经过多年的努力，终于在 2010 年 8 月，全民公投以 67.25%

的支持率通过了代表现代文明精神的"新宪法"。在这部"新宪法"通过之前，分析人士认为，通过这部宪法必然引起肯尼亚种族骚乱并一发不可收拾。但结果是仅仅几声枪响后，这部宪法就顺利得以通过。现在我们看到的肯尼亚宪法是经过肯尼亚全民大讨论，反复修改而成的。因此，当问及肯尼亚知识分子"新宪法"时，无论他们是"搞物理"的还是"搞化学"的，每个人都像宪法学家一样，如数家珍般地向你解释"新宪法"每一条文的缘由和好处。通过这次修宪，在肯尼亚民间掀起了一次宪法普及运动，既建立了分权与制衡的国家政治体制，也开展了一次十分有效的全国范围的公民意识教育。

（二）肯尼亚新旧宪法比较

1.结构的调整

肯尼亚在这部"新宪法"实施之前，实行的是 1998 年制定、2001 年修订的宪法。"新宪法"与"旧宪法"明显的区别在于，"旧宪法"的设计更加粗犷一些，"旧宪法"加修正案共计 75 页，维护统治的意图明显；而"新宪法"则更加详细，有 206 页之多，"人民国家"的感觉更浓重一些。"旧宪法"开篇声称"肯尼亚是一个主权共和国"，"宪法在全肯尼亚具有强制执行的效力"；而"新宪法"则首先提出"人民主权和宪法的最高性"，文本的用语也更加柔和，使用了"宪法维护"来强调全民应当遵守宪法。结构上，"旧宪法"首先规定了国家的权力，而权力中首先确认了总统、副总统的权力，然后分别是内阁、行政、议会、司法权，之后是公民的权利与自由、经济、公共服务等。而"新宪法"则分别规定了主权在民、宪法至高无上、公民权利与自由、土地与环境、财产权、人民的代表权，然后是立法权、行政权、司法权、国家治理的原则（规定了政府进步的目标、原则、政府治理的方式、政府治理的边界、政府监督等）。

2.内容的变化

（1）公民权利

在人权法案的规定中，"新宪法"总则肯定了人权法案的地位：人权法案是肯尼亚民主国家不可分割的一部分，是社会、经济、文化的脊梁。组织和保护人权的目的是维护个体和集体的尊严，促进社会公正和实现人的潜能。值得注意的是，"旧宪法"提出，根据宪法，肯尼亚的每个人都被授予基本的权利和自由……而"新宪法"则提出，人权法案中规定的基本权利和自由属于每个人，不是国家赋予的。"新宪法"还规定，法院有权对法律没有规定的权利和自由以立法和采纳最有利于维护权利和自由的方式进行解释。"新宪法"进一步强调，在解释人权法案时，法院或者其他权威机构要致力于提升以人的尊严、平等、公正和自由为基础的开放的民主社会的价值；致力于提升与人权法案精神、目的一致的价值。"新宪法"根据"无救济即无权利"的法律原则，还详细规定了权利法案的执行和救济程序。

"新宪法"较"旧宪法"在权利规定的体例与内容上也更加规范和完整。较"旧宪法"的体例，"新宪法"将每一项基本权利都概括出来，还增加了"人性尊严""隐私权""媒体自由""获得信息权""集会自由""环境权"等，并特别详细规定了保护孩子、残疾人、年轻人、老年人以及少数人群的正当权益。"新宪法"同时组建特别委员会，即人权和平等委员会，专门负责人权保护的事宜。只要肯尼亚公民认为政府或私人机构侵犯了他们的宪法权利，就有权向这个委员会提出申诉。这个委员会的具体职能是：①促进人权尊重以及在肯尼亚形成人权文化；②促进总体上的性别平等与公正；③促进在公共和私人机构中的人权保护；④对于各个领域，包括国家安全机构的人权保护的监督、检查和报告；⑤接受并检查对于侵犯人权的控诉并且采取合适的方法对被侵害的人权予以恢复；⑥主动或者根据申诉发起涉及人权事务的调查和研究，并提出建议，以改善国家机关的运作；⑦作为国家的主要机构，确保执行与人权有关的法律法规条约的义务；⑧调查国家事务中的任何行为，或者在政府任何领域里的公共行政中的行为或疏漏，即那些被指认或怀疑有偏见或不适当或者导致任何不适当或偏见的政府行为；⑨调查滥用政府权力、不公平对待或者违法，压迫，不公正或者迟延作为等政府行为的申诉；⑩对申诉作出报告，并采取补救措施；⑪执行法律所规定的其他职能。

（2）政治体制

"旧宪法"在诸多国家权力中最重视总统、副总统的权力，并置于宪法之首，然后是行政权、立法权、司法权；而"新宪法"中，国家权力的顺序则为立法权、行政权、司法权。在政治体制的架构上，"新宪法"更符合权力运行的特点，在立法权上强调民主的重要性，行政权上则强调效率的价值，而在司法权上更强调它的宪治功能。在立法权的规定上，"新宪法"与"旧宪法"的明显区别在于"新宪法"详细规定了选举的体系和过程。肯尼亚的政府选举规定了以下五条原则：①公民自由地行使自己的政治权利。②公共机构成员中同一性别的人数不超过三分之二。③残疾人获得公平代表。④公正而平等地普选。⑤自由公正的选举应符合下列条件：(a)以无记名投票方式；(b)确保投票过程免受暴力、恐吓或腐败影响；(c)由一个独立机构进行监督；(d)过程公开透明；(e)以公正、中立、高效、准确和负责任的方式管理。

在"无救济即无权利"的原则指引下，肯尼亚政府选举设计了专门的独立选举委员会，负责争议的调处和解决。"旧宪法"将立法权置于总统和议会，而"新宪法"则更注重分权的精神，使立法权回归国会，并将过去的一院制更改为两院制，更强调民主与精英政治的结合。"新宪法"大大加强了议会在制衡总统权力上发挥的作用，立法机关有权视实际情况弹劾总统，有权传唤各内阁部长以及国内高级事务官参加听证会，大幅度加强了对国家行政机关的监督。此外，"新宪法"还保证利益代表的广泛性，规定众议院中有至少47位女性议员以一州一名的方式从各州县中选出，另有12名特殊群体的利益代表（代表青年、残疾人和工人的利益）。参议院中要保证至少有16名女性代表，另有一男一女2名代表青年人利益的议员，一男一女2名代表残疾人利益的议员。

"旧宪法"中行政权由总统与总理共同行使，两个国家权力中心在行使行政权的过程中难免会产生摩擦和冲突，既降低了行政效率，也由于制度缺陷引发内斗。而"新宪法"确定了总统民选的原则与程序。选举委员会对总统选举进行监督，该委员会为完全独立性机构且不在总统管辖范围内。"新宪法"既赋予了总统绝对的权力，避免了行政权多元对效率的损耗，同时又取缔了那些可能滋生总统独裁以及高层腐败的特权。

司法权方面，"新宪法"纳入许多法律原则：①司法普遍适用，无论当事人地位如何；②迟到的正义非正义；③解决争议的替代形式，包括和解、调解、仲裁和传统的纠纷解决机制都应以促进争端解决机制为目的；④司法裁决须经正当法律程序；⑤遵从宪法的目的和原则。"新宪法"规定，传统的争议解决机制，如果违背人权法案，是非正义或者非道德的，或者导致不正义或不道德以及与宪法法律不一致的，不得再适用。"新宪法"进一步确立了司法独立的原则，规定了人事、财政的保障制度。为确保法官独立公正行使审判权，还设立了法官服务委员会。

此外，在国家与地方关系问题上，强调相互尊重，相互合作。为了提高地方政府人员工作的积极性和主动性，维护好少数民族的利益，"新宪法"确立各级政府管理地方财政、地方自治的治理策略。在财政事务上，提出凡涉及财政的相关事务，必须有开放性和问责制，公共财政体制应促进社会公平。并强调：①税收负担应由地方与中央公平分担；②国家提高的税收收入应在中央与地方间公平共享；③财政支出应促进国家公平的发展，特别是边缘化的群体和地区。此外，还规定要实现代际公平，不但要考虑当代人，也要考虑后代人；公帑必须谨慎和负责任地使用；财务管理责任应落实，财政报告应清晰等。

现代社会治理中，独立机构正在发挥着越来越重要的作用，肯尼亚宪法设立了多个对社会事务有重大影响的独立机构。除了上文提及的人权委员会、独立选举委员会、法官服务委员会，还有宪法执行委员会、国家土地委员会、道德与反腐败委员会、财税委员会、公共服务委员会等。

肯尼亚各方一直呼吁修宪，历经二十载，人民意识到肯尼亚出现各种社会问题的主要的、根本的原因是宪法中的根本政治制度和公民权利保护制度设计得不够科学合理，这是修宪成功的内在的根本原因。当然，这次修宪有其特殊的政治背景，以总统为核心的主要政治势力达成一致，是这次修宪成功的重要外部原因。内外原因综合作用促成这次修宪成功。虽然肯尼亚"新宪法"较"旧宪法"有明显的改善，符合社会发展潮流，符合广大人民群众的切身利益，但仍然有30%以上的民众不支持。可见，并不是所有人都能够支持宪法改革，但历史发展的潮流是不可阻挡的，社会终究会按照自身规律进步、发展。

二、埃及革命与社会转型

（一）背景及原因

1月25日是埃及法定的警察假日，这一天也成了近30年执政埃及的穆巴拉克的终结日。2011年1月25日至2月11日，超过一百万人抗议穆巴拉克的统治，走上街头游行示威，提出实现民主权利以及总统穆巴拉克下台等要求。2011年2月11日，副总统奥马尔·苏莱曼通过国家电视台宣布，穆巴拉克已经辞去总统职务并将权力移交给埃及武装部队最高委员会。

有人说，这次革命的"始作俑者"，主要是"初生牛犊不怕虎"的埃及"80后""90后"年轻人。"推特"（Twitter）和"脸书"（Facebook）是埃及能够革命成功的重要原因。而埃及分析家认为，"仅仅失业与贫穷不会导致政府被推翻"，"仅仅困苦的经历也不会导致人民去反抗"，"推特"和"脸书"更不是埃及革命成功的主要原因。虽然"脸书"是一个重要的新闻来源，但只有17%的人是通过互联网得到的消息。埃及革命并非偶然、简单的事件，而是长期的社会不公正，包括社会财富、资源、岗位等分配不公等的积累和总爆发。近年来，埃及经济取得了长足的发展，然而，埃及经济大幅度增长却使财富越来越集中在少数人手里，穷人手中的财产随着通货膨胀越来越少；民主的呼声与民主的实践间的差距越来越大。在父权式的国家里，不同于其他国家可能以较少的自由换得高品质的国家服务，埃及人则两样都得不到，因此这种生活质量的双重降低使埃及人认为这个旧政权不是一个慷慨保护民众的"父亲"，而像一座不折不扣的监狱。埃及作为一个阿拉伯大国，地区影响力日渐式微，在巴以问题上处理不力也是这次革命的重要导火索。此外，本·阿里在突尼斯的下台极大地鼓励了埃及人摆脱政治宿命论的束缚。

全球知名的民意测验和商业调查机构——盖洛普（Gallup）公司曾作了一个广泛的社会调查，或许能够使我们更清晰地看到这次埃及革命的内在原因。这组数据时间包括革命前几个月，采访的对象是 15 岁以上，不同性别、不同年龄、不同地区、不同文化程度的埃及公民。这次调查具有广泛的代表性和时间跨度，向我们展示了导致埃及革命的社会因素。

1. 经济发展成果没能与埃及人民共享

一般而言，社会福祉与 GDP 有一定的关联，因为公民通常会从自己国家的经济增长中受益。例如，经济增长通常会提供更多的创业和就业机会。然而在埃及，虽然 2010 年的国内生产总值增长约 5%，但调查显示，与其他类似增长国家相比，埃及人享受的国家发展成果相当少，低工资和高通胀并行更使之雪上加霜。盖洛普调查按照生活满意度，把公民分为"生机勃勃""努力奋斗""遭受痛苦"三种类型。尽管这些年埃及的国家财富增长不少，但认为自己"生机勃勃"的公民比例自从 2007 年一直在降低，认为"遭受痛苦"的公民与其他国家相比，埃及大约为 31%，利比亚为 8%，苏丹为 13%。仅仅最富有的 20% 的埃及人认为 2010 年比过去的一年更好。

2. 国家自身的缺陷

埃及公众对政府提供的创业机会、就业机会、可预期的经济条件、住房、社会服务、公共交通、自然环境、教育水平、年轻人发展潜力激发等方面的满意度都呈下降趋势。2010 年调查显示，房地产价格 2010 年较 2009 年增长了 10%；在保护环境方面，26% 的民众满意目前政府对保护环境所做的努力，而 2009 年的数据为 41%；对教育体系的满意度从 2009 年的 61%下降到 2010 年的 56%。

3. 民主愿望得不到实现

调查显示，埃及人除了崇拜西方先进的科学技术，还崇拜他们的民主思想。97% 的埃及人希望制定一部"新宪法"并保障言论自由；四分之三的埃及人提出了实现自由的希望。埃及人认为，民主能够促进社会进步，但在埃及无法实现。革命前认同这种思想的民众比例高达 89%，是盖洛普调查的 150 个国家中比例最高的。而仅有 4% 的民众认为，他们能够向官方表达自己的意见，这组数据是被调查的 150 个国家中最低的。

2005 年和 2010 年，埃及分别进行了两次政治选举。但选民代表并没有真正成为民众的意见代表，民众也无法向代表表达自身的利益。由于这些政治挫折，埃及人对自己自由的满意度再创新低，由 2005 年的 77% 下降至 2010 年的 47%。

（二）革命后埃及人的现状及愿望

1. 承认当前状况恶化但对未来充满希望

2011 年 6 月，盖洛普中心为了继续探寻埃及走向，在埃及一次革命刚刚结束，即 2011 年 3、4 月间对埃及境内不同地区、年龄超过 15 周岁的 1000 个埃及公民进行了一次面对面的调查。调查显示，人们不再相信任何领导。埃及的经济局势、有关人民生活的医疗保障等正在恶化。更多的人表达了对犯罪率升高的担忧。受访者对当前生活水平的预期与前四季度相较呈下降趋势，但对未来的预期则有更多的埃及人表示乐观。83% 的人认为，这个社会将会变得更公平、更自由。有趣的是，这次革命后，尽管埃及的生活水平有所下降，但更多的埃及人愿意留在埃及，而不移民他国。盖洛普调查了 2008 年、2009 年秋、2010 年春、2010 年秋、2011 年春对当前生活标准的满意度，分别为 72%、79%、76%、70%、63%。也就是说，公民对革命后的生活满意度最低，但愿意待在国内的人数却是这五个时间点中最高的。这表明从长远看，埃及人对国家有信心。在"后穆巴拉克时代"，64% 的埃及人认为，这个国家可以通过构建民主政府来解决埃及当前存在的社会问题；比较而言，只有 34% 的人认为这个国家必须由一个强人执政才能变得更好。

2. 理性对待重建

埃及人相信非暴力是纠正社会不公的最有效的方式。在对待传统的宗教问题和宗教冲突上也表现出冷静、理性的态度。在宗教问题上，埃及人表现出了中东少有的宽容态度，三分之二（67%）的埃及人不反对他的邻居有其他的宗教信仰，这个比例在中东地区仅次于黎巴嫩的 76%。这为宗教多元化和宗教宽容奠定了良好的社会基础。针对宗教领袖的地位，调查问卷提出以下四个问题：①宗教领袖在国家政治生活中有参政议政的权利；②宗教领袖在国家政治生活中有绝对的权威；③宗教领袖在国家政治生活中不发挥作用；④不知道。相关问题答案所占比例分别为 69%、14%、9%、8%。

3. 对未来领导人的希望

这次民众还对未来领导人提出以下希望：①经济体制改革要与政治体制改革共同保证国家实现健康过渡。埃及领导人必须通过人民所希望的自由与公正的选举和宪法公投产生。接受采访的 90% 的公民希望选举是公正、公开和真实的。在 3 月的宪法公投中，司法监督发挥了重要作用。80% 的公民对司法体系有信心，认为未来的选举应当继续利用司法监督系统。94% 的民众对军队保障选举有信心，并希望电视等媒体能够引导和鼓励民众投票。②创造新的商业和工作机会。③通过强化国家统一和公民平等，增进宗教间的和谐，而不是简单地推进"世俗国家"。④改革当地政府和机构：地方管理者从政治指派向直接选举过渡；研究创建当地警察部队的可行性来代替国家警察，重建对警察的信任；通过社区共建、邻里互助降低犯罪率。⑤全身心地解决"巴以冲突"。⑥重塑埃及形象，与美国构建良好的关系，实现相互尊重，互利共赢。

4. 埃及与美国关系问题，希望与怀疑并存

大约三分之二的埃及人不相信美国是真心实意地致力于埃及的民主化建设；68% 的埃及人认为，美国不是希望埃及人民能够掌控自己国家的未

来，而是正在试图对埃及的未来政治施加影响。在对待美国援助上，虽然埃及当前十分需要经济上的支持，但大部分人（75%）反对美国针对某些特殊政治组织进行援助；形成鲜明对照的是，88% 的民众仍然将美国作为他们的建国榜样。这也说明埃及人对待美国援助方面的冷静态度。他们明确反对的是美国有目的的政治援助，而不是反对美国的政治原则。

民众对美国提出以下建议：①通过支持民主原则保护埃及政体的独立性，而不是支持个别政治派别；②把资金投在社会需要的、可视的贸易中，而不是投在所谓的"民主促进"上；③全身心地解决"巴以冲突"。

（三）教训

这次埃及革命付出了血的代价和经济的巨大损失。包括：①造成巨大的人员伤害。这次革命和示威造成大量人员伤亡，其中很多是年轻人。②经济上蒙受巨大损失。旅游业是埃及主要经济支柱，为埃及提供13% 的就业岗位和 11.3% 的 GDP。由于政局动荡，今年埃及游客数量比去年同期减少40%，损失超过 20 亿美元。埃及 8000 万人口中贫困人口占 40%，30 岁以下年轻人的失业率超过 50%。③革命的果实有被武力拥有者窃取的可能。在政治层面，革命将独裁者穆巴拉克送进了囚笼，却可能迎来军人独裁，"除了没有穆巴拉克，其他一切都没改变"。军方在交权方面拖拖拉拉，军方控制的临时政府还在 2011 年 10 月份提出了制定"新宪法"的"指导方针"，规定 100 人的制宪委员会中，80 多人要由军方指派；未来军方行事和军方开支，不受文官政府监督。这样的政治进程，完全背离了埃及社会的期待。

从世界范围来看，不同的国家有不同的民主模式，埃及的未来朝哪个方向过渡，埃及人当前还存在着很大的争议。但毫无疑问，更广泛的全民参与、明确选举条件、宪法改革的范围和顺序等，将是埃及未来必须面对的。当下，军队在埃及民主中扮演更为积极的角色，建立独立的司法体制和有效的安全部门都是必不可少的。

三、两种模式的比较及启示

（一）社会过渡方式不同

肯尼亚模式的社会过渡方式是由上而下的，是统治者面临内外双重压力以及社会机遇顺应历史潮流而为；埃及模式则是自下而上的，是底层发现改革无望，诸多社会问题无法得到解决后的失望最终演化而成。

（二）社会破坏程度不同

肯尼亚模式只在零星枪响后就实现了宪法改革，对于社会及经济的破坏性很小；埃及模式则造成了大量人员伤亡，经济损失比较惨重。

（三）宪法理性程度不同

肯尼亚宪法改革确定后，得到了大部分民众的支持，因此有时间、有条件进行广泛的社会讨论和比较全面的理性型构；埃及则是社会矛盾集中爆发，没有明确的组织者，没有明确的一揽子纲领，因此来不及理性型构宪法，革命后在社会中还存在巨大的思想差异，只能依靠革命后不断试错，从而找到社会治理中共同接受的方案。

（四）公民意识的普及不同

公民意识往往是一个国家正常存在的前提和基础。公民意识一方面是权利意识，另一方面是规则意识，也就是守法意识。二者往往相辅相成，不可分割。毕竟守法的前提是法能够保护公民权利。肯尼亚在宪法制定过程中广泛征询意见，几乎每一个公民都能够深刻理解社会科学特别是宪法的科学性，成为一次有利于社会治理的公民法律意识普及活动，未来也会更加理性平和地争取社会进步。而埃及模式则激发了人们不遵守法律、通过暴力解决问题的意识。埃及本来就有不管"有理没理"都去游行示威的惯例，这次革命必然会加重这种意识。

（五）社会效果不同

肯尼亚模式实现了权力合法化，实现的途径并未大幅度触及原来社会成员的核心利益，从长远而言也就是维护了他们的利益。肯尼亚模式通过社会公平体制的重构、权力和利益的重新分配，调动全社会的积极性。而埃及模式则彻底剥夺了以穆巴拉克为代表的当权者的利益。埃及革命者明确表示，所有穆巴拉克及其家族在位时剥夺的广大人民的财富都要"吐出来"，而穆巴拉克这位阿拉伯世界的枭雄在笼中受审的一幕也足以让人震撼。然而，革命的果实仍然没有完全回到民主派的手中，反而被军方所窃取。

虽然尚不具备充分的时间条件来检验肯尼亚宪法改革与埃及革命后的效果。但可以想见的是，制度，特别是顶层制度，如果设计科学，那么其他权力配置就会更顺畅，经济运行就会更有活力，人民的权利就会更加有保障，人民生活就会更加顺心。所谓顶层制度设计科学，其核心就是宪法设计科学。判断一部宪法是否科学，关键在于其是否符合人性，符合人性的宪法既有助于促进社会公正，也能最大限度地激发人的潜能。人性中有善有恶，有野心有欲望也有互助友爱的一面。激发人的潜能就可以促进人类社会的进步。比如改革开放，发展市场经济，倡导人权后，同样大小的中国土地却养活了比改革开放前多很多的人口。把人性中的恶设置上枷锁，通过权力分立与制约，限制权力滥用，明确责任与义务，把"恶"放在盒子里，那些妄图打开"潘多拉魔盒"的人随时都可能被制度所惩罚。同时，张扬人性中的"善"，用制度保障"善"，促进人的素质提高和社会良好风气形成。

（《政法论丛》2012 年第 3 期）

2
发达国家和地区怎样监控工程质量

近年来，"豆腐渣"工程呈现易发、多发的态势，有些工程甚至直接"胎死腹中"。工程质量问题不仅造成社会资源的巨大浪费，而且给人民的生产生活带来隐忧，甚至影响公众对政府的信心。工程质量问题的产生既源于具体管理制度的缺陷，也归咎于顶层设计的不足。社会转型期，各国为了应对经济快速发展、利益格局多变而体制机制来不及完善的情况，纷纷加大研究力度，弥补制度漏洞。有些发达国家和地区通过几十年，甚至上百年实践探索，不断完善，形成一套完整的、可以自我调节、自我纠错的体制机制，有效解决了工程领域出现的问题。

一、广泛的社会参与机制

公众的切实参与是解决工程质量问题的最有力手段。根据公民参与阶梯理论，政府操控，邀请热心的市民代表做无实权的顾问，或者把同路人安排到市民代表团体中；抑或不求改善导致市民不满的各种社会或经济因素，而求改变市民对政府的反映，教育公众遵守政府的决策，体现"家长"的"权威"。这两者都属于公民没有实质参与。为了确保公民能够参与并监督工程建设，发达国家从城市规划开始就真诚鼓励民众参与。信息公开是各国工程建设的普遍做法，这种公开不是有选择地公开，也不是"悄悄"地公开，毕竟"阳光是最好的防腐剂；路灯是最好的警察"。如德国的《建设法典》规定了公民全方位参与的形式，从初步规划编制草案的准备阶段开始，就通过报纸、宣传册、居民大会等形式将必要性和规划目标宣布给公众。然后，《建设法典》编制者与市民代表将编制的几套方案交由市民讨论。第二阶段，在讨论方案过程中，市民通过展览会、座谈会参与讨论，规划部门将意见合并到规划方案中。第三阶段，公布方案供市民参与和专家评议。最后规划确定批准。无论建议是否被采纳，都应正式通知当事人，并说明原因。同时，注重发挥舆论监督作用，引起公众对工程中腐败问题的关注。

不仅仅是公众，其他利害关系方也被立法或实践予以考虑。德国的《建设法典》不仅规定了详细的公众参与程序，还规定其他公共机构、相邻城区及其公共机构以及其他利害关系方都有权参加听证程序。韩国每年召开3—4次"腐败关系部门协议会"。参会者是腐败多发、易发的政府部门和大型企业，由总统办公室和国家清廉委员会召集，国家反腐败机关列席，总统亲自主持，分析和讨论存在的问题，部署下一步的预防腐败工作任务。此外，社会团体的广泛参与也发挥了重要作用。社团的声音更容易被政府"听见"，起到了公民与政府间的"中介"和"缓冲器"的作用。

二、公平的市场竞争机制

引入市场竞争机制是解决工程质量问题的前提。经济自由不仅带来发达的经济，而且有助于社会的廉洁治理。如果一家企业既是市场的参与者，又是市场规则的制定者、执行者，或者可以影响执行者和仲裁者，就很难想象这个市场是有效的，也必然容易导致不公正、不稳定、不透明。资质垄断正是当前无法正常投标、中标的重要原因。一些工程项目，能中标的干不了，能干的中不了标，层层发包致使利润摊薄，工程质量降低。要确保市场主体的平等地位，就必须打破垄断，切实实现政企分离，确保工程的招投标由最经济、最有效的公司中标。

在公共工程中，政府是投资方，但往往与实施者存在多重代理关系，很难有效监督实施者。大多数发达国家基于这样的考虑，充分重视发挥社会专业人士、组织和行业协会在维护市场中的专业管理作用，政府将监督权让渡出来，授权这些通过资质审核的非官方组织和机构进行监督管理，既精简了政府机构，又提高了管理的专业性、透明度和效率。

三、完善的立法监督机制

完善的立法监督机制是解决工程质量问题的关键。发达国家十分重视建设工程质量管理的立法和执法。

一方面，通过法律手段加强建设工程的质量管理，调动社会各种资源，提高建设工程质量。如法国《建筑职责与保险法》规定：凡涉及工程建设活动的所有单位，包括业主、设计商、承包商、专业分包商、建筑产品制造商、质量监理公司等，均须向保险公司进行投保。《建筑职责与保险法》还规定，工程项目竣工后，承包商应对该项工程的主体部分，在十年内承担缺陷保证责任；对建筑设备在两年内承担功能保证责任。保险费率根据建筑物的风险程度、承包商的企业声誉、质量检查的深度等加以综合考虑，一般要负担相当于工程总造价 1.5%~4% 的保险费。

另一方面，这些法规和制度能够得到比较严格的执行，关键在于政府能够以身作则，严格执法。发达国家普遍以完备的法律法规全方位遏制腐败。这些法律法规具有很强的针对性、可操作性和适用性，如财产申报制度中明确"禁止官员与有公务往来的人士或机构进行投资或从事任何业务"，明确规定人事任用的回避制度、限制公务员家属朋友从事相关营利活动、限制退休公务员从事经营活动，对公务员收受礼品和接受宴请、公务接待等也都有明确的规定。对这样的问题，立法的原则是"宜细不宜粗"，不吝笔墨将能够想到的尽可能规定到法律中。美国、俄罗斯、德国、法国、新加坡、芬兰等国对接受礼品价值、下属人员的款待时间和地点等都加以详细、具体、明确的规定。这些深思熟虑的规定为有效防范工程中的腐败提供了明确的、具有可操作性的指引。

四、独立的惩治纠错机制

独立的惩治纠错机制是解决工程质量问题的保障。法律有一个最基本的原则，即"不能自己做自己的法官"。如果仲裁者和执行者有着千丝万缕的联系，就无法保证其不受干涉。中国古代历史上有"大义灭亲"的实例，但毕竟是极少数。因此，避免"谁监管、谁许可、谁查处"是发达国家监督制度设计的一个原则。拥有监督权的机构，无论是法院，还是欧洲国家的监察专员，确保运行的独立性是其主要考虑的因素。毕竟主要的干涉来自政府，因此在财政人事上这些机构都保持高度的自治性。但不排除对于监督者的监督机制设计，如公民参与的委员会、投诉制度等。

无论代价多大，有错必究是惩治机制有效运行的基本特征。在我国香港的"圆洲角短桩案"中，两栋已分别建至 33 层、34 层高的公营房屋，其 36 支桩中 21 支桩柱比指定的标准短，因此将两栋楼宇拆除，此举令房委会损失公帑约 6.05 亿元，该地后改建为休憩公园，相关责任人员被追责。该案例在社会上产生了轰动效应，对此类案件产生了巨大震慑作用。随着世界一体化加速，一些国家的跨国反腐法案纷纷出台，促使大企业严格要求自己。如全球五百强之一的福陆工程公司规定，"不得腐败是强制性命令，没有员工会因为拒绝支付或接受贿赂而遭受不利的结果，即使拒绝可能导致公司损失生意"。

此外，监督机构还发挥了重要的漏洞弥补作用。如荷兰监察专员每年对一年来的工作进行分析，一旦发现制度漏洞就会及时建议纠正。德国有专门的反腐败工作小组，负责分析国家机关内部的薄弱环节，针对这些环节制定相应的措施，改进标准和制度。

五、有效的决策评价机制

有效的决策评价机制是解决工程质量问题的动力。在工程问题上让公众参与，信息公开、多方会商、市场主导、权力让渡、严惩不贷、充分教育，这些措施说起来很容易，但政府，特别是地方政府的动力何在？对于政治家而言，能否继续任职或者升迁是其动力源泉。如果能否升职取决于上级，那么上级的有效评价体系就很重要。当然，建立科学的评价体系并不容易，前提是反馈的评价信息真实准确。如果能否上升取决于民众，那么取信于民就尤为重要。民众作为日常生活的主体，更容易看到不公平不合理的现象，官员为此也会更加"爱惜羽毛"。这对于"舍民生而求政绩"的工程，会有一定的制约作用。众人的才智是无限的，如果能够提供持续不断的动力，相信必将会有更多符合实际的办法出台。

（《学习时报》2013 年 4 月 15 日）

3

国外城镇化立法特点

　　以科学、完善的法律体系促进和规制城镇化发展，是现代法治国家的共同特征。这个法律体系包括税法、环境法、房地产法、行政许可法等多个部门法，其中，发挥核心主干作用的是城乡（城市）规划法。目前所能查阅到的最早的一部国家级城市规划法，是1874年瑞典制定的《城市规划法》，它开创了城镇规划核心法的先例。各国城乡规划法的名称有所不同。例如德国称之为《建设法典》，英国称之为《城乡规划法》，法国的第一部城市规划核心法称为《城市规划法》，日本称之为《都市计划法》，我国则命名为《城乡规划法》。

　　近年来，各国在本国城市规划宣言法诞生后，都经历了一个从宣言到更具体、更具操作性和更有利于维护各方利益的完善和修订过程。特别是20世纪90年代，掀起了一股城乡关系立法改革和确认的高潮。立法的核心逐渐发展为通过科学有效的程序使城乡规划合理透明，体现出公权对私权的尊重，以及对复杂性与矛盾性的协调，体现民主协商的过程。这种程序设计的主要目的是确保各利害关系方都能够"坐到桌前"进行讨论，各方的利益都能够受到保护，也有所让步，从而既有利于维护社会和谐、稳定，也极大地促进了城镇化的科学有序发展。

　　总体而言，国外城镇规划立法的特点主要有以下方面。

　　注重城镇化的全面协调和可持续发展。强调功能区划和规模经济在经济活动中的作用，主张降低交通、交易和信息成本，保护环境，倡导溢出效应的国际化，关注公共利益和私人利益间的平衡。近年来，无论是德国、法国等传统的发达国家，还是新加坡、韩国等后发国家，其规划法都表现出这样的特征。法国《城市规划法》注明了这些原则：一是保证城市有序发展和城市改造间平衡，包括确定农业与林业的发展、保护自然景观和城市景观、遵循可持续性发展原则。二是保证城市功能多样化，以及城市地区住房和乡村地区住房的社会融合性。从发展住房、就业和公共设施的角度考虑，规划大纲确定城市扩展的城市化空间的大方向。还确定城市化地区接待人口的能力以及未来的城市化区域。同时，还要考虑就业、住房、交通以及"水资源管理"等方面的平衡。三是平衡、合理利用自然空间、城市空间和郊区乡村的土地。合理控制交通容量，保证空气质量、地表水和地下水质量，保证生态系统平衡，保护城市建筑遗产，预防自然灾害、工业灾害和各种污染。

突出政府规划行为的合法性和有效性。看重与地方民主相关的制度设计的作用，更关注管理者与被管理者间的联系。如英国规定，地方规划部门在制订、修改、撤销以及替换地方规划草案时，应确保充分的信息公开，采取听证会等民主形式，强调必须确保利害关系人的参与。德国《建设法典》对建设指导规划制订过程中公众参与的程序有着非常细致严格的规定，从决定制订规划，到具体制订、介绍和修改规划方案，以及最后立法通过，每个阶段都要通过公示、召开代表会议等方式鼓励公众参与，接受各方质询，并按照当地惯例公布结果。

倡导广泛的社会参与性。不仅仅是公众，其他利害关系方都应当是立法考虑的对象。各方可以将各自的利益摆在"桌面"上进行讨论。如德国《建设法典》不仅规定了详细的公众参与程序，还规定其他公共机构、相邻城区及其公共机构以及其他利害关系方都有权参加听证程序。在立法前，充分讨论各方利益，彼此间相互协调。

弱化审批程序。在许多国家，审定与其说是一项权力，不如说是一个程序。根据城市规划核心法，只有法定的建设控制引导性层面的规划，才能作为审定的唯一法定依据。也就是说，申请者和审定者在法定引导控制性规划面前是平等的，法定规划对申请者和审批者具有同样的法律约束力。如果城市建设项目申请符合法定规划要求，审定员不得随意否定申请。1991 年，德国规划法修订后，更加强了法定城市规划的权威性，如果建设申请符合要求，审批者必须给予审定通过，否则，申请者有权按照规划法要求赔偿。20 世纪末，西班牙和意大利还针对规划法中规定的漫长编制和审批法定程序进行强烈批判，尤其对城市总体规划，要求有更多的弹性。

注重立法的可操作性和程序性。德国《建设法典》对开发中的补偿赔偿作出了具体详细的规定，规定了补偿的原则、补偿的受益者和承担者、权利损失的补偿、其他财产损失的补偿、债务的继承以及补偿的形式等。值得一提的是，土地征用补偿效果的好坏直接影响我国城镇化建设的步伐，甚至影响社会的和谐稳定。在农村土地征用补偿方面，我国与西方国家有很大不同，农民没有土地所有权，土地补偿的双方是国家和村民代表。当前，"村民代表"不能代表村民，是土地补偿结果不能得到村民广泛认可的主要程序原因。因此，重大的、关系村民切身利益的事件，确保村民代表的合法性就尤为关键。要切实树立"没有正当程序，土地不得被征用"的观念，程序公平、正当、透明，公权力才能得到制约，作出的决定才较易被接受。关于这一点，可以通过细化、科学化法律程序来实现。

发挥相对独立的监督机构的作用。尽量避免"谁监管、谁许可、谁查处"是监督制度设计的原则之一。英国中央政府不仅制定国家的法规政策，而且有权干预地方政府的规划编制和规划管理，并可指派督察员直接受理各地的规划上诉。其中，80% 的申诉及复议采取书面报告的形式，更加快捷方便。法国为了加强对自然文化遗产保护和城乡规划实施的监管，设立了国家建筑师驻省代表处制度，代表处是法国文化与交流部向各省的派出部门，接受文化部、建设部和环境部的业务领导。代表处直接参与市镇按程序编制、修订、审核地方规划的各项工作。全国 100 个建筑师驻省代表处每年要发布 60 万条意见信息，包括对建设工程申请提出"强制性意见"或"非强制性意见"。这些意见在一定程度上约束了颁发许可证的权力机构（主要是市长）。在多数国家，法院还拥有最终的审查权。

强调环境保护。英国的《公共卫生法》《环境卫生法》《住宅与规划法》和"绿带政策"等，对城市建筑和环境卫生进行引导和管理，缓解了"城市病"问题。德国《建设法典》明确提出，城镇发展要遵守水、肥料使用及环境污染方面的法律法规，并出台《联邦建设法》和《联邦建设促进法》，协调城市的规划布局，强调对生态环境和历史遗迹的保护。

体现时效性。城镇化快速发展带动城镇立法的快速发展，特别是在国家的高速发展期。城市规划法在许多发达国家都是修改频率较高的法律，例如处于二战后快速发展阶段的英国，在 1947 年《城乡规划法》设立后的 30 年间，议会对《城乡规划法》先后进行了 12 次修订。德国的《建设法典》则进行了多达几十次修订。

（《银行家》2013 年第 2 期）

4
德国见闻录

我以洪堡学者的身份在德国访学一年，深切感受到了德国人的高素质。尽管许多人将其归因于经济水平，甚至是血统，但当深究其原因时，会发现高素质的背后总有详细缜密、符合人性的制度作为支撑。

一、开车的学问—— 一个举止有度的社会

柏林是个国际化大都市，交通极其发达，地铁四通八达，而且多数情况都十分准时。虽然有的地方地铁 20 分钟一趟，但人们可以根据地铁到达时间安排出行，所以特别方便。准时的最大好处还在于它本身的规范性，赶飞机、坐火车、上班、开会、聚会，何时出发、何时到达都是可以预期的，可以真正享受"时间由你掌控"的感觉。因此在柏林总感觉时间比较长，一天能做很多事，回想起来，与交通准时方便、节省大量时间有很大关系。柏林交通设计之科学已有很多人介绍过，比如汽车与地铁的"无缝衔接"等，就不再赘述。这里想和读者一起分享一些我乘坐公交车的经历。

德国的公交车设计很人性化，停靠站后会自动向马路边倾斜，以方便人们推儿童车或大箱子。另外还有一个可以放下来的板子，当有残疾人上车时，司机会下车把木板拉出来，以便于残疾人上车。在柏林似乎有这样的不成文规定，私家车一般都会让公交车先行。但我看见一次例外，有一辆车横在另一侧车道准备转到公交车行驶的这条道上来，此时公交车完全可以不必理会而正常行驶，但这辆公交车为了能让另一侧车道不致堵车，停下车等那辆车转弯后才继续行驶。

一般来讲，公交车都会等待那些跑过来想要乘车的人，特别是老年人、残疾人、推小孩儿的人。有个老太太远远跑过来，车都在等她，但是德国的公交车一般不等那些不紧不慢、耽误大家时间的人。那些在外面抽烟，即使车来了也不着急上车的人，真的会被拒之门外。

有红绿灯的地方，如果行人闯红灯，有些车辆甚至会加速行驶；而在没有红绿灯的斑马线，如果有行人，机动车一般都会停下来让行人先行。

在法律范围内作出合法与否的判断是公共服务工作者的最低标准；把握好公共服务的度，作出的行为只有符合法律的规定，并且能够客观、适度、合乎情理，才能满足现代社会对公共服务的要求。荷兰有个监督机构，叫作国家监察员（ombudsman），它的监督范围不仅包括行政行为是否合法，还包括行政行为是否合理。比如，荷兰法律规定批准某个事项的法律时限为30天，相关行政机构对几乎所有人都用了10天就履行了行政行为，唯独对某个人用时30天，这个人就可以以行政行为不合理为由向该组织提出申诉。试想，连这样的事情都能够得到解决，当事人当然不仅"口服"，而且也会"心服"，很多对政府的不满就这样被制度消解了。

二、较高的宽容度——一个心态健康的社会

中国人有句老话"恨人有、笑人无"。这句话在德国好像并不"流行"，无论你是否有权、有钱，都与我无关，犯错误也不会遭到嘲笑和歧视。体现在一些小事情上，我曾看见有人逃票被抓却无人围观看热闹。像欧洲多数国家一样，德国的地铁与城铁无人检票，但会有人在不固定的时间查票，如果查到没有票将会课以票价数十倍的罚款。这种随机性的惩治方式必然会使一些人心存侥幸心理。法律并不能也不可能时时处处都发挥作用，只要能够在大多数人身上起作用即可，并且一旦违法，无论是谁，都可能被随机性而不是选择性地查处，那么就可以说达到了一种较优状态。有人逃票并不奇怪，恰恰说明人类是有共性的。奇怪的是竟然没有一个人"伸长脖子"去看逃票者被重罚，似乎这件事根本没有发生，这着实让我惊讶不已。

偶然的机会路过一所学校，旁听了一节初一孩子的课。这节课讲的是美国的三权分立政治模式，讲得十分详细。严格地讲，德国体制与美国体制有很大不同，但老师并不介怀讲授美国政治制度设计当时是如何考虑的，以及相互制衡的优势与劣势，学生的思维是发散性的，他们独立思考、比较不同国家制度的特点。德国的教育和许多发达国家一样，重视掌握知识，注重培养独立思考的能力。我曾经读过英国巴特勒写的自传体小说《众生之道》。书中十分详细地描绘了英国 19 世纪宗教势力影响下僵化教条、扭曲人性的教育以及由此产生的恶劣后果。我国的教育体制正在朝素质教育方向努力，在这个过程中我们看到一部分教师还没能适应素质教育的需要。比如，学生在考试中回答"三国最聪明的人是谁"这一问题，标准答案是"诸葛亮"，回答"周瑜""司马懿""庞统"甚至"孔明"都是错误的；回答《背影》中最喜欢哪句话"只能是上课时老师讲过并着重强调的那句话；等等。这种教育模式不仅会束缚中国人的创新力，也会影响国民的整体判断力，进而削弱政府正确决策的执行力。

当然，宽容并非无止境。2011 年初，德国媒体几乎天天都在关注"国防部长古滕贝格博士论文抄袭事件"。古滕贝格在接受议会质询时辩称，博士论文写作时，他在议会边工作边写论文，加上组建家庭不久，身挑工作、学习、生活等多副重担，论文写作确实不够严谨，"确有错误"，但否认抄袭论文。然而，面对古滕贝格的辩解、道歉、放弃博士学位，民调结果（一家调查机构的民调结果显示，73% 的受访对象认可古滕贝格作为国防部长的表现）以及总理默克尔的支持都没能抵住舆论的压力和诚实信用的社会公平底线，古滕贝格最终不得已辞职。不管什么原因，繁忙的德国国防部部长因博士论文抄袭而辞职下野，在我们看来是个新鲜事。

三、衣服挂树梢—— 一个争当好人的社会

透过生活中的许多细节往往能够看出人的道德素养。我家宝宝出生 9 个月时来到德国，有一次不小心将衣服丢在了路上，回去寻找竟然发现被人挂

在路边的篱笆上。我住的这个居民区有很多孩子，家长不去捡别人孩子的衣服也很正常，可是路人担心小孩子的衣服被风吹走或被他人不小心踩到而挂在篱笆上却令人敬佩。我曾经在路上看见过衣服挂在路边还不明所以，直到自己孩子的衣服丢了才弄清楚这么做的真实目的。

德国人在公共场所通常有为后面人扶门的习惯。有一次，我推车带宝宝去逛街，前面一个似乎刚刚学习"轮滑"的年轻人早已经过了那扇门，回头看我推着孩子，竟然跌跌撞撞地又回来给我开门、扶门。

我曾在德国波恩住过一段时间，发现在波恩的超市门口，很多箱包不方便拿进超市就放在外面，不知是东西不值钱不怕丢，还是不会丢。我想主要还是后者，因为在一些国家，即使箱包里没有值钱的物品也容易被"三只手"盯上。我们不禁要问：什么原因使德国人如此？是他们生下来就素质高吗？

四、有效监督和合理发泄—— 制度的力量

德国的自然环境保护得很好，企业和公民为什么愿意为环境付出那么多，甚至不惜损害经济利益？根据德国的法律，企业必须为污染环境负担高额的费用，如果污染严重，这家企业的税负足以使其无法生存。如果能够大幅度减少污染，还可以通过出售的方式获得经济利益。我们看到老百姓都自觉地对生活垃圾进行分类，如果不分类，垃圾将不能运走。久而久之，人们通过制度的引导和约束形成了这些良好习惯，换句话说，习惯是长期的制度惯性形成的。

洪堡曾组织我们拜访德国环保部，一个署长接待了我们。他向我们介绍说，德国是个联邦制国家，各地环保部门负责监督环境污染问题。同行的一位老师问，如果地方企业老板和环保部门领导是朋友，这个监督如何保证？我们得到的答案是："他们肯定有朋友是企业的老板，也包括污染企业。但是他们不会因此而不予监督，因为如果这样，下次民众就不会选他们了。他们不会因友谊而损害自己终生的事业。"人的本性是一样的，只要监督发挥

作用了，效果自然也就好了。看来，所谓"寻租""吃拿卡要"，是因为风险过低而收益过高，为百姓服好务需要切实的民主才行。

在波恩学习德语的时候，我的德语老师很不喜欢德国现任总理默克尔，她也不喜欢东德人。上课时她经常说默克尔的决策错误，但问及她是否会反抗现任政府时，她很肯定地回答"不会"。她说，她会继续呼吁大家选举的时候不选择默克尔及其党派。毕竟没有政府可以让全体人民满意，只要能够保护大多数人利益，防止少数人利益遭到不公正的待遇就是较好的政府了。从人类历史上看，我们不可能找到完美的政府，选举制度使人们有机会发泄自己的不满，防止累积的愤懑演变成暴力性的变革，这也是十分重要的社会稳定器。

在超市里，我看见一位妈妈领着从 5 岁到 10 岁不等的 3 个孩子在付款。每个孩子都从自己的钱包里拿出钱负担自己想要的玩具。他们分别挑了几件便宜的玩具。一旦从"妈妈的"变成"自己的"，一旦把责任交给每个人的时候，即便是小孩子，也懂得考虑效益和珍惜自己的东西了。很有点像我们的改革开放，包产到户，发现人性的规律并使之制度化就能激发出积极性。虽然事情有小有大，但道理是相通的。

我们从小接受的是"孔融让梨"式的教育，把大的留给别人，小的留给自己。"舍大取小"取决于分蛋糕的人，与市场经济中人的本性是相悖的。发达国家通过设计一种制度来"分蛋糕"，切蛋糕的人后选蛋糕，这既避免了不公平，也不影响分蛋糕和选蛋糕的人的品德。生活中的许多人在遭遇到不公平时，寄希望于"告御状"，期待"海瑞""包拯"再现，如果这一途径无法实现，就寄希望于"路见不平一声吼"的"梁山好汉"，甚至寄希望于"哪里不平哪里有我"的"济公"等超自然力量。而发达国家则用独立的司法制度来作为明确固定的判断方式，社会判断标准统一完善，社会公平了，人的心态也就趋向健康了。

在柏林机场退税时曾遇到一件特别可笑的事情：一位国内来的女同志想要插队退税，解释说她是公务人员并手持公务护照。当然她代表不了我国公务人员，但是显然在少数公务员中确实存在一些特权思想。成熟的制度模式使德国成为我们眼里的发达国家、遵守规则的社会。德国人已经享受到遵守社会规则带来的巨大好处，因此十分痛恨那些破坏规则的人，一旦有人不遵守既定规则，小到乱扔垃圾，大到违法犯罪，经常会有人主动去批评和制止。明确的制度规则为执政者和普通民众提供了明确的社会地位、角色定位和行为模式，使人们能够较快地适应社会生活，从而避免了个人与社会出现大量矛盾和冲突。规则还以明确的方式调节了人际关系，充分发挥了社会组织的正常功能，清除了社会运行的障碍，建立了正常的社会秩序。实质上也就是实现了亚里士多德所谓的"法治社会"的两个要素：法律获得了普遍的遵从，获得普遍遵从的法律是良法。这种以法治规范为核心而形成的社会秩序通过不断积累、沉淀与扬弃，使之世代沿袭与发展，久而久之就变成了人们的信仰和习惯。

德国公民的素质特点不取决于经济水平和社会发展速度，也不是人种优势，而是他们较早地认识到民主与宪治带来的好处，并采纳了适合本国实际的民主宪治模式。通过日积月累，将人逐渐引导、规范、塑造成了"好人"。可以说，是民主与宪治培育了他们的人性和民族特点。

（《法学家茶座》2012 年第 3 期，

《学习时报》2013 年 3 月 18 日、2013 年 3 月 25 日分别转载）

5
德国人是这样养狗的：在制度之下

近来，国内有关"养狗"的话题引人关注，养狗人与怕狗人各执一词。笔者注意到，德国人也大量饲养宠物狗，但这种冲突少之又少。个中原因，不是狗的素质或养狗人的素质问题，而涉及德国养狗的制度设计。

要想养狗，必须有证

自由从来不是绝对的，这句话对于狗依然适用。买狗不易、训狗不易、养狗不易，这是每个养狗人养狗之前必须有的心理准备。因为制度就是这么设计的。

买狗要到授权的育犬中心，或到宠物收容所领养。养狗人通常要被有关管理部门考察，看看养狗动机、家居空间、经济状况等，通过审核者还需签署接受动物保护协会志愿者随时追踪及审查的法律文件。

养狗必须有证，领证必须交钱。在柏林，养第一只狗每年交 120 欧元，养第二只再交 180 欧元（警犬、导盲犬除外）。

狗每年都需要打疫苗。被狗咬了之后，养狗的主人只要拿出狗的健康证或者能够查到电子芯片，被打过疫苗的狗咬过的人就不用再注射狂犬疫苗了。

养狗人必须为狗投保"第三者责任险"，这是一个强制的狗损保险，用于赔付狗给他人造成的一切损失。一旦出险，最高可获得 100 万欧元的赔偿。鉴于狗咬人后赔偿额度巨大，通常德国人还会再买一些附加险。

为了防止扰民，主要是怕被投诉，许多养狗家庭会到专门的学校参加为期三个月的培训学习。学习课程包括狗对主人的服从训练、训练狗对外界噪声不产生敏感、狗与人和谐相处的伴侣训练、狗对红绿灯等各种日常标志的认知和服从训练等。

此外，还有很多细小的制度设计，比如不允许狗狂吠乱跑，甚至牵狗绳子的长度都有明确的规定。

人负狗责，责任巨大

不办证、不打疫苗、不交税偷着养狗者，或养狗未及时申报纳税的，要被罚款 1 万欧元。同时，个人信用记录也会受到影响。其他情况，如带"危险性"狗上街的，就要被罚款 5 万欧元。不收拾狗的便便，铲屎官不铲屎也要被罚款。而如果不买保险，一旦出了事，将面临巨大损失。有的地方甚至规定，被狗咬的人有一年观察治疗期，住院费以及误工费都由狗的主人负担。

几年前，笔者曾经到过一个小城，早晨走在一条小路上的时候，遇到一个人正在遛狗，狗身上没有系绳，随便跑，狗突然咆哮着向我扑来，我一脚就把狗踢一边儿去了。这时候狗主人跟我说："这么小的狗都踢它，咬你一口怎么了？我有钱，我赔！"这话说得这么有底气，正是制度设计没能有效约束他管好自己的狗。

德国违规养狗者承担如此高额的罚款，需要立法者建立在民主立法的基础上，勇于作出明确的利益衡量。

爱护动物，人人有责

在德国，养狗不易，爱狗人人有责。比如主人出门要带上狗，不能单独让狗在家待 3 小时以上，如果很长时间不遛狗，会被投诉到动物保护组织。有些有钱没时间遛狗的主人，会请专门遛狗的人，一小时 10 欧元左右。

不能虐待狗，也不能遗弃狗。《德国民法典》第 90 条规定：动物不是物，它们受特别法的保护。动物保护法明确规定，任何人都不允许对动物无正当理由地施加痛苦或损害。还规定，脊椎动物只允许在麻痹状态，或者在特定情况允许时，以避免其痛苦的方式杀死：快不行了，奄奄一息了，死了比活着更好的时候，才行。杀死动物者必须拥有必要的知识和能力，必须确保不使动物遭受不必要的痛苦。对动物造成一般性伤害的行为将受到罚款处罚，情节严重构成犯罪的，依照刑法的规定追究刑事责任。最高将判处有期徒刑 3 年。德国的路上没有那么多野猫野狗，因为法律规定，恶意弃犬弃猫者须缴纳几万欧元的巨额罚款。严重虐待小动物者最高可判两年徒刑。违反动物保护法者可被处以长达 3 年的有期徒刑或罚款。

德国人对动物的保护，让我们看来有点矫情，但至少有两个好处：一是动物也有记忆，人狗间的良性互动有利于减少冲突；二是一个社会对动物都能那么好，何况是人呢？整个社会会形成一种权利保护的普遍认知，对社会良性发展也大有好处。

简单地说，养狗必须最大限度避免出事，有证、有检疫、有恒心、有能力；出了问题"罚死他"，成本决定了尽多大限度的注意义务；爱护动物，动物对人也会友好。出现问题不是一朝一夕，解决问题也需要时间，但大多数问题都可以通过不断完善制度得到解决。

历史经验表明，公力救济不好使的时候，总会有人选择私力救济。不断完善制度供给，使公力救济切实发挥应有的作用，一个一个地解决类似"养狗"冲突这样的问题。

（《中国人大》2018 年第 17 期）

6

一半是火焰，一半是海水

——古巴见闻录

古巴，国土面积 109 884 平方千米，人口 1123.9 万人（2015 年）。国名源自泰诺语"coabana"，意为"肥沃之地""好地方"，一个神秘而令人向往的遥远国度。2017 年 4 月下旬，我有幸在古巴"国家与政府干部高等学院"进行了为期一周的讲学与访问。

初到古巴，一切似曾相识，我的思绪也是"一波三折"。

古巴的开放程度相当高，下了飞机，机场里各国来古巴旅游的人排着长长的队伍，古巴还专设一个机场与美国通航。

出了机场，"破旧"是第一印象，满眼都是"老爷车"。"老爷车"多数归私人所有，由于实行计划经济，老百姓的收入微薄，大部分人买不起新车；新车绝大多数都是国家购买，政府使用。

一位优雅的女士向我们简单介绍了古巴的概况，言下充满了对当下分配制度的认同和对卓越努力的肯定。这种"自豪"与眼前所见似有不符，我向同行老师做了一个玩笑性的"预言"：这位女士或其丈夫应该是位高官。通过翻译得知她的丈夫是前中央委员。

讲课后的第二天，我们进行了细致的调研，我要弄清一个问题：为什么在这个物资匮乏的国家，社会还秩序井然呢？

在当地区政府调研后我们发现，分配正义和矫正正义的社会制度供给丰富且有效或许是重要原因。古巴共产党作为执政党，同样努力做到"总揽全局，协调各方"。在他们看来，加强党的领导，执政党主要是把握住执政的方向，确保执政地位的稳固。

实施党政分工，政府主要的领导方式是政治领导和思想领导，在组织方面，政府领导由人民选举产生，并对人民负责，这些领导不一定非得是古巴共产党的党员；执政党把握大政方针不偏离轨道。

古巴最高领导人卡斯特罗认为，革命不是为了搞个人崇拜，不能把人造成"神"，因此立法中明确规定，为防止个人崇拜的蔓延，禁止为卡斯特罗立任何形式的雕像或纪念碑。

古巴国家立法明确禁止社会车辆随意鸣笛，因此在古巴的街道上几乎听不到有车频繁鸣笛；人行横道上，机动车礼让行人也有明确的规定及罚则。老百姓遇到纠纷，可以通过多种形式的社会组织进行调解。

古巴司法机关能够作为社会公正的最后一道防线，依法独立行使职权，党内的所有机构都不会影响司法裁决，树立了值得信赖的公众形象。

在民众心目中，司法机关有很强的中立性、终局性和权威性。古巴基层政府工作时间向社会全面开放，鉴于法治化解社会纠纷，绝大部分人不需要聚集在政府部门期待解决纠纷。因此，在古巴，民众盼望富裕的诉求多，期待公正的诉求少。

在哈瓦那海边，我们见到年轻人正在举办一个聚会，全市各地的年轻人纷纷赶来参加，享受音乐和舞蹈带来的乐趣。他们特别向往甚至艳羡隔洋相望的美国年轻人的"自由快乐与富足"。

古巴人看到旅游者所带来的手机、相机等先进设备，他们会反思：为什么外国人可以这样生活？许多年轻人通过私人渠道购买国外的娱乐节目、电影等。他们正在成为古巴社会向前发展的巨大推动力。

古巴现在的经济制度以计划经济为主，适当发展市场经济。计划经济和平均分配虽然看起来很美，但由于没有将人的本性考虑进来，社会经济发展缓慢，去年古巴经济呈现负增长。

保障仍然处于低水平，所谓的全民医疗只是最基本的用药，想用好药还得给医生好处。虽然人们的大部分收入都用于食物的支出，但还是有人吃不饱，恩格尔系数据说超过90%。

计划经济的特点是以想象中的国家权力善性代替人民自我利益的追求，结果往往是人们自发从事生产的动力不足，创造性受制约，得过且过，国家的、企业的东西随意据为己有。

古巴的商业街大部分属于国有，商品品种单一，物资匮乏，质量粗糙，价格昂贵。在古巴的外国企业，其发给工人的工资几乎95%都被国家拿走，工人劳动的积极性差，效率低下。人们"靠山吃山，靠水吃水"。有资源分配或者拥有某种物资的人往往是"香饽饽"。国内网络极其不发达，给游客带来了极大的不便。

在古巴国内，计划经济引起了很大的争论，并开始着手改革。

虽然古巴在国家宏观制度上作出了有限的调整，但仍激起了人们的逐利之心，而法治尚未健全，转型的通病已经显现，社会上也出现了一些欺骗、盗窃等行为。

我们打车出去吃饭，司机把我们拉到了他的朋友开的饭店，并告诉我们要去的饭店关门了。在我们的再三要求下，才把我们拉到预订的饭店。

当地一个开餐馆的中国人讲了一个有趣的故事：当地人不知从哪儿偷来一个垃圾桶，以5块钱的价格卖给了他，过了一段时间就丢了，结果又有人拿着这个垃圾桶再次卖给他，因为这个垃圾桶被烧了深深的一道印记，所以他认出来了。

古巴还没来得及富裕，环境已经开始污染，由于各种原因，地下水和空气质量正在遭到破坏。

在课堂上我讲了两个小故事，他们很感兴趣。

在我女儿小时候，我领她到超市或商场，不给买东西，她不乐意，哭！有压岁钱之后，她如果要买那些我认为不该买的东西，我就让她拿压岁钱买，结果她基本上都不买了。花她爸的钱她不心疼，轮到花自己的钱就不舍得了。

我与她玩过一个游戏，她把两手背在身后，让我猜她哪个手里有球。我说左手，她就偷偷地把球放进右手；我说右手，她就偷偷地放进左手。她妈说，孩子要诚实。但我们都知道，在生活中，即便是成年人，也很难做到不夸大、不缩小，做到完全诚实。

有研究表明，不会撒谎的小孩不聪明。后来我要求女儿和我玩这个游戏时不能把手背在身后。我猜错了，我认；我猜对了，她也得认。一个孩子都知道利用规则的不完善为己牟利，何况成人呢？

现在的古巴正处于改革的特殊时期，是否发展市场经济、是否开放互联网、是否坚定法治道路等，是古巴解决当前诸多社会问题必然要面临的选择。

古巴有一批人也在锐意改革，为了保证领导集体能够注入新的思想、新的活力，古巴中央政治局规定了年龄限制，不断选拔德才兼备的年轻人为中央委员。

古巴人民热情、勇敢、坚定，富有爱心，有着坚强不服输的精神，正如海明威所著《老人与海》中描述的那样，"一个人可以被毁灭，但不能被打败。"这也是他们引以为傲的民族精神的写照。

古巴人非常尊重知识、尊重教师。讲学活动中我们坐下之前，他们都站着。上课过程中能由衷感受到他们对教师的尊重、对知识的尊重。

古巴有一定的社会治理基础，随着社会的发展和古巴人民的努力，古巴必将成为一个名副其实的令人尊重的社会主义强国。

7
行走于中西之间的澳门

2017 年 3 月底，我到澳门讲课，结合与学生的交流研讨，以及在澳门的所见所闻，以管窥之，择其所长，分享读者。

澳门，全称为中华人民共和国澳门特别行政区，位于中国南部珠江口西侧，与珠海、香港对望，人口 65.09 万人（截至 2016 年 8 月）。澳门是一个国际自由港，是世界人口密度最高的地区之一，是世界四大赌城之一，也是赌博与文明、行车效率与行车礼仪、人多车多与拥堵不严重、游客较多与市容整洁、政府稳定与人民自由、西方文化与传统文化并行不悖的"奇特"城市。

澳门博彩业十分发达，按照通常的理解，既然经济以博彩业为重要支柱，那么一切都应该为它让路。一般人喜欢边赌博边抽烟，但澳门明确规定，在室内抽烟要罚款 600 澳门币。现在的澳门议会正在讨论是否应采取更为严格的禁烟措施，如吸烟室开关门的时间等细节问题，现在我们看到澳门赌场里没有人吸烟。

在没有红绿灯的人行横道上，机动车是礼让行人的。同样是中国人，他们的"素质"为什么高？在澳门，如果车不让人，最高可处以罚款 5000 澳门币。

此外，在澳门会车时也非常有秩序，不像内地会车时"狭路相逢勇者胜"。反观我们内地的交通制度要求，"应做到礼让三先：先慢、先让、先停"。这种规定不但没有解决问题，反而增加了交通事故的数量。澳门则明确规定，辅路车必须让主路车先行，否则要承担全部责任。

德国交通法则规定，会车时要拉链式前行，否则，未按规定的车辆承担全部法律责任。唯有这样的法律才具有现实的可操作性。法律需要作出明确的权利界定，而非让人们自己看着办，或走入人民素质不高的"死胡同"。

澳门人多车多，曾经一度拥堵严重，近年来锐意改革，通过增设电动车、摩托车车道，增加停车位、停车费，加强停车管理等一系列措施，有效地缓解了交通拥堵。

澳门游客较多，可以想象，如果每个人都随地扔垃圾，澳门的城市环境将会有多么脏、多么乱。澳门的城市较为整洁，既源于环卫工人的辛勤劳作，更重要的原因是没有人随便乱扔垃圾，因为随地乱扔垃圾将会被罚款600澳门币，类似的规定随处可见。

我们去吃饭的路上遇到了澳门法务司长陈海帆女士，她周末不能用公车，也没有人陪同。当地人讲，即便是特首也不是高不可攀的领导，而是平易近人的路人，人们觉得这才正常。当地人感觉自己的行为言论都十分自由，除了认为房价上涨较快以外，上课的多数学员及问到的路人都认为比较幸福。

澳门中西交融的文化氛围令人赞叹。这边是大三巴，那边是哪吒庙，这边是圣母堂，那边是观音堂。中西建筑文化兼容并蓄，构成了澳门独特的景观。不是种族、民族、血统，而是法治，保障了社会的稳定、繁荣与文明。

我女儿曾经问我："爸爸，人行横道是干什么用的？"如果我女儿出生得更早，或许也会问"红绿灯是干什么用的"。让人行横道发挥应有的作用并非做不到，当前，我国内地一些地方严格执行交通法规定，比如珠海等地，汽车已经礼让人行横道上的行人了。中国社会的进步离不开科学的立法、严格的执法、公正的司法。

我国内地还存在很多不文明的行为，如随地吐痰、排队插队、乱扔垃圾、噪声污染等，我们的立法都没有涉及。其中的原因很多，比如难以形成共识，立场、思维等方面的问题，但更有体制机制等结构化的问题。

有的同志或许会问：什么样的道德或者什么样的文明可以通过法律来

管理？我曾在课上多次做过这样的实验：让学员或者学生想象自己就是人大代表或者是议员，行使他们的立法权，并假设有摄像头，全国人民都能看得到他们的代议能力、立法能力和表达意愿，目的是让他们不要怠于行使这一权力。

在这个基础上，请他们就两项议案是否能够获得通过进行投票表决。一是随地吐痰将会被罚款 50 元；二是小便尿不到便池里将会被罚款 50 元。实验结果出奇地一致，第一项议案绝大多数人同意而少数人反对；第二项议案大多数人反对而少数人同意，其中很多是女性。

科学立法的前提是民主立法，一定要让利害关系人参与进来，否则就可能像那些女性一样：与我无关，严格要求一下你们男性怎么了？我们的立法经常追求所谓的高通过率，似乎没有 90% 以上的支持率，这个立法就不成功。

作为一个民选的代表机构，其立法只要过半数即应获得通过，何必追求高通过率？只要我们保障人大代表能够代表人民，并接受人民监督，就很容易制定出科学合理的法律，当然还需要有一些辅助性的制度，如维护宪法权威的制度等。

可以说，功能的优化源于结构的优化，运用法治思维和法治方式，不断认识、纠正和解决现实中存在的问题，中华文明将会谱写新的篇章。

第五章

夯基固本·长治久安

——论中国式现代化的宪法保障

　　宪法作为国家的根本大法，具有最高的法律效力，在国家法律体系中处于最高的法律地位，是一切国家机关、社会组织和全体公民的最高行为准则。宪法涉及国家政治生活和公民生活的方方面面，以中国式现代化全面推进中华民族伟大复兴，需要弘扬宪法精神、加强宪法实施，为中国式现代化提供宪法保障。本章收录了关于宪法精神融入生活、防范国家权力滥用、促进宪法实施、如何培养宪法意识等文章，其中一些文章得到了很多读者共鸣。能够与时代同频共振，说明宪法意识和宪法精神越来越深入人心。

1

宪法的"温度"

——2019 年中央电视台国家宪法日特别节目讲稿

宪法的"温度"（上）

2014 年 11 月 1 日，第十二届全国人民代表大会常务委员会第十一次会议通过设立国家宪法日，迄今已经是第六个年头。之前我们讨论过宪法是什么、宪法实施的价值与意义等，大家对宪法已经有了一定的了解，宪法的实施也取得了一定的成效。不过，还是有人觉得，宪法离他们的生活很遥远，甚至有人觉得法律制度不近人情，难以产生认同感。

这里我们要重申，现代意义的宪法自其诞生时起就是为了避免历史上的人伦悲剧重演，现代意义上的法治希望让人感受到舒适与幸福。

我在一本阅读量很大的杂志上曾读到过一个小故事：一位老人临终的唯一愿望是看看自己的宠物猫，但医院禁止宠物入内。她的家人把小猫包裹成孩子的模样带进了医院。护士说，你家孩子的尾巴露出来了……这个故事中最温情的词是什么？"孩子"，言外之意，护士允许老人见宠物猫最后一面。这本来是个很温馨的故事，但作者把结论搞错了。作者认为，现实生活中"法治难免和人情冲突，当二者冲突时，法治要让位于人情"。

结论错在哪里？

护士的做法完全正确，让老人见到宠物猫恰恰符合法治的精神。如果护士机械执法，让老人这个并无什么严重影响的临终前愿望落空，才不是我们希望看到的法治社会。

依宪治国，法治社会，一定是个有温度的社会。宪法和法治的温度主要表现在两个支柱性原则上：一个是合法性原则，另一个是合理性原则。它们是检验依宪治国，建设社会主义法治国家的重要基准。

合法性原则并非说设立了一部法，要大家简单地服从，否则就成了古代的"法制"。比如，明朝朱元璋时期规定除农民外不得戴帽子，瑞士加尔文时代禁止喝果汁、穿华丽的衣服、女性头发盘高等。这些没有妨害他人和社会利益而随意侵害自由的制度，不符合合法性原则。十三届全国人大一次会议表决通过的宪法修正案，将宪法序言中"健全社会主义法制"修改为"健全社会主义法治"，一字之改体现了建立良法的决心，是我们党依法治国理念和方式的新飞跃，体现了我国法治建设理念的提升。正如法谚所云："法乃善良公正之术"。合法性原则还可以引申出一些次级的法律原则，比如刑法中规定"无罪推定"、"疑罪从无"、违法证据排除规则等。有人或许问，这样做会不会放过了"坏人"？可以肯定地说，很有可能。但是更让人担忧的是，很多人虽不完美，但并不至于有罪或没有那么严重的罪行，他或她的自由、财产甚至生命如果轻而易举地被对手、被掌握金钱的人甚至被掌握权力的人所剥夺，社会就不会公平，人类就不会有安全感。基于此，人类设计了在没有确凿证据的情况下，先把嫌疑人当作无罪之人；为了防止不择手段地收集证据，规定违法的证据要予以排除；在没有充分证据、无法判断时，宁愿相信他无罪。人类并不完美，人类社会也不完美，我们只能在不完美中寻找较好。试问，你愿意生活在"宁可错杀一千也不放过一个"的社会，还是愿意生活在"宁可放过一千也不错杀一个"的社会？哪个更有安全感？哪个更让人感到舒适呢？即便有罪，也要让当事人知道他的权利，也要有被辩护的权利，对与不对要经过法庭的质证。有人说，这多麻烦，或者会给管理者带来压力和无效率。不过，与从韩信到岳飞、从苏格拉底到布鲁诺人人自危的历史教训比起来，可以非常肯定地说，这么做是值得的。

法治的第二个原则称之为合理性原则，讲的就是立法、执法、司法的过程中要合乎情理。德国人更喜欢能够计算出来的法律，把这个原则进一步细化，要求权力机关在行使权力时考虑做这件事到底值不值。早在 1911 年，德国学者就提出了"警察不可以用大炮打小鸟"的名言，不能因为一件小事而对公民权利造成过大的伤害，简称为"比例原则"，即一项权力行使时，不仅要于法有据，还必须选择对人民侵害最小的方式进行。能够用说服的方式解决问题的，就不要罚款；能够用罚款解决问题的，就不要限制自由；能够用行政处罚解决问题的，就不要刑事惩罚，等等。

合法性原则更多的是解决古代社会"刑不可知，则威不可测"的权力的随意性；而合理性原则或比例原则既避免了古代社会的人情优于法、特权优于法，也避免了把法治看作冷冰冰、硬邦邦、机械无趣、毫无"人情味"的制度。

通常认为，比例原则包含适当性原则、必要性原则和均衡性原则三个子原则。

先说说适当性原则。权力机关在行使职权时，所采取的措施必须能够实现目的或至少有助于目的达成并且是正确合法的。假设一家企业长期污染环境，当地环保部门仅仅定期去收罚款，但实际上对环境污染听之任之，就没有达到保护环境、维护秩序的目的，这就不符合适当性原则。

第二个子原则叫作必要性原则，又称为最少侵害原则、最温和方式原则。我们知道，行使公权力往往会不得已侵犯人民的权利，在能达成法律目的诸多方式中，要选择那个对人民权利侵害最小的方式。换言之，已经找不到任何其他能给人民造成更小侵害而又能达成目的的措施了。中国的古话叫作"杀鸡无须用宰牛刀"。比如一堵墙有倒塌的可能性，但只要拆除上部就不会倒了，这种情况下就没必要把整个墙全拆了。再如游乐场的旋转木马，如果总用分贝很高的刺激性音乐，就会导致游客精神负荷过重；警察如果认为这种做法"有害健康"，可以命令减小音量或禁止放音乐，但不能将整个旋转木马设施强行关闭。有的企业违反一些商业法令，如果有其他的温和手段予以禁止，就不应该选择吊销营业执照这种最为极端的方式。有的地方养猪污染环境，如果有办法能够让猪场避免污染或者达标，就不能一纸禁令禁止养猪。还有一种最有效、对当事人侵害最小的措施，那就是由当事人自己选择。具体到立法领域，在立法过程中广泛引入听证制度，让老百姓知情和有讨价还价的空间，有利于人们衡量自己的利益，进而选择最佳手段。但是必须是真的利害关系人及其代表，而不能仅仅是一方的代表，并且听证的结果要对最终的结果产生实际的影响。

合理性原则的第三个子原则称为均衡性原则，即公权力所采取的措施与其所达到的目的之间必须合乎比例或者相称。我们开篇谈到的老人濒临死亡要见宠物猫与医院"禁止宠物入内"的矛盾中，对正常人而言，让猫在无明显危害情况下准许入内才是社会最大利益的选择。当然，均衡性原则并非一种精确无误的法则，不能像算术那样予以精确衡量，它仍是一个抽象而非具体的概念。但也不是毫无标准，至少有三项重要的因素要优先予以考虑：一是"人的尊严不可侵犯"的基本准则；二是公益有多大的重要性；三是手段的适合程度。德国宪法法院曾提出，对人的尊严的尊重和保护，是德国基本法的建构原则，自由的人类人格及其尊严于宪法秩序中，是最高的法价值。日本宪法规定，全体国民都作为个人而受到尊重。对于谋求生存、自由以及幸福的国民权利，只要不违反公共福利，在立法及其他国政上都必须受到最大的尊重。我国宪法也规定"国家尊重和保障人权"。换句话说，对涉及公民尊严、权利和幸福的限制，即使是必要的，也要限制在最小的范围内，如无必要而进行大肆限制，就可能需要进行合宪性审查。

一般而言，均衡性原则要求公权力采取的措施所耗费的总成本不得高于所取得的总收益，即成本不能高于产出。比如，1914 年，法国有个地方的行政长官认为有个人的房子影响了当地的景观，决定让这个人把房子拆了。这个人就起诉了，当地行政法院对行政长官的自由裁量权加以衡量，认为该地区不属于历史文物保护区，也没有特别的保护必要，以此来剥夺公民财产权而没有获得更为明确的社会收益，因此认定地方政府的这一决定无效。再如，1973 年 5 月，国际劳工法庭首次适用比例原则。一个案件是，国际劳工组织的夜间守卫员因在执勤时睡觉而被解雇。法官认为，虽然这个守卫员有工作疏忽，但就本案事实以及这个守卫在过去工作 6 年来服务的绩效来看，该解职的处分与所犯的过失是不符合比例原则的，或者说惩罚过重而不合理。

综上所述，适当性原则要求手段有助于目的实现，必要性原则要求实现目的的手段是最小侵害的，而均衡性原则是利益的衡量。三者相互联系，构成了比例原则的完整内涵。

合理性原则或者叫比例原则，到底是怎么发明出来的呢？可以说，这项原则是人类教训的总结，也经历了很长时间的历史沉淀。虽然在电视上我们经常看到历史娱乐的一面，但历史留给人类的更多是血腥的教训。这些法治原则就是为避免人类再次重蹈覆辙而总结出来的。合理性原则最早可以追溯到人类的第一部宪法性文件——英国大宪章，大宪章中确定了这样的宪法原则：人们不得因为轻罪而受到重罚。1598 年，英国水利委员会修复了泰晤士河的河堤后，没有对周边因维修河堤避免受灾的所有人公平地收取费用，而仅对一个叫鲁克的人征收了维修费。鲁克因此提起诉讼，主张所有因堤防修复而受益的人都应该公平负担维修费用，不能因原告土地紧邻河流即令原告个人负担所有的工程开支。当时的大法官柯克判决认为，行政机关的裁量权是一门科学，行政机关不能依据自己的自由意志及个人好恶而简单决定。虽然法律授予水利委员会裁量决定谁来缴费以及缴纳多少的权力，但是这一裁量程序仍然要根据法律并合乎情理。这是英国较早适用合理性原则予以裁决的案例。当今，是否有不适当的动机、是否诚实、是否善意、是否程序有瑕疵等因素也会被考虑在内。19 世纪，德国的警察法中首次出现"比例原则"观念，之后，比例原则在理论与实践中均得到了极大的发展。遗憾的是，德国宪法和法律，包括理念都没能阻止希特勒的法西斯统治，希特勒统治时期完全打破了宪法秩序。二战结束后，德国人反思希特勒时期所造成的种种问题并着力从制度上予以解决。在德国人看来，如果一部法律在其执行中，不能承载最低限度的道德要求，那么它就是一部"恶法"。人的尊严在德国宪法中具有最高的价值，人们不能以任何名义侵犯他人的尊严，要尽力避免法西斯的悲剧重演。不过，即使制度规定得再好，如果没有机构能够对这样的法律或执行提出异议或予以裁决，那制度也可能只是镜花水月。德国立宪后又建立了宪法法院来监督和保障这一原则能够实施。随着民主法治的推进，比例原则后来超越了警察法领域，被德国联邦法院赋予宪法地位，比例原则的适用更加成熟。例如 1980 年的"巧克力糖果案"中，根据德国消费者权利保护法，糖果制造商在圣诞节和复活节不能销售可能与巧克力产品相混淆的食品。这项法律最后被宪法法院推翻，法院认为，这种规定把整个除巧克力以外的相关市场都关闭了，并不合理。如果还存在有更小的侵害效果也能达到这一目的的方式，立法就应该首选这种方式。在该案中，保护消费者的合法权利未必非要对产品销售予以全面禁止，如果合适的标准、保障消费者的知情权就可以达到这一目标，就没必要予以禁止。当年的残忍和愚昧已在德国人的自我反思后渐渐远去，合理性原则或者比例原则的广泛运用让人们更好地把握分寸。在德国，一个小伙子在地铁上因逃票被抓，所有人都继续低头看书看手机，没有人围观批评。逃票被抓，自有相关机构处理并予以相应处罚，没有人幸灾乐祸或站在道德高地评头论足。文明社会不会因为一个人罪大恶极被判处死刑而欢呼雀跃。合法性与合理性原则的广泛运用会带来更广泛的社会宽容，减少社会戾气。

中国传统文化中也有比例原则的基因，如"中庸之道"，不要"削足适履"，"过犹不及"，"杀鸡焉用牛刀"等，这些人类的智慧都有异曲同工之妙，符合人类的共同文化心理。

我们努力在法治的道路上前行。通过合理性原则，我们就更容易理解为什么一些做法老百姓会有异议。比如有一个火锅店，销售"拍黄瓜""开胃小木耳"等凉拌菜式，而在其《食品经营许可证》的备注项目中，并不包含从事凉菜加工销售。当地执法部门对该火锅店作出处罚，没收违法所得并罚款。有的城市不让外地摩托车驶入，结果交警不是运用警告或罚款的行政手段，而是直接把摩托车没收了。有个孩子因为上学迟到被取消了毕业资格。这样的查封、扣押等行政手段我们会感觉明显不合理，法治社会不但寻求合法，也寻求合理，这些行为似乎都有"大炮打蚊子"之嫌，用明显超出违法程度的手段来惩罚一个没有那么严重的事件。充分认识合理性原则将会使中国法治再迈上一个新台阶，让人们更好地感受到宪法和法治社会的温度与魅力。曾经有个讨论，如果一个交警的工作是给领导开道，看见待产孕妇过马路究竟让谁先行？我们明白了合理性原则，也就明白了在今天的法治社会，执法者显然应该让孕妇先行。

比例原则并非什么高深得让人难以捉摸的原则，是"为了保护人民的权利而加诸国家之上的一种分寸要求"而已。这就像一个好大夫，在诸多能治病的方案中，要选择出效果最好同时副作用最小的治疗方案。在各种价值间运用智慧找到对每一方都损害最小的方式，就是比例原则。根据一般的常识都能够看出来的错误，就是不合理的或者比例失衡的。

党的十八大以来，以习近平同志为核心的党中央从关系党和国家前途命运的战略全局出发，以前所未有的高度谋划法治，以前所未有的广度和深度践行法治，开辟出全面依法治国理论和实践的新境界。在较短的时间里迅速改变了过去熟人社会的种种特权习惯，逐渐向法治社会转变，越来越多的人已经认识到法治在生活中的重要性，这在漫长法治生成的国家里是无法想象的。中国法治建设有如下规划：到2035年，法治国家、法治政府、法治社会基本建成，各方面制度更加完善，国家治理体系和治理能力现代化基本实现；到2050年，我国物质文明、政治文明、精神文明、社会文明、生态文明将全面提升，实现国家治理体系和治理能力现代化。充分保障人民平等参与、平等发展的权利，是全面建设社会主义现代化国家、实现中国梦的重要标志。法治国家的建设离不开公民的参与，法治信仰的确立离不开公民的内心确信。我们要防止简单而机械地看待法律，避免把法治看作僵硬的、冰冷的制度，忽视制度自身的弹性与柔性。唯有如此，人民才更容易发自内心信仰法治，形成广泛的法治认同，提升法治的公信力。

宪法的"温度"（下）

依宪治国、建设法治国家，不同于古代专制社会人情为重或残酷立法管人管事交替进行，而是既要求合法，也要求合理。权力的行使对大家一视同仁，同时又充满善意。昨天重点介绍了比例原则的缘起和发展。今天我们继续讨论这一原则的衍生原则：禁止不当联结。

有个村子规定，不允许过满月、一周岁生日、六十岁生日、搬家宴请、上学宴请、当兵宴请，葬礼不准披麻戴孝，不准进行祭奠活动……凡是以上情况，全村村民不准前去参加，否则，道德银行的星级积分给予降级，贫困生、转学、上户口等手续不予办理，是两委干部和党员的上报上级纪委，严肃查处。这项规定出发点可能是希望摒弃一些旧习，但似乎违反了宪法的合法性与合理性原则。违反规定过生日、葬礼上披麻戴孝等，则贫困生、转学、上户口等手续不予办理。我们知道，披麻戴孝与转学、上户口之间没有任何内在的联系。因此，这样的规定还违背了合理性原则引申出来的另一条原则，即禁止不当联结原则。

再如网络上热议过的，有的父母拒不还钱或者真的无力偿还，能否剥夺孩子的受教育权？答案是否定的。绝不能因为父母的过错来惩罚孩子，如果真是如此就是不当联结。但是，限制上高收费的贵族学校则不属于不当联结。因为有免费的公立学校，仍选择去私立学校，意味着家里的经济条件并没有那么窘迫，欠债不还，相当于拿着别人的钱让自己的孩子读私立学校。《最高人民法院关于限制被执行人高消费及有关消费的若干规定》限制的只是其子女就读高收费的私立学校。

有的地方亲戚不积极配合拆迁工作，本人作为公务员就要受到惩罚，是否构成不当联结呢？作为公务员，要求其对家属进行劝说，这无可非议，但如果亲戚没搬迁就要暂停其工作、停发其工资，这样的做法是否符合宪法和法律的精神？大多数人会隐隐感觉这样的做法不合适。为什么不合适？这种做法违反了比例原则，目的与手段之间并不相关，或者更确切地说，违反了"禁止不当联结原则"。有的管理者或许说，办法好使就行，只要达到了管理目的，你管我用什么手段呢！历史告诫我们，个别的手段或许有用，但如果被普遍使用，随意的联结将会影响整个政府的公信力，甚至使权力挣脱制度的笼子，成为驱使百姓的巨兽，给人类自由造成很大的损害。

人类在解决了基本的物质需求后，最担忧的是没有合理预期，法治最大的功用是提供合理预期，从而大幅度增强人们的安全感。

在古代社会，把不当联结做到极致的一个很残忍的制度，叫作株连九族，还有一次株连过十族。为了防止后代人报复，古代发明了这样一个"诛九族"的残忍罪名。什么是九族呢？就是从当事人起，往上数四代而至高祖，往下数四代而至玄孙，这八代人，再加上自己这一代，正好是九族。所谓"诛九族"，就是将这九代人杀得干干净净，一个不留。按常理说，"诛九族"是将当事人和其亲属杀光，直到杀无可杀，已经算是刑法之极。但是明成祖朱棣又发明了"诛十族"。大家知道，朱棣上位后想拉拢方孝孺，朱棣说，我本无心于皇位，现在打入南京，不过是效法周公辅佐成王而已。孝孺抬头瞪视："成王在哪里？"成王自然是指建文帝。朱棣做无奈状说："他已经不见了。"方孝孺仍不肯罢休，为什么不立成王的儿子或弟弟呢？朱棣的耐心终于消失殆尽："这是朕的家事，不劳你来多心！"让方孝孺赶紧起草他的登位诏书。方孝孺不从，朱棣大怒："不但杀你，还要诛你九族！"方孝孺怒喝："你便诛了我十族又如何？"这句话引发了一个大灾难，心狠手辣的朱棣不但诛了与此无关的方孝孺的九族，还把方孝孺的不少亲友门生都杀了。随意的权力就是这么任性。

在中国，连坐起源甚早，夏、西周、春秋、战国时期都有连坐制度。商鞅变法时就规定了连坐之法。如不告奸，腰斩；匿奸与降敌同罪。我国唐律明文规定："诸谋反及大逆者皆斩，父子年十六岁以上皆绞。"唐律关于株连的规定，一直为宋、元、明、清所沿用。除族诛外，还有缘坐、连坐、没籍等团体责任方式。想想一个与自己行为无关的罪名安在自己头上多么可怕。

古代社会的制度野蛮而残忍，与现代法治文明格格不入，更谈不上国家治理现代化。但这种现象绝不是中国独有。我们能够查到的比较早的人类法典，如《汉谟拉比法典》中就能找到类似的株连获罪：父母犯罪，子女也要承担刑事责任；盗卖他人财物的罪犯如果死亡，家属负担五倍于原物的赔偿金。在法国历史上，路易十四规定，一人犯罪，祸及全家和全村，即使是幼儿与精神病患者也不能幸免。

当然，这是极端的情况，古代社会经常出现滥用国家权力，为达目的不择手段的现象，包括随意拘禁、罚金等。这是在奴隶社会和封建专制时代，统治阶级为了维护自身的统治，攫取特权，对劳动人民实施残暴的镇压措施。结合历史教训，人们逐渐在法治理念上形成了这样一条原则，即在国家公权力的运作下，公权力的行使必须与公权力的目的保持合理正当的关联。从株连到罪责自负，这是人类法治文明的成果。人类社会并不完美，我们能做的就是在不完美的人类社会寻求抑恶扬善更加人性化的理念与制度。

合理性原则（或者叫比例原则）的认同与宪法中的一些价值观密不可分。

1. 民主

我们知道，古代社会，王即是法，直到进入现代社会，才强调政府的产生基于公民的同意，国家的一切权力属于人民。即便是王，也要在法律之下。开展"不忘初心、牢记使命"主题教育，就是提醒广大领导干部，为中国人民谋幸福、为中华民族谋复兴是中国共产党人的初心与使命。任何组织和个人都没有权力凌驾于宪法和法律之上。

2. 权利

对权利的普遍保护是近现代思想启蒙之后的事情。人逐渐从"工具"过渡为"目的"。谁都不希望自己成为工具。卢梭曾经说过，对每个人来说，放弃自己的自由，就是放弃自己做人的资格，就是放弃人类的权利，甚至就是放弃自己的义务。我们知道，国家的存在既带来福祉与安定，也给公民带来了一定的负担。现代公民权利意识的觉醒要求，即便是负担，也不能过重。我国宪法明确了人权尊重与保护的原则。

3. 正义

人类有史以来从来没有放弃过对正义的追求。正义是"人之为人"的一个最基本的需求。世界著名哲学家、政治学家、法理学家罗尔斯曾经说过，每个人都有一种建立在正义基础上的不可侵犯性，这种不可侵犯性甚至是整个社会的福利都不能凌驾于其上。亚里士多德说过，公正，就是合比例，不公正就是破坏比例。公正也是比例原则重要的人性基石。

法治不是单纯的法条技术的集合体，而是以人的尊严与权利、社会的公平与正义为基础加以践行的规范性原则的总和。现代宪法思维是以人民权利的实现为根本和皈依，人民谋求生存、自由及追求幸福的权利应当得到国家的尊重和保障。

今天的中国正在法治道路上大步前进，既继承发扬中国历史上的优良传统，又吸收借鉴人类法治的共同文明成果，实现了中华民族从几千年封建专制政治向人民民主的伟大飞跃。我们简单回顾一下70年来中国法治建设的伟大进程：1949年9月通过《中国人民政治协商会议共同纲领》以及《中华人民共和国中央人民政府组织法》，对中华人民共和国成立之初的新民主主义国家制度及政权组织作出了系统性规定，建立了全新的国家制度。先后制定和实施了有关惩治反革命罪、贪污罪等刑事法律法规，有关婚姻家庭、土地改革、公私合营、农业生产合作社等民事经济法律法规，有关法院、检察院和人民调解委员会组织条例，有关刑事拘留逮捕与审判程序的法律法规。1954年9月召开的一届全国人大一次会议通过了《中华人民共和国宪法》，这是中华人民共和国的第一部宪法，以根本大法的形式规定了我国的国体、政体、国家机构、公民基本权利和义务，并以此为依据制定了国家机构组织法，确立了立法、司法制度，标志着社会主义法治道路探索与实践的重大突破。

1957年，随着"反右"扩大化，特别是自1966年起经历了"文化大革命"十年，社会秩序遭到严重破坏，人民权利难有保障。习近平总书记曾总结说："法治兴则国家兴，法治衰则国家乱。什么时候重视法治、法治昌明，什么时候就国泰民安；什么时候忽视法治、法治松弛，什么时候就国乱民怨。"[①] 十年"文化大革命"为今天我们坚定法治信念，竭尽全力建设社会主义法治国家积累了正反两方面的经验。

1978年12月召开的党的十一届三中全会，在治国理政的指导思想上

---

① 《习近平关于全面依法治国论述摘编》，中央文献出版社2015年版，第8页。

"拨乱反正"，提出发展社会主义民主，健全社会主义法制。彻底抛弃了"和尚打伞，无法无天"的非法治状态，"有法可依、有法必依、执法必严、违法必究"成为新时期法制建设的基本方针。习仲勋同志和彭真同志曾有一段谈话，习仲勋说："要有一个制度，有一种力量能抵制得住像'文革'这样的压力就好。"彭真说："建立法制，就能抵制住各种违法的压力。'文革'是极严重的错误，今后决不许重演。"1979 年 7 月，五届全国人大二次会议通过了中华人民共和国历史上第一部刑法和刑事诉讼法，对人身自由的限制需要在法律的框架内实施。1979 年 9 月，中共中央专门向全党发出了《关于坚决保证刑法、刑事诉讼法切实实施的指示》，第一次鲜明提出"实行社会主义法治"，深刻阐述了刑事司法法治工作的基本要求，并把刑法、刑事诉讼法能否严格执行上升到"直接关系到党和国家信誉"的高度加以突出强调。1982 年 12 月 4 日，五届全国人大五次会议通过"八二宪法"，并在序言中明确：今后国家的根本任务是集中力量进行社会主义现代化建设。逐步实现工业、农业、国防和科学技术的现代化，把我国建设成为高度文明、高度民主的社会主义国家。改革开放为中国特色社会主义法治，也为整个中国社会注入了活力。因此，"八二宪法"在中国社会发展中具有里程碑式的意义。"八二宪法"后不再像历史上以年份修订宪法，而一律采取修正案的方式。1982 年后，分别在 1988 年、1993 年、1999 年、2004 年及 2018 年对"八二宪法"进行了五次修改。1988 年宪法修正案规定"国家允许私营经济在法律规定的范围内存在和发展"；1993 年宪法修正案规定"国家实行社会主义市场经济"；1999 年宪法修正案规定"中华人民共和国实行依法治国，建设社会主义法治国家"；2004 年宪法修正案规定"国家尊重和保障人权"；2018 年宪法修正案将"健全社会主义法制"修改为"健全社会主义法治"，将"法律委员会"修改为"宪法和法律委员会"保障宪法实施，不断推动中国法治乃至中国社会迈上新台阶。

党的十八大以来，以习近平同志为核心的党中央从坚持和发展中国特色社会主义、确保党和国家长治久安的战略高度，作出了全面推进依法治国的战略部署，提出了"科学立法、严格执法、公正司法、全民守法"的新十六字方针；这是中国人在国家治理理念上的一次巨大飞跃。正如习近平总书记所说，"人民群众对立法的期盼，已经不是有没有，而是好不好、管用不管用、能不能解决实际问题；不是什么法都能治国，不是什么法都能治好国"。①十八届三中全会把"完善和发展中国特色社会主义制度，推进国家治理体系和治理能力现代化"作为全面深化改革的总目标；十八届四中全会确立了"建设中国特色社会主义法治体系，建设社会主义法治国家"的战略目标，科学系统地提出全面推进依法治国的基本原则、工作布局和重点任务。党的十九大指出："全面依法治国是中国特色社会主义的本质要求和重要保障"，是国家治理的一场深刻革命。习近平总书记强调："法律是治国之重器，法治是国家治理体系和治理能力的重要依托。"②

我们知道，法治社会的变迁是一个过程，理解法治也是一个过程。这个过程的顺利完成有赖于执政者的推动，有赖于法治宣传，更有赖于不断符合比例原则的司法裁决。一次不公正的裁决污染的是整个水源，而一个合理的司法裁决，不仅仅能定分止争，还能引导社会公序良俗，促进社会公平正义。

合理性原则在立法、执法和司法领域不断得到贯彻实施。2004年，我国的宪法修正案第二十条把原宪法第十条第三款"国家为了公共利益的需要，可以依照法律规定对土地实行征用"修改为"国家为了公共利益的需要，可以依照法律规定对土地实行征收或者征用并给予补偿"。《中华人民共和国行政处罚法》第四条第二款规定："设定和实施行政处罚必须以事实为依据，与违法行为的事实、性质、情节以及社会危害程度相当。"③《中华人民共和国人民警察使用警械和武器条例》第四条规定："人民警察使用警械和武器，应当以制止违法犯罪行为，尽量减少人员伤亡、财产损失为原则。"最高人民法院在"刘某某诉某区政府收回国有土地使用权案"中，明确提出，公共

---

① 《习近平关于全面依法治国论述摘编》，中央文献出版社2015年版，第43页。
② 《习近平关于全面依法治国论述摘编》，中央文献出版社2015年版，第6页。
③ 《中华人民共和国行政处罚法》于2021年1月修订，此内容为修订后的第五条第二款。

利益属于不确定法律概念，一种公共利益的实现经常是以私人利益的减损作为代价的，故在界定公共利益时应当遵循比例原则，对可能减损的私人利益与可能增长的公共利益加以权衡，通过权衡，最大限度地避免因小失大，同时应当对减损的私人利益给予必要的公平、合理的补偿或赔偿。2019 年 9 月，中共中央印发了修订后的《中国共产党党内法规和规范性文件备案审查规定》，把合理性审查作为备案审查的重要内容，包括是否适应形势发展需要，是否可能在社会上造成重大负面影响，是否违反公平公正原则等。

2018 年的昆山反杀案，也是运用比例原则作出的判决。昆山警方依据《中华人民共和国刑法》第二十条第三款的规定，认定于某明的行为属于正当防卫，不负刑事责任。理由是：第一，从该案的起因看，刘某龙醉酒驾车，违规变道，主动滋事，挑起事端；从事态发展看，刘某龙先是推搡，继而拳打脚踢，最后持刀击打，不法侵害步步升级。第二，于某明正面临严重危及人身安全的现实危险。第三，于某明抢刀反击的行为属于情急下的正常反应，符合特殊防卫要求。面对不法侵害不断升级的紧急情况，一般人很难精准判断出自己可能受到多大伤害，然后冷静换算出等值的防卫强度。法律不会强人所难，所以刑法规定，面对行凶等严重暴力犯罪进行防卫时，没有防卫限度的限制，依法不需要承担刑事责任。第四，从正当防卫的制度价值看，应当优先保护防卫者。这个判断很重要，"合法没有必要向不法让步"。该案曾经引起社会的广泛讨论，司法机关的认定与绝大多数网友们不谋而合——"合法没有必要向不法让步"。人们的这种朴素的正义观正是合理性原则存在的根据。昆山警方的裁决是符合比例原则的。

比例原则也正在广泛应用于宪法之中，备案审查制度实施以来取得了显著的成效。在全国人大的督促下，河北省人大常委会修改了《关于促进农作物秸秆综合利用和禁止露天焚烧的决定》中有关露天焚烧秸秆"没有焚烧当事人的，由农业经营主体承担责任，可以对农业经营主体主要负责人处……罚款"的规定。

习近平总书记指出，"法律的生命力在于实施，法律的实施在于人"①，"宪法的根基在于人民发自内心的拥护，宪法的伟力在于人民出自真诚的信仰"②。卢梭说过，"一切法律中最重要的法律，既不是刻在大理石上，也不是刻在铜表上，而是铭刻在公民的内心里"。那么什么样的法律能够刻在人民的心里，能够被发自内心地拥护呢？唯有具有内在正当性和合理性的宪法和法律才能成为人们的信仰。正如贝卡利亚所说："一切违背人的自然感情的法律的命运，就如同一座直接横断河流的堤坝一样，或者被立即冲垮和淹没，或者被自己造成的漩涡所侵蚀，并逐渐地溃灭。"今天，中国的法治理念已经从过去的"法制"过渡为"法治"，从"有法可依、有法必依、执法必严、违法必究"过渡为"科学立法、严格执法、公正司法、全民守法"。对人权的尊重和分寸的把握，是政治文明的象征。今天我们倡导合理性原则，希望公权力行使时不但要依法，还要合理，尽量少侵害公民权益，这一原则所带来的效果既可以更好地保护公民的基本权利，普及法治思维，形成法治意识，让人们明白法治社会是有温度的，也有助于国家公信力的提升和社会的长治久安。

合法性原则也好，合理性原则也罢，这些法治精神都蕴含在宪法之中，宪法得到实施和有力保障，是这些原则实施的基石和保证。习近平总书记强调"坚持依法治国首先要坚持依宪治国，坚持依法执政首先要坚持依宪执政"③。继续发挥宪法的重要作用，持之以恒地把国家各项事业和各项工作全面纳入依法治国、依宪治国的轨道，我们的国家必将更加健康地发展，社会更加团结和稳定，公民生活得更加惬意和舒适。

---

① 习近平：《论坚持全面依法治国》，中央文献出版社 2020 年版，第 174 页。

② 习近平：《论坚持全面依法治国》，中央文献出版社 2020 年版，第 13—14 页。

③ 《习近平在第五个国家宪法日之际作出重要指示强调 弘扬宪法精神 树立宪法权威 使全体人民都成为社会主义法治的忠实崇尚者自觉遵守者坚定捍卫者》，《人民日报》2018 年 12 月 5 日。

2
民法典里折射的宪法光芒
—— 2020 年中央电视台国家宪法日特别节目讲稿

今年的 12 月 4 日是第七个国家宪法日。今天，在这个特殊的日子，我们准备和大家一起聊聊民法典中的宪法精神。

2020 年 5 月 28 日，十三届全国人大三次会议表决通过了《中华人民共和国民法典》，自 2021 年 1 月 1 日起施行。这是我国法治进程中的一件大事。民法典因与我们每一个人都息息相关而备受关注。

习近平总书记指出："要加强民法典重大意义的宣传教育，讲清楚实施好民法典，是坚持以人民为中心、保障人民权益实现和发展的必然要求，是发展社会主义市场经济、巩固社会主义基本经济制度的必然要求，是提高我们党治国理政水平的必然要求。"[①] 以人民为中心，充分保证公民在法律面前一律平等，尊重和保障人格尊严，维护市场经济的法律地位，保证人民依法享有广泛的权利和自由，这是民法典的核心要义，也是宪法的基本价值。实现了权利就实现了幸福，可以说，民法典就是公民的幸福法典。

一、从幸福的要求到幸福的实现

幸福是个很空泛的词，幸福到底是什么？落实到具体的生活中，孔子期

---

① 《习近平在中央政治局第二十次集体学习时强调 充分认识颁布实施民法典重大意义 依法更好保障人民合法权益》，《人民日报》2020 年 5 月 30 日。

待的理想社会是"老有所终，壮有所用，幼有所长，鳏寡孤独废疾者，皆有所养"；现代社会人们还要求拥有人的尊严、自由的意志和公平的环境等。这些期待放在一起可以概括地称为人的权利。人的权利实现了，人就会感到幸福。

通俗地讲，权利就是能够做什么及可以不做什么的一种能力。第一，这种意识是人所固有的，你摸着自己的心就能感受到的，因此我们称权利意识是人之为人的基石。人自然有权利的诉求，希望自己受到普遍的尊重，希望自己的财产和人身自由不会被随意剥夺和侵害，希望参与到国家社会的政治生活中，希望不被歧视和区别对待，希望能够有安全感和可预测性……它来源于人类自身对于合理的正当需求应当得到满足的一种自然愿望。第二，权利意识是市场经济的内在要求。要维持良好的市场经济条件下的竞争环境，参与主体必须要有平等竞争、互相合作、诚实守信的精神，这是一种契约精神，不侵犯别人的权益，也能够利用法律武器或者通过其他正当途径维护自身或别人的合法权益，用现代的权利观念参与市场的竞争。第三，权利意识是依法治国的必要条件。权利就是法的内核，可以说，没有权利就没有现代意义的法治。权利是种自由，但权利不是想干什么就干什么，权利本身含有享有自身权利的同时不能侵害到他人权利的意蕴。权利意识也是一种边界意识，在这个边界之内才是自由的。因此，权利既是一种自由也是一种自律。不让插队者随意插队是权利意识，不愿轻易给别人添麻烦也是一种权利意识。

宪法的权利是最重要、最脆弱又最经常被侵害的权利，主要包括平等权、人身权、财产权、政治权利、社会经济权利、文化权利等。为了使这些权利得到有效的保护，一方面通过宪法对基本权利的宣示和实施来得以保证，另一方面则由许多部门法来具体实施。

民法典是最重要的民事权利的宣言书和保障书。民法典共 7 编 84 章 1260 条，出现"权利"这个词语 240 次，通篇主要讲的就是如何保护权利。

举个例子，曾经有过不少性骚扰的案子，甚至在职场已经见怪不怪。有调研显示，某市一工厂虽然超过 65% 的受访者曾对遭受性骚扰作出不同程度的反抗，但 46% 的处理结果是不了了之。在司法实践中，过去法官很难找到一个关于性骚扰细化的法律规定以及相关的认定标准。民法典把什么是性骚扰界定清楚了，第一千零一十条明确了对特定人实施言语、文字、图像、肢体等行为，并违背受害人的意愿，我们都可以称之为性骚扰。性骚扰的制度问题解决了，还有一些传统社会留下来的意识问题要解决。很多性骚扰者往往处于管理者或拥有某种具有影响力的地位，并以刚性或柔性的职权压迫受害者，使其就范，在遭到拒绝后又利用职权寻机给对方"穿小鞋"。因此，如果说民法典规范了性骚扰的认定和司法裁决标准，那么宪法的宣传与实施，则要解决在一些人脑海深处固有的官僚主义、有意无意地物化人和男女不平等的意识问题。

再如，让人深恶痛绝的高空坠物，既危险也不文明。民法典有了更为明确的规定。今年7月，烟台市民王女士带着孙子在小区楼下玩耍，突然，一根从天而降的玉米砸中了她的右肩。被砸中之后，王女士还在楼下喊了几声，可始终没有人回应，随后王女士的丈夫报了警。警察到达现场后把玉米封存，并在全楼范围内寻找肇事者。但由于事发地点处在小区监控盲区，没找着是谁扔的。在事件发生4天后，小区物业公司在电梯内贴出了《关于敦促35号楼高空抛物肇事者自动投案自首的通告》，通告中写明封存的证物正在做DNA检测，请肇事者主动到派出所自首，否则，DNA检测结果出来后，将对全楼住户做DNA检测，届时，除追究肇事者责任外，肇事者还需承担全楼所有人的DNA检测费用。通告发出后不久，肇事者登门道歉。

小区物业为什么那么有底气？虽然民法典还没有实施，但民法典已有明确规定，谁扔谁担责。无法确定，大家都要承担连带责任。一旦找着了，没责任的还有权追偿。这个道理是对的，这就把权利义务说明白了，把权利保护的网织密了，各方也有依据说理了。宪法的核心意蕴是保护公民权利，惩恶扬善，而民法典正是这一精神的重要而有力的实施者。

如果说实现权利就是幸福，那么人格则是实现幸福的关键一环，法律的精神就在于实现人的尊严。

二、面子不重要，人格才重要

人格这个词含义很丰富，在心理学上是指个性，在道德上是指个人的品德与操守。一般意义上的人格是指人人都享有尊严、名誉、荣誉等。古代历史上，"龙生龙、凤生凤，老鼠的儿子会打洞"，以血缘区分了不同的阶级，人们拥有不同等级的"人格"。虽然古代历史上法律并不承认人格存在的普遍性和平等性，但人格的真实存在不容置疑。即便是古代人，也有尊严意识，当尊严得不到普遍保护时，格外爱面子就成为尊严难以实现后的一种过分反应，而过分媚上者喜欢压制下属则是尊严感缺失后的一种补偿。

《读者》里有这样一个故事：有个国王被俘，本应被处死，不过对方给了他一个机会，他如果能够答出来一个问题就可以得到自由。这个问题是："女人真正想要的是什么？"国王问身边的每个人，没有一个人能给他满意的答案。有个女巫说可以给出答案，但必须嫁给高大英俊的武士。武士不得已娶了女巫，女巫就问他："我在一天的时间里，一半是丑陋的女巫，一半是倾城的美女，你希望我白天是美女还是夜晚是美女呢？"大家发现了，这是道送命题。如果你是武士，你会怎样选择呢？

有位人格心理学教授就用这个问题问了他的学生，得到的答案五花八门。归纳起来不外乎两种：一种是"炫耀派"，他们希望白天是美女，因为可以得到别人羡慕的眼光，而晚上回到家一团漆黑，美丑都无所谓。另一种是"务实派"，他们觉得应该晚上是美女，因为老婆是自己的，不必爱慕虚荣，别管别人怎么看，自己看着舒服就行。武士是怎么回答的呢？武士说："既然你真正想要的是主宰自己的命运，那么就应该由你自己决定！"女巫感受到的是充分的尊重，于是选择白天夜晚都是美丽的女人。尊重每个人自己的选择，也唯有尊重才能赢得尊重，相互尊重既是人的本性需要，也是整个社会利益最大化的选择。

1982年宪法把人的这种需求规定下来，让人们永远记住这条朴实但颠扑不破的真理。我国现行宪法规定："中华人民共和国公民的人格尊严不受侵犯。禁止用任何方法对公民进行侮辱、诽谤和诬告陷害。""中华人民共和国公民在法律面前一律平等。国家尊重和保障人权。任何公民享有宪法和法律规定的权利，同时必须履行宪法和法律规定的义务。""中华人民共和国公民的住宅不受侵犯。禁止非法搜查或者非法侵入公民的住宅。"

最近有新闻报道，某银行一位新入职的员工因为拒喝领导敬酒而被扇耳光；有个地方领导因为下属工作不到位而扇下属耳光并把文件扔在地上；还有公司规定员工因为业绩不佳就必须当众吃辣条。我儿时读书时，学习不好的学生会被要求在讲台前举手蹲着。蹲得久了，难以建立自尊，不会有创造力和责任感，自律更是无法想象。

对人格尊严的保护是历史教训的总结，是对社会未来发展的展望。改变"人格尊严因出身、职业、地位的不同而不同"的错误观念，不会因职业、地位、血缘在人格尊严上有所不同，整个社会各司其职、各尽其能、人尽其才、物尽其用。既安于现状又勇于担当，既有能力共建共治共享，又作为个体保持自律。今天是国家宪法日，我们正是要把这种宪法的精神宣传出去，即所有人的人格都是平等的，无论是官员还是百姓，是知识分子还是普通劳动者，是富人还是穷人。民法典明确规定，民事主体的人格权受法律保护，任何组织或者个人不得侵害。而"扇耳光"等行为已经违反了民法典，国家对这种损害人格权的行为不能容忍。

中国共产党领导人民反抗剥削压迫，推翻"三座大山"，建立了中华人民共和国，中国人民真正成为国家、社会和自己的主人。吸取了"文化大革命"忽视人格权的教训，进入改革开放的新时期，党领导人民进行新的伟大革命，极大地解放和发展了社会生产力，尊重和保障人权被写入党章和宪法，人权保障有了更加坚实的政治基础、经济基础、社会基础。在百年未有之大变局的特殊历史时期，党和国家呼应人民群众的新期盼、社会发展的新挑战、国家治理体系和治理能力现代化的新要求，及时颁布实施民法典，充分体现了"让老百姓过上好日子"这个执政党的根本价值取向。

民法典人格权编的具体规范与宪法中保护人身自由和人格尊严的规范

是一致的、统一的。宪法的这种精神落实到民法典中，形成了这次民法典制定中的一个最大的亮点——人格权在民法典中独立成编。突出对人格权的保障，契合了新时代人们对人格权保护的深层次心理需求，是我国现阶段市场经济发展的必然要求，是我国法治建设注重人文关怀、以人为本的根本体现，是我国治理体系和治理能力现代化的重要一步，为人们体面而有尊严的生活奠定了法治基础。

这一编共设六章，对人格权作出明确界定："人格权是民事主体享有的生命权、身体权、健康权、姓名权、名称权、肖像权、名誉权、荣誉权、隐私权等权利。除前款规定的人格权外，自然人享有基于人身自由、人格尊严产生的其他人格权益。"

民法典对人格权的保护并非局限于传统的民事权利，而是对隐私权等新兴权利提出了更高要求。比如某脱口秀演员发现其银行个人账户交易明细被轻易获知，指责某银行泄露其个人账户交易信息。民法典第一千零三十五条明确规定：处理个人信息时，必须遵循合法、正当、必要的原则，不得过度处理。后来银行道歉，并称已将涉事支行行长撤职。事发当日，有媒体从当地银保监局获悉，该局也正式介入调查并将严格依法依规进行查处。

再如这一编第六章，首次规定了私人生活安宁受法律保护的规则。人们都有自己的生活并且不希望被别人窥探，这是人类安全感的内在需要，天然排斥他人的无度侵害。民法典第一千零三十三条列举了侵害隐私权的各种具体表现，包括：以电话、短信、即时通讯工具、电子邮件、传单等方式侵扰他人的私人生活安宁；进入、拍摄、窥视他人的住宅、宾馆房间等私密空间；拍摄、窥视、窃听、公开他人的私密活动；拍摄、窥视他人身体的私密部位；处理他人的私密信息等。

人格权的实现是使人成为自己，不再是人身依附下的工具。从历史上看，工具观念很难催生出人的责任感和创造力；从现实而言，人类现代化的过程与"人是手段"到"人是目的"的转换过程是一致的。因此可以说，民法典的颁布与实施必将为新时代人格权的保护注入强大动力和重要保障，切实地体现宪法中对人的关爱、保护和尊重，为最终实现人的全面发展提供制度支持。

三、保护好钱袋子就是保护好市场主体

除了人格权，财产也是人能够有尊严活着的要素。财产指的是人们所拥有的金钱、房屋、土地等物质财富和无形的智慧财富，主要有动产（车子）、不动产（房子）和知识产权（专利权）等形式。财产对于人类的意义至少可表现为三个方面：第一，财产是人类生活的基本保障。人的衣食住行、生老病死都离不开财产的支撑。没钱寸步难行，"一分钱难倒英雄汉"一直是个真理。第二，财产是实现自我意志的基石。拥有财产权可以减少个人、组织对国家的依赖，既是做人底气的保障，也是抵御非法干涉的能力和手段。第三，财产是社会发展的重要动力源。历史经验表明，如果努力奋斗得来的财产可以被权力轻易地掠夺走，人们的奋斗动力就会不足，有产者的安全感就会削弱，进而社会的稳定性和可持续发展性就会受到影响。有恒产者有恒心，维护财产安全是现代国家的重要使命。

我们简单地回顾一下我国宪法中关于财产权的规定，在这个脉络中，我们可以清晰地看到财产权保护与我国经济及人权事业发展的内在关系。1954年宪法第十一条规定："国家保护公民的合法收入、储蓄、房屋和各种生活资料的所有权。"以列举的方式规定了哪些财产是受到法律保护的；1982年宪法改为"国家保护公民的合法的收入、储蓄、房屋和其他合法财产的所有权"，"合法的收入"已经开始扩大了财产保护的范围；1988年宪法修正案承认了私营经济的合法地位，私营经济是典型的生产资料私有制的经济形态，与个体经济所拥有的生产资料相比，这时"合法财产"中包含的生产资料的内容在质和量上都大大提升了。

随着公民拥有的私人财产普遍有了不同程度的增加，特别是越来越多的公民有了私人的"生产资料"，对于用法律保护自己的财产有了更为迫切的要求。2004年宪法修正案取消了对私有财产的列举，直接规定"公民的合法的私有财产不受侵犯"。

民法典明确了对国家、集体、私人和其他权利人的物权受到法律的"平等保护"，不因财产是国家的、集体的，就受到更有力的保护，而是与私人的物权受到平等的保护，这就从法治理论到法治实践，实质性地完善了我国的财产权制度。

民法典物权编中的一个亮点就是对农村土地承包经营权的完善。土地是农民最重要的财富，为了落实所有权、承包权、经营权三权分置制度，解决农村土地经营权流转性不够的问题，土地承包经营权人可以自主决定依法采取出租、入股或者其他方式向他人流转土地经营权。土地经营权可以流转，流转中可以获得收益，同时又保有土地承包经营权，这样做既保证了农民的土地承包权，又适应了社会发展对土地集约化使用的需求，使土地经营权成为可变现的财富，农民也不会因此而失地。

房子是人类最重要的财产之一。民法典明确了住宅建设用地使用权自动续期规则、增设居住权等，从而建立了财产权保护的长效机制，为人们确立财产权的稳定预期提供了根本制度保障。

近年来，业主与物业的关系十分微妙，物业维修基金的胡乱使用备受诟病。民法典也作出了明确的规定，建筑物及其附属设施的维修资金，属于业主共有。经业主共同决定，物业才可以使用。维修资金的筹集和使用事关每个业主切身利益，需通过定期公布相关情况做到信息公开，让业主们能够在信息对称的基础上参与小区管理。这些举措都是维护业主权益、维持小区秩序的重要保障。

民法典是公民私权保护的基本依据，私权确定的意义不仅仅在于保护人民的财产，也在于激发人民的积极性和创造力。2021年1月1日，民法典正式实施。民法典是宪法人权保护的具体化，是一部固根本、稳预期、利长远的基础性法律。民法典的实施必将促进人的发展，推动人民群众合法权益得到法律保护，推进国家治理体系和治理能力的现代化。民法典素有半部宪法之称，民法典实施水平和效果，是依宪治国，建设社会主义法治国家的重要尺度。

在宪法与民法的眼睛里，每个人都是国家。

3
城市建设中的宪法精神
—— 2021年中央电视台国家宪法日特别节目讲稿

依法治国首先是依宪治国，依法执政关键是依宪执政。这个"宪"不仅仅指宪法文本，还包括宪法精神。城市是人类的主要聚居地，是人口最为稠密的地方。与前人相比，现今人们对权利、尊严、民主、法治、公平、正义、安全、生态等多方面都提出了更高的期待，对城市的要求也更加复杂，更加立体丰富。承载这些美好愿望的宪法精神在城市中落地生根，既是依宪治国的应有之义，也是公民幸福的基本保障。

都说国人有家乡情结，但仅靠这种情结不能把人或心都留下来。有的城市魅力大点，有的城市魅力小点，这背后有没有宪法因素？值得探讨。本文从影响城市魅力的三个要素（自然环境、社会环境、人文环境）来观察城市建设中的宪法精神。

打造宜居的自然环境

大自然赋予了不同地方不同景观，但相似景观也有是否符合宪法精神的人为因素。以公园为例，公园是人为打造的自然环境，在古代可不是普通老百姓能去的地方，专指官家的园子，只有官家才能出入。而现在的公园一般是指政府修建并经营的，作为自然观赏区和供公众休息游玩的公共区域。

人源于自然，有亲近自然的天然愿望，如漳州市等地方城市公园全部向市民免费开放，这里的草坪最初就是游人可以踩上去的，一家人在草坪上可以晒太阳、野餐，人与自然和谐共处。公园里没有栏杆，也没有明显的界线，人们和景观可以亲密接触。公园的椅子数量极多，每个游人想坐都有位置，从每个座位设计上看，都是一道亮丽的风景线。在公园的管理上，当地结合实际确定了三个原则：一是不设大标语，二是不跳广场舞，三是不准随地摆摊，实现"还景于民、还静于民"。这种"服务于民、方便于民、开放融合"的长远意识是宪法精神的体现。反观有的地方公园不但草坪不让踩，还收取高额门票。我曾到过另一个不算发达的旅游城市，公园里能看到的椅子，坐下来后要么背朝风景，要么视线被大树遮挡，没有美感可言，更谈不上设计为民。

再举一例，重庆市璧山区大量关停污染企业，按照百姓步行 15 分钟见公园、20 分钟到企业上班的设计理念，相继修建 40 多个免费开放的公园、20 多个广场和 100 多个休闲亭，不但美化了人们的生活环境，还推动城市成为产业集聚、环境宜居的秀美绿城。

城市中的自然环境有"天生"的，又不全是"天生"的。过去的理念认为，穷山恶水、天高皇帝远的地方很难发展好；今天我们看到这些都不能成为发展不起来的理由。其实，很多自然环境都是结合自己城市的特点而构建起来的，已经"脏乱差"的环境也可以基于现代理念而改变。以经济发展为由去破坏环境是涸泽而渔，谁也不愿意生活在被破坏的自然环境中。事实证明，"绿水青山就是金山银山"，绿色的公共区域是否向市民免费开放，将成为宪法精神打造出的不同自然环境的一个分水岭。

构建法治化社会环境

一个公民参与感强，政府能够及时回应群众关切、及时纠错，高效、务实、便捷、公平、自由、平等的社会环境是宪法精神和现代城市的精髓和核心要义。

我们注意到，浙江省有的收费停车场已经没有了栏杆，实行先离场后付费，停车场实行无感通行。车辆驶出停车场后会收到一条付费短信，只要在 48 小时内完成付费即可，避免了车辆拥堵在停车场门口排队缴费的现状。

发达城市之所以称之为"发达"，表面看是经济的繁荣，其实是治理理念的现代化。可以这么说："哪里的杆多一点，哪里的幸福感就少一点。"当然，这要找个平衡。这里并不是说不能有"栏杆"，只是"栏杆"往往是最简单的治理方式。城市的治理者一定要明白，把人都管起来不是能耐，让市民有自由、有秩序、有活力、有魅力，生活其中感到幸福才是能耐。

有些城市，在"栏杆"多的同时，公民普遍具有一种无力感，遇到明显不合理的情况时，往往无力纠正、无处说理。在这样的城市，老百姓与城市之间没有很强的"黏性"。

我曾在一个城市旅游，夜里 12 点以后还有人在大广场唱卡拉 OK，于是我拨打"12345"热线请求管一管，回复是"这个事儿我们管不了"，之后我再也没去这个城市旅游。这样一件小事，政务便民热线管不了，那么遇到其他不公平的事会怎么样呢？

我近来生活的漳州市，是"110"报警服务平台模式的发源地。有一次，凌晨 1 点多有人在大声外放着音乐，我抱着试试看的态度给政务便民热线"12345"打了电话，没想到 10 分钟内音乐就停下来了。另外，我还发现漳州市"110"考虑得很周到，由于人们拨打电话很可能会被犯罪分子发现，于是设计了微信报警平台，老百姓可以"悄无声息"地报警，一般 5—10 分钟即可出警。

对公平的需求是人的心理属性。社会越公平，或者更具体点，能够提供个说理的地方，人就会感到内心更加安宁，也更喜欢待在这样的城市里。

一些城市，治理回应性较好，社会也有较高的自由度、宽容度，城市治理更加精细、更加务实。我们发现，在这种氛围下，人的主动性更强些，社会的创造力更大，人们的责任感也更强，文明程度也更高。在上海我注意到，很多老百姓在没有车辆通过时也能做到遵守红绿灯规则。一个良性互动的社会，需要大部分人自律，而不是有只眼总在背后盯着，这样既没效率也没活力。一个社会要从"管制—监督"模式过渡为"自律—监督"模式，而社会治理水平的提高为后者奠定了重要的基础。

在城市治理方面，禁止类制度最容易制定，遇到问题"一刀切"，但效果往往没那么好。比如，电动车行驶安全有问题，就不让上路；违章停车，就加重罚款的力度……这些方法解决了一个问题，但可能会带来其他关联的问题，甚至会让人们感到不平衡、不舒适。例如，杭州市正在试点"有车位、无违停"。我们知道，违停的原因往往是找不到停车位，一罚了之最简单。杭州市试点期间，系统会自动给车主发一条短信，提示距离最近位置的停车位，如果车主在规定时间内没有将违停车辆开走，就按照违停给予相应处罚，而如果附近没有车位可停的话，那将不予处罚。这样就合理多了。

法治化的城市治理是以老百姓的权利实现为目标，尊重、保障并帮助市民实现权利；城市共建共治共享，老百姓是规则的制定者，也是规则的受益者，而不仅仅是规则的遵守者；强调普遍性的规则治理城市，而非"一事一议"的治理方式；司法能够形成普遍的约束力，而非熟人社会的"人情"决定轻重缓急；执法透明严格而合理，既非"找人办事"，也非机械执法。

以上我们列举了一些城市治理的方式，也谈到依据宪法精神带来的吸引力，或反之带来的疏离性。城市治理的现代化，从根本上说，就是宪法精神的实施过程，也是我们人力可及的事情。这种可学习、可复制的经验，对推进治理体系和治理能力现代化具有重要的借鉴意义。

缔造良好的人文环境

人文环境，是一个城市长久历史形成的独特底蕴，看不见、摸不着，但影响一个地区人们的生产、生活和行为习惯，成为该地区最核心、最宝贵的精神财富，为构建一个城市灵魂提供强大的精神力量，也是宪法精神得以孕育的基石和土壤。泉州和温州是公认的国内民营经济两大发源地，泉州的民营经济起步很早，发展有序，成绩斐然。多年来，在"晋江经验"的带动下，民营经济成为泉州最重要的活力源泉。

当我们谈论泉州的经济时，文化是绕不过去的一环。泉州一直是开放的城市，早在元朝，泉州就是公认的"东方第一大港"，其繁荣兴盛可与历史上的亚历山大港媲美！在对外通商贸易的全盛时期，外国商人、传教士、旅行家接踵而至，各种宗教在这里都能和谐共处，对泉州的社会生活、文化艺术、风俗民情产生了深刻、广泛的影响。海洋文化和多元融合的环境孕育了泉州人开阔、多元、包容的襟怀，以及团结奋斗、合作共赢的理念。在泉州，人们有一种"人生海海、输赢笑笑"的豁达精神。人生如同浩瀚大海，不纠结于"一亩三分地"，对创业失败的人，更多的是鼓励而不是耻笑，赢了谁都会笑，输了也一笑了之。这很了不起。只要拼搏过，无论输赢都应该被尊重。

良好的人文精神有的来自历史传承，有的则是思维和制度创新迭代的结果。我曾去过漳州一个小渔村，那里至今已经29年"零信访"。之所以没人去上访，是因为当地广泛吸引村民代表、户代表、党员、老人协会等参与村规民约的制定，把环境保护、土地利用、精神文明建设等内容融入村规民约，使之体现人民意志、保障人民权利，合理分配好各方利益关系。比如，针对农村重男轻女的现象，特别规定男女平等，对遗产享有平等的继承权。制度规定得非常细化和有责任感。再如，规定"村民建房用的沙、石等建筑材料必须具有合法来源，如建筑材料来源不合法，将依法追究当事人的责任"，从源头堵住了建材不合法的漏洞。

自然环境、社会环境的改变本不容易，最为困难的则是人文环境的变迁，这是长期的制度习惯沉浸形成的，绝非一朝一夕就能完成。比如，有的城市建设了一些运动场，并规定了老人、孩子不同群体分别运动的时间，但似乎违反者众，遵守者寡。深入观察这类现象，发现至少还有以下问题需要讨论：第一，城市里运动场所是否太少、太稀缺；第二，运动场不同的时间规定是否让大家参与讨论过，这对于执行而言意义重大。

我曾组织过一些规范性文件起草的讨论。当大家参与后，可以发现，讨论的过程既是利益博弈的过程，也是相互理解和信任的过程。有时民主立法还解决了规范性文件执行中的细节问题，而这些细节往往是执行的关键。

人是万物之灵，能够对人予以充分关怀。这里的"人"不仅是对自己，还包括对人类这个群体。仅仅对自己关怀就没有必要看红绿灯，自己怎么方便怎么来，而我们知道，损失一点时间遵守交通规则，才是包括自己在内全社会利益最大化的选择。当然，这个规则自身应当是合理的，不能等两分钟还不变信号灯。

能够对人的尊严、权利、价值予以维护、追求和关切；能够理性地分析利弊，对真理不懈追求；能够宽容地对待与己不同的意见；能够有对美好的基本共识与认知；能够以务实解决问题为思维依归；等等。这些是现代城市的人文环境，是现代城市鲜活的灵魂。

无论是自然环境的营造、社会环境的完善还是人文环境的提升，有的能立竿见影，有的则须徐徐图之，我们当有所作为。这是我想给大家传递的主要信息。

理想的城市千城千面，但有一些共识，也是我们能够做到的：

第一，从某种意义上讲，宪法是使用一套有效的规则让人们能够持久感受到幸福的根本法；实施宪法就是把这部寄托理想和理性的文本变为现实的过程。第二，宪法精神中蕴含着公民积极参与治理，人与自然和谐共处，社会环境公平、自由、平等、包容，政府与公民、公民与公民之间互相信任，有良好的共识导向等要素。第三，这些蕴含宪法精神的要素都是构成治理体系和治理能力现代化的重要因素，是城市真正的魅力所在。随着治理现代化水平的提升，人民的获得感、幸福感、安全感不断增强，而这又会正向反馈国家、社会和个人，整个社会的文明水平也会随之提升。

（本文在讲稿的基础上作了修改）

4
人的现代化与宪法精神
——2023 年中央电视台国家宪法日特别节目讲稿

我们在以前的国家宪法日讨论过宪法的历史、宪法思维、宪法实施、宪法精神与城市建设等内容。今天是第十个国家宪法日，咱们来说说人的现代化与宪法精神之间的关系。

现代化，这个"化"是个动词，即一系列传统的科技、政治、经济、社会文化等形态向现代的变迁与转换。变迁是一种自然的过程，转换则是一种能动的过程。过去，我们理解的现代化通常比较简单，就是科技现代化。哪个国家的科技实力强，有汽车、有电子产品、有高楼大厦，我们就认为哪个国家现代化水平高，就是现代化国家。随着时代的发展，我们认识到，如何实现现代化更重要，实现科技现代化离不开更加现代化的制度，需要治理体系和治理能力的现代化。比如确立了保护知识产权制度，人们的发明创造才会更有保障。而科技现代化、制度现代化的背后则是人。人更具有创造性、更富责任感、更能尊重别人、更加文明等这些精神层面的软实力也是现代化的组成部分，甚至是根本性的部分，因为它们给我们带来的幸福感一点不比科技和制度等硬实力差。习近平总书记深刻指出，"现代化的本质是人的现代化"①。现代化中的人比物更为重要。人的现代化，很大程度上是世界观、

---

① 《十八大以来重要文献选编》（上），中央文献出版社 2014 年版，第 594 页。

方法论和价值观念的现代化。我们称这种现代化为精神的现代化。我们在以前的国家宪法日特别节目中曾讲过，人类早期没有宪法，宪法是人类找寻自我，不断现代化的产物，宪法实施的过程正是现代化完善和发展的过程。宪法精神是宪法所体现的核心理念，承载着现代化的"人"应当拥有的价值观念、思维方式和行为方式。

文明的过程是人与人相互尊重的过程，是给别人留一条出路的过程，是逐渐消除野蛮的过程。历史上，人们崇拜过神、权力、金钱，但这些都是偶发性的，可能有也可能没有，可能这时有，过时就没有，唯有文明是普发性的，而这才是现代人应当追求的。比如走到门口时，有个同志在前面为我扶了一下门，我们至少可以选择两种方式：一种是他为我扶门，意味着他在地位上比我低，因此我要趾高气扬地通过；一种是他为我扶门，我表示感谢，赶紧接手扶门，看看后面是否有人也要通过，如果后面有人通过，我就为他扶门，把这种文明传递下去。这是两种截然不同的价值观念，社会效果显然会不同。前一种状态下，人们一般不会为后面的人扶门。这两种行为方式背后是宪法精神的区别。在社会转型期，这两种人都有可能存在。不过，后者居多的时候我们的生活显然会更加幸福和快乐。宪法精神蕴含了人的现代化的主要价值理念、世界观和方法论，进一步贯彻宪法精神，是进一步实现人的现代化的重要推动力量。宪法精神至少体现为以下几个方面。

第一，人民至上

坚持人民至上，这是马克思主义政党的根本立场。习近平总书记指出："江山就是人民，人民就是江山"[1]，这是对中国式现代化的深刻总结，也是宪法精神的根本体现。古代社会，江山是一人、一家的，不是人民的，构筑的社会体系是官本位的，是差序结构。我国宪法规定：国家的一切权力属于人民，法律

[1] 习近平：《高举中国特色社会主义伟大旗帜 为全面建设社会主义现代化国家而团结奋斗——在中国共产党第二十次全国代表大会上的报告》，《人民日报》2022年10月26日。

面前人人平等。国家是人民的，金字塔式的差序结构自然扁平化了。政府变成了服务型政府，政府要为人民服务。"坚持人民至上"不是空泛的口号。举个例子：有个人在一个营商环境很好的城市开饭店，当地原来要求使用政府统一提供的煤气管道，但开饭店的位置，煤气管道尚未开通。这个人抱着试试看的态度找到了政府，政府给了三个答复：一是没有开通煤气管道是政府的责任，在开通前特批，可以暂时使用煤气罐；二是会很快开通到那里，开通之后有个衔接的问题，但费用由政府承担，事实是很快开通到那里了；三是欢迎你和你的团队来创业，以后遇到任何问题都可以找政府。当地政府的答复真正体现了"人民至上"的宪法精神。传统方式是"回家等着吧，终会开通过去"。饭店老板所有的准备工作都做完，只能苦等开通煤气管道，至于给谁开、什么时候开，又变成了稀缺和寻租的方式。现代社会，法不能禁人之不能。

　　"现代化道路最终能否走得通、行得稳，关键要看是否坚持以人民为中心。"[①] 在熟人社会，遇事必须求人，甚至权力主体有意识地制造稀缺，只有亲朋好友，给钱给资源，才给予准入，才给办事，否则就不让进、不给办。在熟人社会和应该形成的法治社会之间，有个"制度社会"，在这个中间状态下，一些人虽然从熟人社会走出来，但机械地理解制度。他认为只要规定了，所有的其他情况就一概不加以考量了，一切都不能变了。当今社会属于法治社会，它既不同于熟人社会只有熟人（利害关系人）才网开一面；也不是一个简单的制度社会，人在制度面前完全无能为力。在绝大多数情况下都要按照制度办事，但面对一些特殊情况，也要讲合理性，当然，这是对人的更高要求。在现代社会，我们要明白，人生活得幸福才是目的，所有的制度、所有的科技，最终仍是以人活得更加幸福为目的，这是宪法的根本精神。有些地方，早期一些房地产开发商未批先建，导致老百姓拿不到房产证，当地采取分清责任的做法，如果责任在开发商，老百姓没有主观故意，

---

① 习近平：《携手同行现代化之路——在中国共产党与世界政党高层对话会上的主旨讲话》，《人民日报》2023 年 3 月 16 日。

那开发商的房产证暂且不发，而把老百姓的房产证都发了。当地没有教条地理解条文，而是区分责任，既合情合理，又解决了大量的社会矛盾。这就是坚持了"人民至上"。唯有如此，才是更有人情味的法治社会。我尝试为之设立个标准，那就是在没有明显违反制度的前提下，却明显地提升了社会公共福祉。有的同志可能很较真地问我，什么叫"没有明显"？我可以实在地讲，"没有明显"我确实解释不了。其实人类用一种语言完全准确描述另一种语言，未必时时都是有意义的。我能看到的是，凡是讲到的一些好的或者不好的做法，大家基本上是能够达成共识的，或者说，"没有明显"就是个常识。如果说自然科学侧重于创造性，那么社会科学就是不断回归常识。能够作出合理性判断虽然不容易，但这是现代人应当拥有的水平和素质。当然，合理性判断背后还有责任机制设计是否合理的问题。"权责一致"原则要落在实处：权力大了，责任跟不上，容易滥用权力；责任太大，也容易造成一系列问题。

第二，权利保障

人民如何能幸福？习近平总书记指出，"我们的人民热爱生活，期盼有更好的教育、更稳定的工作、更满意的收入、更可靠的社会保障、更高水平的医疗卫生服务、更舒适的居住条件、更优美的环境，期盼孩子们能成长得更好、工作得更好、生活得更好。人民对美好生活的向往，就是我们的奋斗目标。"① 这些权利实现了，公民就幸福了。

公民的财产权利得到保障，对财产安心，就容易继续为积累财产而奋斗。比如原始社会，我出门打猎，你总在我家门后猫着，我带着猎物回家，你就把我打晕，把猎物抢走。一次两次后，我就会发现，打猎风险高，在别人家门后猫着抢猎物容易很多，久而久之就没有人愿意出门打猎了。财产权是现代文明的标志之一。公民的人身权利得到保障，公民对社会和国家就会

---

① 《习近平谈治国理政》第1卷，外文出版社2018年版，第4页。

更加认同，社会更具流动性，人们有了安全感，才会更加安心地做好各方面工作；公民的人格权利得到保障，人人平等，不因职务、级别、性别、种族等在个人尊严上有明显的差别，人尽其才才成为可能。现代社会之所以四百年间缔造了五千年甚至更长时间从来没有的发展速度，是因为从根本上不再"学而优则仕"，不再"龙生龙、凤生凤，老鼠的儿子会打洞"，不再"仕农工商"分为三六九等，人不再被视为工具和手段。无论是从政者还是商人，无论是农民还是其他手工业者，都应当被尊重。各尽其才，人尽所能，人活得安心而有保障，自由而快乐，国家社会才能更有创造性地繁荣发展起来。

时至今日，我们看见一些人对别人的财产权不够重视，当然对自己的财产很重视。从别人放置财物的地方甚至从别人居住的帐篷里拿走财物，还美其名曰捡来的"无主财物"。我们过去的教育对权利的意识重视不够，比如老师下课离开教室之前强调："我的水杯放在这里，谁都不能动。"这个要求很不周延，没有讲为什么不能动，动一动会怎么样。学生如果动了杯子，老师心情好，就不惩罚，心情不好就加重惩罚。这不是普遍的要求，"别的孩子的水杯能不能动"不在这个规定里。我称这样的教育模式为命令服从模式，有命令才服从，既不普适也不规范。而现代社会实际上是权利义务模式，也就是每个人的水杯属于他的私有财产，这个权利是不能被侵犯的。这种意识更容易构建出法治社会的根基。想想要求"谁都不能动"和"不动别人的，别人才不动你的"，哪个更容易让人发自内心地持续自觉地遵守？权利意识本身就是人之为人拥有的一种意识，我们学习宪法，把这种宪法精神找回来并固定，社会就会既有活力也有秩序；找不回来，社会就容易教条而虚伪。

第三，平衡系统

有的同志问："我们不发展行不行？"我可以肯定地回答："不行！"这是由社会经济、科技发展和人的自然属性决定的。我们必须不断推动中国社会更好地前进。人类的每一次进步都需要有迈出山洞的勇气，都离不开一定程度的冒险精神。中世纪中期（1000—1300 年）的欧洲，拜占庭帝国只愿停留于古老的荣光，一切都是保守至上。美国历史学家朱迪斯·M.本内特曾认为，"拜占庭人更适合担任古老传统的保留者，而非赋予创造性的革命家；他们或许更喜欢风格保守、画风怀旧的洛克威尔，而不是毕加索"。这一观点为我们找到了勇于革新的西欧后来居上的重要原因。

　　社会前行需要有发展的愿望、勇气和能力。中国改革的每一次成就，都来自一次次找回人类自我的思想大解放和脚踏实地的具体行动。这些行动成功地扫除了改革开放道路上的思想障碍，并将这些回归人性的举措落在实处，使我国经济社会发展不断获得新的活力和动力，创造了我国经济社会快速持续发展的大好局面。我在挂职工作的时候，当地有一种做法我很认同。现在各地都在优化营商环境，可以做到第一时间把印章刻制完给到企业家，但是有一样东西，企业家是第一时间拿不到的，那就是银行账户。银行账户要去银行开通，短则两三周，长则两三个月。为了鼓励企业到当地来投资，让企业第一时间感受到当地政府的热情，当地以政府的名义申请开通若干个账号。只要在这里开办企业，就能在第一时间把银行账号交给企业。这个账号只是一组号码，是没有风险的，因为风险来源于贷款，办贷款需要去银行办各种手续。但是谁也不敢保证未来真的一点风险没有。不过，至少现在看起来确实是没有任何风险的。为了让企业感受到当地的营商环境和服务质量，当地政府愿意将这点风险承担下来。前段时间我到某著名的百强县调研，该县保税区企业原来从事对外贸易，没有一般纳税人资格，但由于形势的变化，其中许多企业被迫转向国内贸易，如果没有一般纳税人资格，这些企业很难生存。这个百强县基于现实情况，没有不管不顾，而是到处解释说明，为这些企业争取到了一般纳税人资格，不但留住了企业的人，也留住了企业的心。社会变化万千，凡是能让整个社会变得更好的，往往具有某些创新精神或者说具有勇于担当的品质。当然，推进向前发展并不是不顾国情、不顾历史，也不是盲目冒进。推动中国社会发展的巨轮前行是方向，但方式上绝不能急躁冒进。

可以说，复兴不是复古，前进不是冒进。

复古和冒进从来都是繁荣发展的两个主要敌人。党的十九大报告提出，到 2035 年基本实现社会主义现代化，公民平等参与、平等发展的权利得到充分保障。从 2035 年到本世纪中叶，把我国建成富强民主文明和谐美丽的社会主义现代化强国。历史的问题要用历史的思维来看待，慢了不行，快了也不行。慢了，快了，都不符合马克思主义的方法论。所谓的"中等收入陷阱"，都有思维极端化的影子。总而言之，国家社会的平稳发展，既不是发展不平稳，也不是平稳不发展。任何极端的思维方式和行为方式都应当尽力避免。

事物的多样性决定了解决问题要运用系统化的思维方式。几乎没有一件事可以一招解决却不带来任何负面性影响，这就要求在工作中尽力避免"一刀切"式解决方案。比如养猪，有一段时间，猪肉价格上涨，各地鼓励养猪，后来发现猪场多了污染环境，就通过行政手段把猪场扒了。这就是没有运用好系统化思维的体现。养猪是好事，污染环境是不利因素，解决了环境污染就可以继续养猪。给养猪户点时间，在合理的时间内解决污染问题，政府应适当给予补偿。污染环境问题解决了，猪场保住，大家皆大欢喜；如果到时间污染问题解决不了，或者养猪户有意不解决，再去扒猪场，就会容易很多。不能一发现存在问题就没收、就关停；不能鼓励养猪的时候给补助，不让养猪又是一阵风，否则会让人们难以形成稳定的预期，对经济和发展的损害是很大的。"一刀切"式的思维方式是不符合宪法精神的。

第四，开放包容

对外开放是我国的基本国策，也是宪法的基本精神。没有开放，就没有包容。习近平总书记强调，"开放是国家繁荣发展的必由之路"[1]。开放的社会环境更容易包容，过去囿于技术条件和一定的思维方式，更多讲究"方

---

① 习近平：《全党必须完整、准确、全面贯彻新发展理念》，《求是》2022 年第 16 期。

言文化"。在那个时代，相对封闭，只有讲同一种方言的人才会被认可，物品才容易交易。今天是一个"人生海海"的时代，广泛存在"超文化"的现象。以北京、上海为例，居住在这里的人来自大江南北，甚至来自五湖四海，他们文化互鉴，包容发展，取长补短。凡是这样的地方，经济社会发展情况、社会的宽容程度，都比"方言文化"区域更好。

开放本就是中华民族迅速发展的一个重要原因。中华民族是一个兼容并蓄、海纳百川的民族，在漫长的历史进程中，不断学习他人的长处，形成自己的民族特色，这是中华文明的一大特征。人们更喜欢包容的环境，特别是有创造性才能的人，更希望有一个开放包容的社会环境。开放促进包容，但包容并非易事。人性中存在为了安全而把自己封闭起来的冲动，虽然封闭或许使人感觉更加"安全"，但实际上这种所谓的"安全"反而会带来更多的问题。比如，长期的封闭必然造成资源匮乏，一旦资源匮乏，不择手段的争抢就会时有发生。另外，封闭也会造成故步自封、不思进取的局面，所以，封闭、排外都不是文明的表现，都不利于我们生活得更加幸福舒适。

"包容"最初主要是针对宗教信仰提出来的。中世纪的基督教非常狭隘，主张一神论，排除一切其他的神，凡是信仰其他神的宗教一概被看作异教而予以镇压。欧洲中世纪没有宽容，人人自危，社会动荡，今天我们称之为"黑暗的中世纪"。基督教世界发生以宗教为借口的一切纷乱和战争，并非因为存在各式各样的不同意见（这是不可避免的），而是因为拒绝对那些持有不同意见的人实行宽容（这是能够做到的）。不改变不可改变的，而着力去改变那些可以改变的，这也是现代人应当具有的品质。美国作家房龙在《宽容》一书中提出：不宽容往往源于懒惰、无知、自私自利。

文艺复兴以来，思想家们提出了"宗教宽容"思想，主张应当承认不同信仰的正当性。这种观念逐渐发展为具有一般意义的宽容观念。今天，宽容已成为现代文明社会的基本品质。1995 年，联合国教科文组织发布的《宽容原则宣言》将宽容定义为对世界丰富多彩的不同文化、不同思想表达形式和不同行为方式的尊重、接纳和欣赏。宽容指的是通过真诚了解、坦诚交流、坚守良心及信仰自由促进求同存异。"宽容"不仅是一种道德上的责任，也是一种政治和法律上的需要。"宽容"这一美德，有助于以和平文化取代战争文化。

"宽容"不是让步、屈尊或迁就。这与古代宗教讲的"宽容"还是有很大不同的，古代的"宽容"是一味地忍让，经常告诉人们的是"忍了吧，这就是命！"或者告诉人们不要太把自己当回事儿。"宽容"与"尊重人权"是一致的。宽容既不意味着宽容社会不公正行为，也不意味着放弃或动摇人们各自持有的信仰。宽容是指人们可自由坚持自己的信仰，并宽容他人坚持自己的信仰。宽容是指接受事实，即人虽然在相貌、处境、讲话、举止等方面天生不同，但均有权利按其本来之方式和平生活。简言之，宽容不是无度的，不能损害他人的权利，也不能破坏社会的公正与和平的底线。

促进宪法精神的形成，坚持"人民至上、权利保障、平衡系统、开放包容"，归根到底，就是坚持人的至上性，保障人作为人的权利。正像习近平总书记指出的："现代化的最终目标是实现人自由而全面的发展。"[1] 一个国家的持久繁荣和社会的广泛创新，是围绕着社会的每个个体而展开的。"人"是社会创新和国家繁荣的最主要资源。国家的繁荣与发展，是为了每个人的幸福与发展；而每个人及组成的有机群体所呈现出的生机与活力，就是整个社会的生机与活力。

（本文在讲稿的基础上作了修改）

---

[1]　习近平：《携手同行现代化之路——在中国共产党与世界政党高层对话会上的主旨讲话》，《人民日报》2023 年 3 月 16 日。

5

如果法治的堤坝被冲破了，权力的滥用就会像洪水一样成灾

    2015 年 2 月 2 日，习近平总书记在省部级主要领导干部学习贯彻党的十八届四中全会精神全面推进依法治国专题研讨班上的讲话中指出："我们说要把权力关进制度的笼子里，就是要依法设定权力、规范权力、制约权力、监督权力。如果法治的堤坝被冲破了，权力的滥用就会像洪水一样成灾。"

    水无常势，随物赋形。习近平总书记以"洪水"喻"滥权"，以"堤坝"喻"法治"，生动地诠释法治与权力的关系。历史和现实证明，对权力"放任自流"，权力不受监督，就会导致泛滥成灾；而以社会主义市场经济为底，以全过程人民民主和社会主义法治为堤，对权力进行正确引导，水就能够润泽社会。

    完善以宪法为核心的中国特色社会主义法律体系，以科学立法夯实法治堤坝的"规则基石"。"小智治事，中智治人，大智立法。"权力的设定和变更必须严格以宪法法律为依据。习近平总书记指出，"维护国家法治统一是严肃的政治问题，各级立法机构和工作部门要遵循立法程序、严守立法权限，切实避免越权立法、重复立法、盲目立法，有效防止部门利益和地方保护主义影响"[1]。历史的教训表明，制度供给不足往往是不满和暴力的源头。

---

[1] 习近平：《坚持走中国特色社会主义法治道路 更好推进中国特色社会主义法治体系建设》，《求是》2022 年第 4 期。

我们抓住法治体系建设这个总抓手，坚持党的领导、人民当家作主、依法治国有机统一，推进科学立法、民主立法、依法立法，增强立法系统性、整体性、协同性、时效性，就是抓住了这个根本。要确保立法反映党和国家事业发展要求、体现社会主义核心价值观、回应人民群众关切期待，完善中国特色社会主义法律体系，从而实现"良法"与"善治"的交互促进，为权力的设定运行提供有效的法律制度保障。

扎实推进依法行政，以严格执法规范权力激湍的"恣意横流"。法律的生命力在于实施，法律的权威也在于实施。执法是行政机关履行政府职能的主要方式，是对权力的直接行使和外在彰显，直接关系到人民群众的幸福感与获得感。法治政府建设是全面依法治国的重点任务和主体工程，依法行政是法治政府建设的关键。要全面推进严格规范公正文明执法，持续优化政府职责体系和组织结构，加大关系群众切身利益的重点领域执法力度，完善行政执法程序，建立权责统一、权威高效的依法行政体制，不断减少权力寻租空间，让权力在法治的轨道上运行，确保权力激湍始终在法治堤坝的约束下造福于民。

严格公正司法，以公平高效权威的司法制度守护法治堤坝的"坚实底线"。司法具有定分止争、防错纠偏的制度功能，公正司法是维护社会公平正义的最后一道防线。公正司法事关人民群众的切身利益，能够弥合"公权力"与"私权利"之间的规范张力与实践冲突，从而对权力运行形成一定程度的监督制约。习近平总书记深刻指出，"司法体制改革是政治体制改革的重要组成部分，对推进国家治理体系和治理能力现代化具有十分重要的意义"[①]。进一步促进司法公正，加快建设公正高效权威的社会主义司法制度，努力让人民群众在每一个司法案件中感受到公平正义，是让权力风平浪静、安守于界的最后一道防线。

---

① 《习近平在中央政法工作会议上强调 坚持严格执法公正司法深化改革 促进社会公平正义保障人民安居乐业》《人民日报》2014 年 1 月 9 日。

　　加快建设法治社会，以全民守法牢牢构筑法治堤坝的"根基底色"。法治社会是构筑法治国家的基础，法治社会建设越深入，权力的滥用也就越困难，权力的"任性"也就越容易受到抵制。全民守法作为法治社会的基础工程，要求培育全社会法治信仰、提升公民法治素养，将法治意识、规则意识浸润人心，让法治成为社会共识和基本准则，让法治思维和法治方式成为常态化思维方式。建设信仰法治、公平正义、保障权利、守法诚信、充满活力、和谐有序的社会主义法治社会，必须弘扬社会主义法治精神，传承中华优秀传统法律文化，引导全体人民做社会主义法治的忠实崇尚者、自觉遵守者、坚定捍卫者，从而筑牢社会根基、浸润法治底色、护航长远发展。

（李勇、王纳：《学习时报》2023 年 3 月 15 日）

6

从征服自然到征服自己

人类社会经历了从征服自然到征服自己的历史过程。在这个历史过程中，宪法发挥了至关重要的作用。宪法是人类在理性认知基础上防止悲剧重演的伟大发明，是人类对社会规律的伟大发现，是人类运用科学的制度来征服自己的宣言书。

天下原本无宪法，就如同没有电脑、手机、网络一样。宪法同这些"东西"一样，是人类的一项"发明"。我们知道，奴隶由于不对自己负责，以主人的思想作为自己的思想，因此创造性很差、责任感不强、安全感缺失。宪法使人回归成为"人"后，越来越多的"人"的能动性被调动起来，人类的生产力被史无前例地提升。如果说，电脑、手机、网络是人类的伟大发明，那么宪法就是这些人类伟大发明中最伟大的发明。它是人类文明的集大成者，是人类文明的传播者，也是人类文明的维护者。

一种发明能够流传久远，是因其内在的合理性与科学性，以及对人性的感知和人性的需要。从这个意义上讲，宪法又是人类对自身、对社会的最伟大的"发现"。

各国宪法的发展代表了人类社会关于权力与权利、权力与权力、权利与权利、权利与义务等关系的思考，依托宪法而形成的意识是人的一种独立自主、权利保护、防范权力滥用的意志。它促成了人类历史的大发展。权利平等、人有尊严、生而有依、病而有靠、老而有养、少而有教，这与封建国家负责收税维护国家政权，人被看作工具，无用则弃有很大不同。这是现代文明，宪法把这些文明固定下来。

现代国家都十分重视宪法，很多国家都有国家宪法日。学习宪法，在中国已成为热潮。今天，除了宪法日，日常我们也在学习宪法，这是对文明的尊重，也是对自我的尊重。

宪法绝不仅仅是那几十或几百个条文，今天我们看到的宪法也不是一蹴而就的。因此，我们编写《大国治理的法治基石：宪法素养提升十讲》一书，希望读者们更重视宪法演进逻辑中的原理，我选取有代表性、有启示、有趣味的内容展现给大家，介绍一些与宪法的产生密切相关的、对大家思想有启发的经典名著，语言内容也尽量生动活泼，使大家短时间里就能了解宪法思想史。

不同于历史上政权管理国家的状态，在我们期待的美好的宪法之治里，政府将人民的利益视为自己的利益，公民充满人性的关爱，深刻理解历史教训，以理性务实为主。从历史上看，宪法之治绝非易事，是个"奢侈品"。有人甚至说，使一个民族产生以往所没有的知识与独立思考的能力，远比让其理解阴谋且津津乐道困难得多。而能否把这个"奢侈品"转化为老百姓的日用品，使"高深的学问"成为我们日常的谈资，既不自卑也不自大地聊起政治、法治的议题，是这本书努力的方向。强力终不能战胜公理，唯有坚持此信念，社会才能良性发展。

人类史上涌现出很多伟大的政治家、思想家，以及伟大的书籍和深邃的思想，他们（它们）如同一颗颗耀眼的明星，照亮着人类前行的道路。但却没有一位"英雄"像宪法一样如此广泛而深刻地影响世界文明和人类进步。从这个意义上讲，"天不生宪法，万古如长夜"。

（文章为《大国治理的法治基石：宪法素养提升十讲》
序言节选，《法治日报》2022 年 11 月 30 日）

7
建立行效可行的宪法实施监督机制

2012年12月4日，习近平总书记在首都各界纪念现行宪法公布施行30周年大会上的讲话中强调，"全面贯彻实施宪法，是建设社会主义法治国家的首要任务和基础性工作。宪法的生命在于实施，宪法的权威也在于实施。我们要坚持不懈抓好宪法实施工作，把全面贯彻实施宪法提高到一个新水平。"[1] 同时，他也指出，"当前保证宪法实施的监督机制和具体制度还不健全，全国人大及其常委会和国家有关监督机关要担负起宪法和法律监督职责，加强对宪法和法律实施情况的监督检查，健全监督机制和程序，坚决纠正违宪违法行为。地方各级人大及其常委会要依法行使职权，保证宪法和法律在本行政区域内得到遵守和执行。"[2]

纵观世界各国，宪法实施的监督机制根据其审查主体的不同，可以分为以下三种。

一是国会（议会）违宪审查制，是指由国会（议会）自己行使违宪审查权。这种违宪审查制按照是否有明确的法律规定又可分为两类。一类是默式的国会（议会）违宪审查，即立法机关在立法之前已被认为经过立法机关自身的默式审查。这主要是指英国。另一类是明式的国会（议会）违宪审查，即用明式的方式规定议会有权进行违宪审查。主要有厄瓜多尔、葡萄牙及原东德等国家。这些国家一般都在议会内部设置专门的委员会，依据一定的程度代表议会

---

[1] 习近平:《在首都各界纪念现行宪法公布施行30周年大会上的讲话》,新华网,2012年12月4日。
[2] 习近平:《在首都各界纪念现行宪法公布施行30周年大会上的讲话》,新华网,2012年12月4日。

行使违宪审查之权。另外，瑞典对宪法委员会负责的监察专员也在此列。

二是普通法院违宪审查制，它是由普通法院行使违宪审查权。按照法院是否可以主动对法律合宪予以审查又分为两类。一类是法院无权主动审查法律是否合宪，必须与具体的诉讼案件相结合，特点是法院或法官不能在脱离具体的案件或诉讼情况下自己主动审查法律行为是否违宪，以美国、日本为代表；另一类是不必与具体诉讼案件相结合，法院可以主动进行抽象审查，如哥伦比亚、巴拿马等一些拉美国家。

三是欧洲式的专门机构审查。按照审查机构的性质也可分为两类。一类是宪法法院违宪审查制，属司法性质，它通过设置独立于普通法院之外的宪法法院行使违宪审查权。其代表国家有意大利、德国等；另一类是特别委员会违宪审查制，即在国会（议会）和法院等国家机关外设置一个既非司法性质也非行政性质的宪法委员会或者宪法审查委员会，行使违宪审查权，其中尤以法国为代表。

作为后发国家，建立符合中国国情的宪法监督制度具有得天独厚的优势。现在看来，国会内部的审查机制以及法国式的宪法委员会效果不佳，而以中立的司法判断的方式效果较好。同时，我国实行的是人民代表大会制度，人民通过全国人民代表大会来行使自己管理国家和社会事务的权力。全国人民代表大会是最高国家权力机关，其他国家机关由它产生，受它监督，对它负责。由其制定宪法及其他基本法律，国家机关由其选举产生并对其负责，对其制定的宪法和基本法律只能无条件遵守。就立法机关所立之法，在我国的现行体制下，只有立法机关自己能够监督。因此，根据我国现行体制，可以在全国人大常委会下设一个专门的违宪审查委员会来对各级立法机关的立法予以监督，专司全国各级人大及其常委会的立法是否违宪的审查。

设立一个专门的委员会，是为了实现违宪审查的专业化，避免"谁都管又谁都不管"的弊端。这样既可保障国家权力的统一，又不至于使违宪审查权因无专门机构而流于形式。若给予各级人大该项权力，又过多地使各级人大自己监督自己，不利于违宪审查的完成。在人大常委会下设这一委员会，是考虑到我国的人民代表大会制度和一贯的政治传统。由于是下级监管上级，所起到的实际作用可能不大，但它还是会起到很重要的威慑作用。正如英国有学者评价他们的立法审查机构——联合委员会时说的那样："联合委员会本身，就会阻止法定文件失误的发生，其数量要比它检查出的失误还要多。"我国宪法①第六十七条第八款规定，全国人大常委会有权"撤销省、自治区、直辖市国家权力机关制定的同宪法、法律和行政法规相抵触的地方性法规和决议"。设立这一专门委员会就意味着人大常委会将宪法规定的对法规的违宪审查权交由其下属的专门委员会来管辖，这样的设计并不违反宪法和我国的体制。

另外，由于立法机关的立法在现代社会占整个法律体系的少数，并且立法机关的立法较行政机关的职权立法和授权立法要慎重得多，所以这一委员会完全有能力完成这一任务。

为了最大限度避免英国模式的弊端，最大限度地发挥专门委员会的作用，这一委员会的成员不能像英国那样由议员担任，可以借鉴法、俄的经验。关于这一委员会的人员组成，既考虑到对立法机关违宪审查政治性的一面，又考虑到法律性的一面。因此，其委员会的成员由一定数量的奇数人员组成。宪法委员会是全国人大下设的具有独立性的违宪审查机构。可以考虑宪法委员会由9名声望较高的法律专家和政治家组成，其不得担任其他职务。由国家主席推荐，由全国人大任命。在此期间不得随意更换，可以连选连任。这就给予了该委员会一定程度的程序保障，保证了成员的独立性不受任命机关的制约。

行政机关立法行为及其他行政行为，是现代社会数量最多、最可能侵犯公民权利的行为，对他们的审查可由法院内的行政庭来完成。行政部门基于议会授权而制定法规、规章的行为，性质上属于行政行为，由法院管辖并不会与我国的体制产生悖论。具体管辖可根据地域管辖原则和级别管辖原则。即一般来讲，由做出行政行为（包括行政立法行为）的行政机关所在地的中级人民法院初审，高级人民法院复审；对本辖区内重大复杂的案件由高级人民法院初审，最高人民法院复审；全国范围内重大复杂的案件由最高人民法院

---

① 此处宪法指2004年宪法，本文下同。

初审并一审终审。此外，根据行政机关的不同级别，由与该行政机关所对应的司法机关初审管辖。

这两个原则并不矛盾，前一个原则是一般原则，后一个原则是特殊原则，在适用时，特殊原则优于一般原则。根据我国的体制及权力分工的原则，人民法院只能进行事后的审查，而不能进行事先的审查干涉立法、行政活动。

由中级以上人民法院行政庭进行违宪审查，是考虑到就我国法院现状来说，中级以上人民法院法官素质较基层法院高，而行政庭在审理行政诉讼案件中积累了一定的经验。如果法院在审理过程中，涉及权力机关违宪的，移送同级人大常委会，由同级人大常委会移送至违宪审查的专门委员会，也可直接移送至该委员会。鉴于这一审查的公法性质以及避免与行政诉讼重叠，可将违宪审查与对行政机关的具体行政行为以及必将建立的对抽象行政行为的司法审查结合起来，统一由法院的行政庭来完成。这样做的优势是，避免了有些案件从行政诉讼角度就可以解决而当事人却求助违宪审查的弊端。

法院对行政机关行为的违宪审查，既有利于早日实现法院对行政法规、规章的司法审查，也有利于树立司法权威。此外，基于我国宪法第六十七条第七款规定，全国人大常委会有权"撤销国务院制定的同宪法、法律相抵触的行政法规、决定和命令"，全国人大常委会和违宪审查的专门委员会根据宪法对国务院制定的行政法规有当然的监督权。但是根据我国的现行体制，司法机关对行政机关制定法规的制约权显然没有制度障碍，因此对国务院行政法规的违宪审查可由违宪审查委员会和最高人民法院共同完成。具体分工可以由专门委员会对有关国家最为重要且涉及人大的固有职权，如财政权等进行审查，其他皆由司法机关来审查。

这种双重的违宪审查模式，旨在遵循我国体制的基础上，既保证权力机关违宪审查职能的行使，又合理发挥法院的功能；既符合我国体制的要求，又具有前瞻性，有利于我国宪治体制的进一步良性发展。实行这种违宪审查制度具有如下优点：

第一，更符合我国体制。从我国的体制上看，全国人民代表大会是国家的最高权力机关，行政机关和司法机关都由人民代表大会产生，处于同一权力位阶。因此，司法机关完全可以监督行政机关而不产生体制上的悖论。而且在现代社会，对公民产生较大影响的更多是为数众多的行政立法及其他行政行为，由司法机关监督行政机关的行政立法及其他行政行为不会产生逻辑上的悖论。我国对立法的审查借鉴了英国的经验，全国人大及其常委会自身任务繁重，可以在常委会中设置一个委员会协助议会审查。虽然这样做有"自己做自己的法官"的弊端，但是这样做变动最小，而且在理论上和实践中都可行，并为以后进一步设计作了准备。

第二，更适合我国国情。由权力机关和司法机关同时承担违宪审查职能，为人民群众对违宪案件的检举、控告提供了便利条件，可方便广大群众行使监督权。另外，我国作为一个拥有 13.5 亿人口（国家统计局《2012 年国民经济和社会发展统计公报》）的泱泱大国，仅凭一两个机关来对违宪案件进行审查肯定是远远不够的，这个问题通过我国已经建立的比较完善的各级人民法院就可以解决。

第三，从现实操作性上看，由行政庭直接进行违宪审查改动较小，需要做的只是通过学历、经验等要求提高中级以上人民法院行政庭法官的素质，有利于立法机关与行政机关分工明确。法官是专事法律的人员，法院系统已经形成了比较固定和完善的程序，法院显然比其他执法机构更公正和有权威，更便于公民对违宪的行为提起诉讼，保护公民的权利。此外，在现代国家，法律、法规占一国法律体系的绝大部分，行政权也是最可能侵犯公民权利的权力，这样的设计最大限度地避免了"自己做自己的法官"，并对行政立法和其他行政行为的监督专业化了，这对于我国树立宪法权威有着极其重要的意义。

第四，一种制度设计不仅要着眼于当前，还需要具有前瞻性。这种设计对于提高我国司法权的地位，树立司法权威，以便实现国家权力渐趋平衡，从而使国家政权更加稳固，并促进民众宪法意识的提高，都有着深远的影响和重要的意义。

（《学习时报》2013 年 1 月 21 日）

8

培养青铜，还是培养王者？

——五个关键的教育密码

本文是在德国访学的最后一篇小文章，时值六一儿童节，尝试管窥这个不到 8000 万人口的"小国"的幼小教育如何使之成为一个创造性的大国。概括起来有以下五点体会。

一、不注重灌输知识，侧重培养理性判断能力

理性的判断是一个国家和平发展的基石，是一个国家进入文明社会的必要条件。

德国的教学内容，较我国国内略显简单，学数学不强求速度，语文课也有诗歌等内容，但要求背诵的知识不多。有的课程，老师只是讲故事，师生互动，可以听到不同的声音。德国的幼儿园和小学教育，鼓励独立思考和勇敢表达，充分尊重孩子，老师更多的是组织者、引导者，让孩子们对事物作出自己的判断。

课业负担很轻，培养孩子自由而自律。课堂上孩子们可立可行，可坐可卧，显然更加活跃，眼神中透露出轻松自信的表情，但不许随便说话影响他人。

为保障学生自由展现个性，加之受二战的影响，大部分学校对学生着装都没有统一的要求。

可以预见的是，背诵不会也不应成为未来生活工作的主要需要。反观我国古代教育，以背诵为主的科考，从内容到形式都不鼓励创新，承载着明显

的"政治"重任。

当然，那时还难以意识到人类的现代化进程，没有感受到国际竞争的压力，科举考试是不公平社会里相对公平的竞争。

毫无疑问，背诵是"命令—服从"教育模式的重要学习方式，使应试者产生依赖，既包括思想上的也包括心理上的。这里，不是反对背诵，而是应当鼓励基于个人兴趣，有选择性地背诵。

扪心自问，当年我们喜欢的诗句，许多并非出自语文课本，但今天仍然能读之朗朗上口，背诵激情澎湃；而那些没弄明白的或理解不了的，还有多少能留在记忆里？

二、思想教育由虚向实，更强调的是常识和规则

德国的幼儿不学太多课程，以玩为主，培养动手能力、学习交通规则、学习垃圾分类、学习大自然、爱护大自然等。这些规则意识的培养对成年人也是一种教育。

老师领孩子们实践操作过马路，孩子们小脑袋晃来晃去的样子实在可爱。孩子们能够在学习中切实感受自由和不能侵害他人的自由。在道德上更多的是培养孩子们对他人的尊重，敢于认清自我，诚实守信。

德国的小学老师与小学生平等相待，相互尊重。在常识教育之下，道德没有被拔高，大家既能维护自身权益，也有帮助其他人的热情。

我们生活中有很多人，有的"只扫自家门前雪"，有的"还要把自家的雪堆到别人家的大门口"。比如，遛狗只管自家狗是否"自由"，不顾别人是否安全；在公园里唱歌只管自己是否唱得舒心，不管别人是否听得快乐。归根到底，是以自我为中心，不懂得自由的真实含义，不明白自由是不能侵害别人的利益，而这些道理都是从小就应该培养的。

此外，社会主义核心价值观里的"民主"本身就是最好的爱国主义教育，基于人的本性，自己是国家的主人，哪能不爱自己的国家。

德国幼儿园和小学的课外活动更多的是以孩子们喜闻乐见的形式，通过

参观、实践学习掌握生活中的常识。比如，观察小鸡是如何孵出来的，参观大学的实验室，看看生活中的物理现象等，通常参与性比较强。实践课上，老师带领孩子们远足，住在郊外。偶遇的松鼠、奇特的虫子、野外生存技巧等，让孩子们切身感知大自然、热爱大自然、敬畏大自然。

这些课外活动，成年人都觉得新奇有趣，何况孩子呢？

德国的"课外课"不依靠"考家长"，孩子自己就能完成，也没有应付"上面"检查评比的意思，孩子和家长都轻松。

三、更加重视身体素质的提高

德国幼儿园和小学的体育课，把锻炼身体和娱乐结合起来，无论是上肢还是下肢运动，都很有趣，都是某种形式的娱乐或者有趣的活动，而不是简单的、古板的跑步做操。

孩子们每天都有很多室外活动时间。不管刮风下雨，老师都鼓励孩子们出来玩。

每个孩子都有雨衣、雨裤、雨鞋，小雨中，孩子们照常摸爬滚打。这里要说明的是，保险制度很重要，之所以敢于放手让孩子们玩，不担心磕着碰着，是因为保险制度完善，有问题可以找保险公司解决。

四、对孩子的关爱是全社会性的

只要你带学龄儿童来德国并注册了，无论你是公民还是难民，无论是长期居住还是短期逗留，都能收到附近学校的邀请信，让学龄儿童到该校就读，如果不去，他们就会起诉孩子的监护人。保证每个学龄孩子接受教育是政府的基本责任。

最近，北京已经开始不再根据孩子在居住地是否有产权房来确定就读学校，这是个好的开端。

在德国，没有那么多高楼大厦，甚至在我们常讲的"硬件"上，似乎还比不上一些欠发达国家，但社区每隔几百米，就有一处搭建的儿童游乐设施。

能感受到整个社会和政府对孩子的爱，而不是只有家长对自己孩子的爱。

五、老师与家长、老师与学生间平等相处，勇于接受批评

老师尊重学生的想法，即便有学生直接对老师说"我不喜欢你"，老师也很淡定地说"谢谢"。家长会上，家长们敢于提批评意见，表达不满，指出问题，老师或解答或记录，很淡定。

我曾亲眼见过，家长们对于 200 多欧元的学校公共基金用于基础建设一事因语焉不详而要求公开详情。

德国立法规定，过节不能送贵重礼物，所以人们只买几欧元的礼品。大多情况下，家长们用班费一起给老师买件礼物，既表明心里有老师，又防止老师因礼物大小而歧视孩子或涉嫌受贿。在这种环境下，学校、老师、家长和学生心都不累。

当然，最终能够培养出什么样的人才，不仅仅是学校的事情，考评标准是指挥棒。如果考试题侧重记忆性的知识，那么学生就会选择背诵、记忆、机械学习。

整个社会环境如果仍然是白领、金领、官员与一般劳动者在人格、收入上有明显的区分，那么这根指挥棒就无法让老师、家长和学生三方平等相处。在德国蓝领与其他人在收入上没有过大差距，在人格上更是平等。我看到孩子们互相交流的小本上记录他们自己的理想，几乎没有孩子打算未来当科学家、政治家，更多的孩子愿意当厨师、机械师、工程人员等。

根据"中国制造 2025"规划，预计到 2025 年，中国将从"制造大国"变身为"制造强国"。

习近平总书记指出："成为世界科技强国，成为世界主要科学中心和创新高地，必须拥有一批世界一流科研机构、研究型大学、创新型企业，能够持续涌现一批重大原创性科学成果。"[①] 这既需要我们这代中国人的努力，更

---

① 习近平：《为建设世界科技强国而奋斗——在全国科技创新大会、两院院士大会、中国科协第九次全国代表大会上的讲话》，新华网，2016 年 5 月 31 日。

需要我们重视对下一代的培养。

如何教育中国的下一代，人们可能答案不一。但实现向创新驱动转换这个目标，需要创新型人才应该是个共识。中国是世界第一人口大国，这么大的人口基数，理应产生更多创造性成果。如何发挥这一得天独厚的优势，完成教育的现代化转型，是摆在当代人面前的一项重大课题，而这件事做起来可能功不在当代，但利一定在千秋。

从历史纵向来看，我们今天的教育与我儿时教育中对学生的体罚以及对孩子的不尊重相比，确实有了很大的进步；与中国历史上八股取士、文字狱相比，进步更加明显。

横向对比世界其他国家，我们在教育上做了很多建设性工作，有很多可圈可点之处，不过也存在一些差距。

未来的中国，如何把握住人口优势，使人才符合社会发展的需要？

我认为，应该通过幼儿园和小学教育，使孩子有一定的现代科学知识，有理想、有个性、爱自由、负责任，身心健康，通过中学教育和高等教育，乃至社会锻炼，成为国家和社会的有用人才。

"盖有非常之功，必待非常之人。"如果人们合理合法的兴趣爱好能够不被"压力"所泯灭，能够依法依规得到精心呵护，就一定能培育出更多的创新型人才。

9

何为公正？

——一节法治实验课

在调研道德与法治课程时，一些讲授者仍是旨在告诉同学们如何应对考试。比如当问及如何"关爱他人"时，标准答案如下："第一，要树立道德与法治意识……。"这样的做法既不能激发人性中的潜质，也无法真正培养未来所需要的社会责任感，并非"道德与法治"课真正的宗旨和意图。听完课之后，我想设计一节课，尝试激发出人性对道德与法治的需求。

公正是社会主义核心价值观的重要内容，也是现代法治的灵魂和生命线。其实公正是个很难界定的概念。不容易定义是否就意味着极大的不确定性？若果真如此，法治将建立在沙土之上。

基于以上考虑，我设计了这样一节课。

我选择了初中二年级的学生来上这节课。为了克服拘谨，先与同学们做了一分钟的微运动。

我们并未给出任何关于公正的定义与例子，而是让同学们在一定时间内（用时 20 分钟）通过提问或采访其他同学的方式，收集信息，形成、强化自身对公正的直接或间接认识，并列举出 1—3 条关于公正的社会现象和 1—2 条关于不公正的社会现象。我们请每位同学讲述自己认为的公正与不公正的现象（第二次课 6 人一组，1 个组员代表全组发言，效果更好），讲述的同学发言结束后，通过现场掌声的热烈程度以及老师的意见可收到 1—5 张卡片。课程结束后，同学们可以拿着这些卡片兑换小礼物（铅笔或者笔记本）。

关于何为公正，同学们回答较多的有：不偏袒他人；付出与回报成正比；执法中一视同仁（如交警执法、对考试作弊的处理等）……关于何种情况为不公正，多数回答集中在不平等（如不该因性别、种族、肤色、残疾、艾滋病等造成不平等，不该因是老师家的孩子待遇不一样）；家长批评时应当就事论事，不该扯到别的事情；不该抄袭别人的漫画；不该插队……

其间，有学生提出来几个问题，其他学生提出了质疑，我觉得很有趣，也让同学们加以讨论。如：

（1）有的同学提出，根本没有公正。

绝大多数学生认为公正感是存在的。从大同小异的关于公正的回答中，我们可以得出，公正还是根植在人类的认知能力中的。这个实验做完后，该同学也同意了大家的看法。

（2）有的同学提出，律师为罪犯（犯罪嫌疑人）辩护是不公正的。

一些同学提出了不同的意见，犯罪嫌疑人也可能没犯罪或者也有他的理由，有权利请律师为他做辩护。在这个环节的举手表决中，多数人认为律师辩护不属于不公正。公开场合下的异见不断地促进了同学们对真理的讨论与认知，经过热烈的讨论后，个别偏激的看法逐渐趋向理性。

讨论结束以后，我设计了两个实验，以此探究同学们对公正的认知及制度纠偏的可行性。

第一个实验：针对同学们手中现有的卡片，有一次再分配的机会，有如下四种选择：A. 平均分配；B. 维持现状；C. 把数量多的与数量少的互换；D. 全部还给老师。请大家举手表决，绝大多数（95% 以上）同学选择"B. 维持现状"，个别同学选择"A. 平均分配"。

第二个实验：我拿出另外一套不同卡片，请同学随意给大家发放 1—5 张卡片，把上述四个选择再向同学们询问一遍。85% 以上同学选择"A. 平均分配"，少数同学（得到的比较多）选择"B. 维持原状"，个别同学选择 C。

通过这个实验，可以初步得出以下结论：

（1）虽说公正是"普罗透斯"的脸，但在同学们的话语中没那么复杂，人的本性中拥有对公正的理解，或者说公正本来就是人性的需求。这种认知能力，在孩童时期就已经拥有。正是这种能力，使得人们自发地遵循一些维系社会秩序的基本规则。

（2）从孩子们的视角来看，他们不认同非基于个人能力获得的财富。相反，能够认同依靠自身的能力获得的财富或收益。程序公正对实体公正的实现具有一定的作用，特别是民主制度。

社会的发展离不开公正，一方面，公正是个人生存和发展的重要保障。另一方面，公正也是社会稳定和进步的重要基础。这堂公开的讨论课，帮助我们探知了孩子们眼中的公正，孩子们也通过自己的探索感知了什么是公正及如何实现公正。此外，通过公开讨论，孩子们走出了自己的信息孤岛，学会相互合作、交流表达、审慎对待异见、理智从众、避免极端……

课后，学生可拿着第一轮获得的卡片兑换相应数量的礼物，第二轮卡片无论多少，每人仅可得到一件礼物。（特别感谢漳州市一中、漳州市康桥中学的支持。）

第六章

学术随笔·经典漫谈

——与法治文化经典同行

　　上学时，读过不少自己专业领域的书，受益匪浅。工作后，发现生活的世界不仅限于一个专业、一个领域，因此和很多朋友一样，出差经常会带一本"闲"书来读。从2016年以来，经常用较为简短的文字写点读后感发表在微信朋友圈，很多朋友点赞和讨论，有时还被"催更"。读书过程中，也碰到一些信息罗列、牵强附会、先入为主、没有基本价值观念的书，读后百爪挠心。为此，我将曾经受媒体之邀对十部经典著作的读后感以及读过之后觉得有收获的书籍分为两部分：法治文化经典导读和读书札记，一并拿出来和大家分享。既然是读后感，其内容未必准确，但确实也凝结了我的价值观念和对现实问题的关心。如果读者有兴趣，还可以当个导引再拿原著来读。

法治文化经典导读

　　法治建设不在于制定了多少严密的法律条文，而在于如何把法治精神根植于每个人的心中，成为一种习惯和自觉，构筑起一种法治文化。法治的实现不是简单的制度主义，而是好的法律能够得到普遍的实施。因此，法治文化才是法治的灵魂。社会科学的划分有很强的主观性，我们在这里选取了对法治精神乃至法治文化的反思、构建发挥重要作用的思想家的思想，内容涉及政治、经济、历史、伦理、法律、文学等很多方面。我们认为堪称为经典著作的，需要符合以下几个条件：（1）年代不要太久远，虽然古代还有很多知识火花，但毕竟今天人们的思想在这些知识性基础上已经有了突破性的提升；（2）不能太现代，毕竟很多貌似正确的思考还需要时间来检验；（3）对时代的进步有明显的影响力，特别是推动了中外现代社会转型的完成。所以在浩如烟海的经典书籍中我们选取了马基雅维利的《君主论》、洛克的《政府论》、伏尔泰的《论宽容》、卢梭的《社会契约论》、马克思与恩格斯的《共产党宣言》、密尔的《论自由》、德沃金的《认真对待权利》、罗尔斯的《正义论》、鲁迅的《阿Q正传》、瞿同祖的《中国法律与中国社会》来探讨法治而非人治、宽容、政治经济平等、自由、权利、正义对现代社会的重要意义，以及社会契约、宪法的产生与发展，群体意识、群体习惯的形成及矫正等。我们主要讨论这十本书，但也会涉及与此相关的其他书籍。这十本书都是很薄的小册子。我们发现，人类思想的载体并不一定需要很厚重，希冀我的读书分享能够对读者朋友有所裨益。

1

法治而非人治

——［意］马基雅维利《君主论》

今天的社会，"法律面前人人平等""任何人都没有超越宪法和法律的特权"……这些耳熟能详的法治原则，并非人类社会的共识，至少在奴隶社会、封建社会并非如此。人类社会大致经历了从"王即是法"到"王在法下"的发展过程。这种变迁与如何认识"君主"、为什么现代社会治理的基本模式是法律之治而非人治关系密切。

法治模式并不是排除人的治理，而是要求任何人都要在合理的制度框架下治理国家。意大利政治家、思想家马基雅维利创作的政治学著作《君主论》让我们清晰地看到了人治模式的弊端。虽然这本书是教如何当好君主，但与历史上告诉君主要当个好人不同，它向老百姓展现了一个真实的君主，被评为对世界影响最大的十本书之一。

《君主论》于 1532 年首次出版。这本书讲的是如何做好君主，君主怎样才能维持一个强有力的政府，教导君主应该如何进行统治，甚至教他们如何生活。这本书与以往教导君王要有高尚的道德品质和"宋襄公式的迂腐"不同，它直接从人性出发，告诉君主如何把权力牢牢抓在自己的手里。当然，也向我们展示了人治社会君主的权力是如何行使的。

在马基雅维利看来，人性本身并不可靠，即世界上充满盲从和易变之人。"关于人类，一般可以这样说：他们是忘恩负义、容易变心的，是伪装者、冒牌货，是逃避危难，追逐利益的。当你对他们有好处的时候，他们是整个儿属于你的。当需要还很遥远的时候，他们表示愿意为你流血，奉献自己的财产、性命和自己的子女，可是到了这种需要即将来临的时候，他们就背弃你了。"遇到臣民的变心和背叛行为，马基雅维利告诫君主不是只做个好人，"君主必须是一只狐狸，以便认识陷阱；同时又必须是一头狮子，以便使豺狼惊骇"。当然，他也认为，一个被贵族所支持和推选的君主远没有一个受人民支持的君主来得安全可靠；一定不能让人民憎恨，否则再多的堡垒都是没用的。

如果君主被人认为变化无常、浅薄轻率、软弱胆怯、优柔寡断，就会被轻视。为了避免自己由于偏袒人民而受到贵族的责难，同时为了避免自己由于偏袒贵族而受到人民的非议，君主建立了中立的裁判机关，这个裁判机关可以弹劾贵族，维护平民利益，同时又不需要君主承担责任。

在《君主论》中，马基雅维利提出了很多细节性的策略，如：君主必须把承担责任的事情让他人办理，而把施恩的事情交由自己掌管。关于君主如何选用贤明的大臣，马基雅维利提出，他的标准是看他们处事第一考虑的利益是自己还是国家。为了保证大臣对君主忠贞不渝，君主也必须经常为大臣着想，尊重他，使他享有富贵并感恩戴德，让他分担职责，分享荣誉。使他知道假如没有君主，他就无法立足。因此，给他荣誉，使他别无所求；给他财富，使他不再贪婪；给他重任，使他因害怕被撤换而尽心尽力。一旦大家敢于对君主讲真话，他们对君主的尊敬就会减少。所以，明智的君主应该选择第三种方法，在他的国家里选拔一批有识之士，让他们单独享有对他讲真话的权利，但这也只限于他所询问的事情，而不包括其他任何事情。另外，对于他不愿意征询意见的那些事情，他应该做到使每一个人都没有勇气提出意见。但是，他又应该经常征询别人的意见，而且对于一切他征询意见的事情，他必须是一位倾听真话的耐心聆听者。假如他得知别人无论出于什么原因，不把真话告诉他时，他就应该表现得勃然大怒。

关于君主如何对待美德，马基雅维利得出结论：作为君主，在守信有好处时应当守信，否则可以不讲信义。但是必须善于把这种性格隐藏好，必须习惯于冒充善者，做口是心非的伪君子。人们的头脑都是很简单的。他还列举了历史上的一些君主。简言之，君主虽然不必真正拥有这些美德和好的品质，但必须在外表上展现出这些品质。还提出，勇猛比小心谨慎好。

对于被征服的不同体制的国家和地区，要区别对待。马基雅维利提出，被征服的地区如果习惯于在它们以前的法律之下自由地生活，那么想要统治这种国家就会比较困难，可以采取三种办法：一是把它们消灭，二是亲自驻节在那里，三是允许他们在以前的法律下生活，同时在那个国家扶植一个傀儡政府。任何人一旦成为一个城市的主人——这个城市原来是习惯于自由生活的——他却不把这个城市消灭，就是坐以待毙。因为这个城市在叛乱的时候，总是借助于自由的名义和它的古老秩序。这两者无论是经过岁月的洗礼还是新统治者的施恩投惠，都不能够使人们遗忘。如果一些城市或者地区习惯于在君主统治下生活，一旦君主的家族被消灭，那么，一方面他们已经习惯于服从，另一方面由于没有昔日的君主可以服从，所以他们既不能够统一意见重新确立一个君主，又不知道在失去君主以后怎样自由地生活。因此，他们就不会轻易起来反抗，从而使新当权者能够轻而易举地获取君主地位。如果被征服的国家和地区实行共和制，就会遇到顽强的抵抗和深刻的复仇意愿。人们怀念过去的自由，无法平静下来。因此，最好的办法只能是把它们消灭掉，或者亲自在那里管理，从而第一时间了解当地人的所思所想。

早期教导君王为善，君王的做法往往与马基雅维利所说相同。无独有偶，比马基雅维利晚了一百年的中国的黄宗羲在《明夷待访录》中提出："为人君者，以为天下利害之权皆出于我，我以天下之利尽归于己，以天下之害尽归于人，亦无不可；使天下之人不敢自私，不敢自利，以我之大私为天下之大公。"中国古代社会，利益如何分配不是由老百姓决定而是由皇帝作主，功绩是皇帝自己的，恶果是别人的。皇帝的最大利益成为社会的最大公益。为天下之大害者，君而已矣。

今天看来，《君主论》卸下了政治家和统治者们戴的面具，因为他们总是试图掩盖他们真正的目的。本书影响了法国大革命前后欧洲专制时代的政治行为，终结了中世纪和天主教会的绝对政治权力，是一本变革之作。事实上，《君主论》一出版，教会就立即对这本著作予以谴责。马克思曾经高度赞誉马基雅维利"已经用人的眼光来观察国家了，他们都是从理性和经验中而不是从神学中引出国家的自然规律"。马基雅维利被恩格斯誉为"第一位值得一提的近代军事著作家"。

正如后世有学者所评价的那样，在所有那些被认为可能建设一个国家的人们中，马基雅维利是一个无与伦比的伟大人物，他的观察广泛而精确，既不想自欺也不想欺人。卢梭说得好，马基雅维利自称是在给君主讲课，其实他是在给人民讲大课。

依法治国，建设社会主义法治国家，已经成为我国的基本治国方略，是国家治理体系和治理能力现代化的重要依托。习近平总书记在系统回顾了我们党对依法治国问题的认识历程后，曾深刻指出："经验和教训使我们党深刻认识到，法治是治国理政不可或缺的重要手段。"[1] "法治和人治问题是人类政治文明史上的一个基本问题，也是各国在实现现代化过程中必须面对和解决的一个重大问题。综观世界近现代史，凡是顺利实现现代化的国家，没有一个不是较好解决了法治和人治问题的。"[2] 今天，我们选择法治，而不是人治，不是君主之治，是社会长治久安之计。

如果说在现代社会，人们还被统治，那么统治他们的不是别人，而是自己。

---

[1] 中共中央宣传部：《习近平总书记系列重要讲话读本（2016年版）》，学习出版社、人民出版社2016年版，第86页。

[2] 中共中央文献研究室：《习近平关于协调推进"四个全面"战略布局论述摘编》，中央文献出版社2015年版，第99—100页。

2

政府的功能与宪法的产生

—— [英] 约翰·洛克《政府论》

伟大的思想家往往生于乱世，对现实的观察往往是思想的本源。17世纪，约翰·洛克生活的时代，英国资产阶级革命在经历了近半个世纪阶级力量的反复较量及政权更替后，终以封建贵族的妥协而走向资本主义。伴随着政治、经济和军事领域内激烈斗争的是思想理论界长久的分歧。王权究竟在什么地位？个人权利的起源亟待论证等，《政府论》几乎是这一论战的缩影。

洛克在《政府论》一书中所倡导的理念，对整个人类世界产生了巨大的影响。伏尔泰、孟德斯鸠、卢梭、杰弗逊等许多政治思想家和革命家从《政府论》中吸取思想营养，《政府论》在实践中也发挥了巨大的作用。美国《独立宣言》、法国《人权宣言》等重要历史文献无不充分体现了《政府论》的基本思想。

洛克在《政府论》上篇中，通过对菲尔麦所依据的《圣经》的考察，以子之矛攻子之盾，证明君权不是神授。菲尔麦在《论父权制或国王的政治权力》中指出，"大概是君权神授理论至今为止最有系统的英文阐述"。该书把《圣经》中的《创世记》的观点作为君权神授的逻辑前提。菲尔麦指出：君权的来源是父亲对子女的支配权，"世界上的一切权力或是从父权派生，或是篡夺父权而来，此外再也找不出任何权力的其他来源"。臣民对君主的服从关系来自子女对家长的从属关系，并且"这种子女的从属关系，按照上帝的命令，是一切君主权力的本源"。因为上帝的授予，亚当拥有了统治其妻子、儿女以及后裔的原始的统治权力。君主统治国家的权力是按照上帝赋予亚当的父权建立起来的。这与中国古代教导孩子不能和爸爸争论诉讼，弟弟不能和哥哥争论诉讼，最终落实到臣子不能和皇帝争论而形成的差序格局有异曲同工之妙。

洛克认为：第一，亚当并不像菲尔麦等人所主张的那样，是基于父亲身份的自然权利或上帝的明确赐予，享有对于其子女的支配权及对整个世界的统治权的。第二，即使他享有这种权力，他的继承人也无权世袭这种权力。第三，即使他的继承人可以世袭这种权力，但是由于没有自然法，也没有上帝的明文规定来确定在各种情况下谁是合法继承人，因而也无从确定应该由谁来掌握统治权。第四，即使这也已被确定，但是谁是亚当的长房后嗣，早已绝对无从查考。因此，人类各种族和世界上各家族之中，没有哪一个人比别人更有理由自称是最正宗的长房后嗣，从而享有世袭的权力。

今天，大部分人都只看《政府论》下篇，其实上篇在洛克那个时代，意义一点不亚于下篇。君权不是神授的，权力要具有合法性。

《政府论》下篇，系统地阐述了公民政府的真正起源、范围和目的。洛克认同社会契约理论，政府起源于契约，政府的存在"没有别的目的，只是为了人民的和平、安全和公众福利"。保护人的生存权、自由权和财产权都是政府的义务。"自由"意味着每个人都可以"按照他们认为合适的办法，决定他们的行动和处理他们的财产和人身，而无须得到任何人的许可或听命于任何人的意志"。当然"这是自由的状态，却不是放任的状态"，"自由"的唯一限制是自然法，也就是理性。国家必须根据正式颁布过的、长期有效的法律来统治，而不能依靠临时的专断命令来进行统治。法律一经制定，无论贫富贵贱，每个人都必须平等地服从，任何人不得以任何借口逃避法律的约束与制裁。"在一切能够接受法律支配的人类的状态中，哪里没有法律，哪里就没有自由。"立法权和执行权应该是分立的。

洛克认为，立法权来源于人民的权力转让，人民的权力来源于自然法，所以立法权决不可以超出自然法。因此，立法权并不是对人民的生命和财产绝对的专断的权力。"第一，它们应以正式公布的既定的法律来进行统治；第二，这些法律除了为人民谋福利这一最终目的之外，不应再有其他目的；第三，未经人民自己或其代表同意，决不应该对人民的财产课税；第四，立法机关不应该也不能够把制定法律的权力让给任何其他人，或把它放在不是人民所安排的其他任何地方。"较霍布斯而言，洛克又往前走了一步。霍布斯认为人们将权力让渡之后，掌权者拥有不可变动的权力，且人们也不能加以过问。洛克却认为，既然国家权力是受人民委托来实现某种目的的，那它就必然要受那个目的的限制，当这一目的显然被忽略或遭受打击时，委托必然被取消，权力又回到当初授权的人民手中。"谁来判断君主或立法机关的行为是否辜负它们所受的委托？……人民应该是裁判者。"洛克的这些观点或许在今天已成为常识，但在那个时代，这些观点无疑是伟大的。洛克的主张并未在英国得到全面实行，但在美国的立宪中发挥了十分重要的作用。美国学者称"约翰·洛克为美国的哲学家"。

洛克关于人性、契约、权力的分立与制衡的思想深深地影响了美国的立宪者。探讨美国宪法设计的《联邦党人文集》中有很多洛克的思想精髓。"人类社会是否真正能够通过深思熟虑和自由选择来建立一个良好的政府，还是他们永远注定要靠机遇和强力来决定他们的政治组织"。《联邦党人文集》开篇就抛出了这个好问题，理性的制度构建能否最大限度地避免人类历史周期律一次又一次地重演？

美国的宪法设计者希望能够通过制度设计的方式最大限度地避免权力的滥用。为了说服国会批准，他们用了85篇短小精悍、逻辑严密的论文，论证了宪法的原理、原则和未来。后来，《联邦党人文集》被视为对美国制宪精神的最佳阐释，亦为后人展示了在制宪时刻什么是系统、健全和有效的政治思考。

　　任何科学的制度都来源于对人性的真切理解。不回避人性中的恶，才能有机会展现人性中的善。汉密尔顿说："如果人人都是天使，就不需要任何政府了。如果是天使统治人，就不需要对政府有任何外来的或内在的控制了。"他说了两层意思：一是政府是必需的；二是政府权力必须受到制约。这两个主张都基于同一个前提，即"人不是天使"，普通人不是天使，统治者也不是天使。纵观人类历史，虽然也有圣君贤相，但时时事事皆出凡入圣，到老无过，恐怕并不多见。因此，设计出"即便是坏人，也不能造成太大损害"的制度是必要的。在美国宪法中，实现这一目标通过两种方式：纵向是联邦制模式；横向是三权分立模式。不同于洛克主张的是，美国三权分立中的第三权不是外交权，而是司法权。"权力必须靠权力来制约，野心必须用野心来对抗"，这是制度文明非常有创见性的观点。

　　美国的权利法案是后来在多方压力下补充进去的。美国宪法当时没有把奴隶看成公民，司法权是在其后马伯里诉麦迪逊案中才实现了权力的制衡等。美国宪法开创了人类以深思熟虑来设计宪法的先河，成为人类第一部成文宪法，其许多原则被后世所效仿。习近平总书记在 2015 年访美时曾经讲道："我青年时代就读过《联邦党人文集》、托马斯·潘恩的《常识》等著作，也喜欢了解华盛顿、林肯、罗斯福等美国政治家的生平和思想，我还读过梭罗、惠特曼、马克·吐温、杰克·伦敦等人的作品。"①

---

①　习近平：《在华盛顿州当地政府和美国友好团体联合欢迎宴会上的演讲》，《人民日报》2015 年 9 月 24 日。

3

宽容的价值

——［法］伏尔泰《论宽容》

> 宽容为本，和而不同。宽容的社会更稳定，宽容的社会更和谐，宽
> 容的社会更容易发现正确的意见，宽容的社会更舒适幸福。

宽容，最初主要是针对宗教信仰提出来的。中世纪的基督教主张一神论，排除一切其他的神，凡是信仰其他神的宗教一概被看作异教予以镇压。欧洲中世纪没有宽容，人人自危，社会动荡，今天我们称之为"黑暗的中世纪"。奥地利学者斯蒂芬·茨威格在《异端的权利——生活在迫害年代》中记载了 16 世纪瑞士在加尔文时代被新教所迫害，展现了加尔文时代的残忍和贪婪。1553 年 10 月，因反对"三位一体"的教诲，塞尔韦特在火刑柱上被活活烧死。欧洲中世纪 300 年间，以"异端"为名，近 100 万人像塞尔韦特一样经受了暴虐的火刑。作者认为，正是"吃人者的无限贪婪和被吃者的普遍隐忍纵容了独裁的可能"。而恰恰是所谓的宗教口中的"异端"之思打破了精神控制的铁幕，使"人之为人"成为常态。

伏尔泰是法国伟大的思想家和反对专制宗教控制的斗士。伏尔泰的《论宽容》向我们展现了宗教的顽固、保守、残忍和极端，以及宽容对于"人之为人"的重要性。

伏尔泰生于 1694 年，是 18 世纪法国资产阶级启蒙运动的泰斗，被誉为

"法兰西思想之王""法兰西最优秀的诗人""欧洲的良心"。在欧洲君主制与民主共和制转型的初期，伏尔泰一方面主张开明的君主政治，另一方面强调自由和平等。这个时期很特殊，他反对宗教的保守与残忍，但又认为宗教作为抑制人类情欲和恶习的手段是必不可少的。

《论宽容》一书的出版是由一个偶然事件引起的。与伏尔泰素不相识的商人卡拉斯，仅仅因为是新教徒就被宗教狂热分子处以车轮刑而死，引发了伏尔泰对宗教的强烈不满及对宽容的深度思考。

卡拉斯有一个名叫马克的儿子，生性抑郁，落落寡合。1761 年 10 月 13 日，家里来了马克的一位朋友，他在晚餐席上先行告退。朋友走后，二儿子比埃尔掌灯送他走出店铺时，发现他的哥哥吊在门框上身亡。邻居赶来围观，立刻有旧教徒在没有证据的情况下扬言马克是被父母杀害的，因为他们家是新教徒，马克曾说要改信旧基督教。

在整个社会盲目的推波助澜下，没有任何证据，法官也被裹挟，卡拉斯全家被拘捕，法庭判卡拉斯车裂死刑，二儿子比埃尔充军，其他人均无罪释放。这一判决既残酷又荒谬。老卡拉斯自始至终鸣冤叫屈。当法官询问他何人同谋时，他总是回答："唉，既没有犯罪，哪里来的同谋？"

卡拉斯最终被判极刑。行刑者用铁棍打断他的臂骨、腿骨和肋骨，随后把他绑在车轮上让他慢慢死去，末了再用火刑。临死前，他对身旁的神甫说："我无辜而死，我哀怜我的妻儿，对于那位我因礼貌而留他晚餐的客人，尤感抱歉。"连在场的旧教徒都相信他是无罪的。

这个案子令伏尔泰震惊继而愤怒。他觉得卡拉斯的罪状是不符合事实的，而他更难以相信图卢兹的法官会如此草菅人命。伏尔泰亲手查案，多次询问卡拉斯家人，确信此案系冤狱。此后四年，伏尔泰奔走呼号，决心为卡拉斯一家平反冤案。他还说服了王室为之声援。这件事轰动了整个欧洲，伏尔泰申请复审成功。

巴黎法院重审此案时终于主持了公道。图卢兹法庭的判决于 1766 年春天被推翻，宣判之日，广场上到处挤满了人，大家都想目睹使卡拉斯一家沉冤大白的人。法官走过时，公众报以热烈掌声。当日是 3 月 9 日，当年卡拉斯惨遭极刑的日子。之后，法王赐予卡拉斯夫人 3.6 万金币作为抚恤。

书中记载了宗教狂热分子的愚昧与残忍。伏尔泰说"偏执的权力是荒谬的和不文明的"。有人说，"你要信我信的教，你不能信什么什么教，否则就性命难保"。伏尔泰提出"少一点教条，就少一点争论，而少一点争论，就少一点不幸"的名句。伏尔泰以大量的事实说明了独断的宗教信仰是何等荒谬。连基督教本身都一直处于分裂之中，存在着各种各样的教派，它们之间冲突不断，有什么资格去要求别人统一于自己？而这一局面恰恰是由统一信仰的要求造成的：每个人对于宗教信条有自己的理解，那些有权势的人于是就强迫他人服从自己的理解。这一要求的实质就是：强迫别人放弃自己的独立思考，以我的大脑为大脑！容纳不同意见，就是容许别人用自己的大脑思考问题。独立，是作为一个人起码的尊严。

伏尔泰指出，宽容就是承认人是有缺陷的，有缺陷就会犯错误、做错事。既然大家都难免，为什么不宽容别人的错误呢？既然自己也不完美，有什么理由要求别人是个完人呢？连圣人都会犯错误，其言行也不一致，我们这些普通人不是更不可能避免犯错误吗？

不能宽容别人，其实质是利益的驱动，为了自己的私利而不允许别人的信仰存在，这实在是野蛮的行径，任何人都没有这个权力。

有人专门写了一本如何迫害新教徒的规则的书，这样的书显然更受宗教人士的欢迎。18 世纪的法国还没有进入文明时代，伏尔泰的不懈努力最终使公众接受了宗教宽容、思想自由的原则。后来颁行的《人权宣言》废除了排斥迫害新教徒的法律。

伟大的思想家总是有着相同的思考，洛克曾对当时欧洲宗教的不够宽容深恶痛绝。他在《论宗教宽容》中追问：为什么一个人不去礼拜，邻居们就准备给予其可怕的惩罚？为什么祭祀只能放羊头而不能放狗头？……这些强制性要求是否合理？洛克承认一些人有傲慢或野心，一些人偏激或狂热，这或许是人类难以完全避免的过错。如果赞同"对于不合于己的东西一律加以谴责"，就不能使持不同意见之人信服，而以己好恶动用暴力消灭另一部分人，更难以带来长治久安。当然，宽容不是无度的，不损害他人的权益，也不破坏社会的公共利益是底线。洛克特别提醒，对国家危害更大的是以富有欺骗的言辞，掩饰宗派谋求的某种特权。"基督教世界之所以发生以宗教为借口的纷乱和战争，并非因为存在各式各样的不同意见，而是因为拒绝对那些持有不同意见的人实行宽容。"洛克《论宗教的宽容》中有对人性的细致观察，有对宗教发展的中肯建议，有对未来的责任感和使命感，其思想对政教分离、良心自由发挥了思想启蒙的作用。

文艺复兴以来，思想家们提出了宗教宽容的思想，主张承认不同信仰的正当性。这种思想逐渐发展为具有一般意义的宽容观念。今天，宽容已成为现代文明社会的重要品质。

1995 年，联合国教科文组织发布的《宽容原则宣言》，将宽容界定为对世界丰富多彩的不同文化、不同的思想表达形式和不同的行为方式的尊重、接纳和欣赏。"宽容"通过增进了解、坦诚交流和思想转变、信仰自由而促进求同存异。宽容不仅是一种道德上的责任，也是一种政治和法律上的需要。

宽容不是让步、屈尊或迁就。宽容以积极的态度承认普遍的人权和他人的基本自由。在任何情况下，都不可用宽容来证明侵犯这些基本价值是正当的。宽容与尊重人权是一致的。宽容既不意味着宽容社会不公正行为，也不意味着放弃或动摇人们各自持有的信仰。宽容是指人们可坚持自己的信仰，并宽容他人的信仰。宽容还意味着自己的观点不强加于他人。古代宗教倡导的宽容多数不顾及于此，经常告诉人们的是："忍了吧，这就是命！"这和我们现代社会的宽容有很大的不同。宽容是个人、群体和国家所应采取的态度。

用伏尔泰棺木一侧镌刻的话语结束今天的讨论："他拓展了人类的精神，并让人们懂得，精神应该是自由的。"

4

社会契约的集大成

——[法]卢梭《社会契约论》

> 人类进入现代化，社会发展这么快，更多的人做了国家的主人，我们不能不谈谈卢梭和《社会契约论》。卢梭的《社会契约论》重新梳理了人类社会，认为那些违背契约自由和契约精神的制度形式都是不合法的。社会本来是一个互利的契约，这为人类打破君主专制及宗教控制打开了思想的大门。后世的制度与思想进步都多多少少与此有关。

我们讨论了马基雅维利的《君主论》、洛克的《政府论》、伏尔泰的《论宽容》。人们往往把国家的希望寄托于君主，希望能够有圣君贤相来管理国家，实现幸福。与之匹配的说法通常是老百姓素质不高，能力不强，人品不好，一团乱糟糟。今天，我们知道，社会发展得这么快，不是一人之治，不是某一个人的功绩，而是大多数人都愿意为社会发展而努力奋斗。人尽其才、物尽其用，不必追逐权力的高峰，在任何领域里都可以成为高峰。

卢梭所在的 18 世纪的法国，等级森严，阶层分明。人类历史上等级森严、阶层分明的时期是大部分人过得不舒服且社会创造力差而动荡的时期，当然也往往是思想家活跃的时期。法国第三阶级由于无法生存而奋起反抗，第一、第二阶级则以政治叛乱等为借口用军队镇压，因此出现了非常混乱的局面。卢梭自幼经历坎坷，广泛的阅读极大地开阔了他的视野，丰富了他的思想，使他深深体会到自由和民主的可贵。他毫不客气地指出社会的种种弊病根源不在于人，而在于社会制度。

卢梭认为，国家不是君主的，而是人民的。

《社会契约论》共四卷。卢梭先以家庭为例，认为家庭是最古老和自然的社会形态，自然状态下，父亲管孩子，孩子也需要父亲的养育。当孩子到了理性的年龄，孩子就成了自己的主人。社会关系中，首领也相当于父亲，人民相当于孩子。人的天性是维护自身的生存，也有独立和自由的要求，只有为了自己的利益才会牺牲自由。即便如此，历史上的首领们不能做到时时事事像父亲那样爱孩子。卢梭批评了亚里士多德的"人天生不平等，一些人生而为奴，一些人生而为统治者"的观点。卢梭认为：亚里士多德把因果颠倒了，出生在奴隶制统治下的奴隶，当然是奴隶，但造成这种状态的原因是："束缚在枷锁中的奴隶失去了一切，失去了摆脱枷锁获得自由的愿望；甚至变得喜爱自己的奴隶状态。如果真的存在什么天然的奴隶，那只能说先前出现了违背自然状态的奴隶制度，而懦弱使他们永远地成了奴隶。"卢梭指出：国王远不能供养他的臣民，反而只能是从臣民那里取得他自身的生活供养；用拉伯雷的话来说，国王一无所有也是活不成的。难道臣民在奉送自己人身的同时，还需要以国王攫取他们的财产为条件吗？

"即使最强大的人也无法永远奴役他人，他就把强力转化为权力，而将服从转化为别人的义务。"强力并不构成权力，而人们只是对合法的权力才有服从的义务。强力是如何转化为合法的权力的呢？卢梭看来就是契约。因此，奴隶制社会就是不可想象的、"不合法"的。因为契约就是要求各方互利，而奴隶制下只要求一方无偿付出，另一方无度索取。因此，社会契约是国家合法化的源头。"既然任何人对自己的同类都没有任何天然的权威，既然强力并不能产生任何权力，于是便只剩下约定才可以成为人间一切合法权威的基础"。契约一旦达成，公民有义务服从公意。这个服从的目的无他，人类从自然人进入公民社会，变成了自己的真正主人，而不是欲望的奴隶。只有遵循自己制定的法律，才是真正的自由。

　　第二卷着重论述了主权、公意以及公意是否意味着全体一致，公意是否会犯错等问题。卢梭认为，法律的本质属性是任何人自己的一句话、个人意志都不是法律。法律是公民集体共同遵守的准则，人民才是法律的制定者。还特别提到了作为社会契约的重要内容的人民、宪法、财产等。他认为财产是政治社会的真正基础，是公民订立契约的真正保障。

　　第三卷阐述了政府及其运作形式。"立法权是国家的心脏，行政权是国家的大脑，大脑使各个部分运动起来。大脑可能陷于麻痹，而人依然活着。一个人可以麻木不仁地活动；但是一旦心脏停止了机能，则任何动物马上就会死掉"。所以，立法权在谁的手里，谁就拥有了国家的最高地位，就决定了怎么样的生活状态。政府的角色是在公意的指示下实施法律。政府是主权者的执行人，而非主权者本身。政府中的执政者只是受委托来行使行政权力；他们是主权者的官吏，以主权者的名义行使被托付的权力。他们从主权者那里接受命令，并将命令转达给国民。主权者可以根据自己的意愿限制、改变或收回行政权。这也是现代议会制的奠基性理论。

　　卢梭在《社会契约论》里明确提出了反对特权，这在那个时代是难能可贵的。他说，如果主权者对一个臣民的要求比另一个臣民多的话，事情就变成个别的，他的权力也就不再奏效了。根本就不存在没有法律的自由，也不存在任何人是高于法律之上的。

　　第四卷谈到了投票和选举，特别提出了防范无异议表决和无效选举。现代代议制的议事规则中也在着力防范。卢梭认为，如果法律确实是公意的表达，那么公民就有义务遵守。很多人担忧卢梭的这种看法会以公意为名对少数人"人之为人"的尊严与权利造成戕害，其实这个问题现代社会已经通过宪法所保障的公民的基本权利在司法裁决中得到有效解决。

　　如何培养有社会契约精神的公民，卢梭在《爱弥儿》中作了回答，提出按人的生长阶段进行教育，让人们感受自然，培养理性。我曾看过英国作家巴特勒的自传体小说《众生之道》。书中描述了维多利亚时期英国宗教家庭教育的虚伪，把人扭曲成没有感情的"怪物"，无情地鞭挞了宗教家庭中父母的自私和专制。主人公恩斯特对父母始终抱有一种仇视态度，这是由他父母造成的。不幸的是，他的父母永远也意识不到这一点，一直自以为是天底下最好的父母。他们在对待子女方面的所作所为，令早先被父母管教得只会服从的恩斯特终于忍无可忍，决定和他们一刀两断。卢梭在《爱弥儿》中所探讨的教育模式到 100 年后的英国仍然没有解决。

卢梭提出，每个人都生而自由、平等，只是为了自己的利益，才会转让自己的自由。真正的自由不是你想做什么就做什么，而是你不想做什么就不做什么。自由不仅在于实现自己的意志，更在于不屈服于别人的意志。《社会契约论》提出了"天赋人权和主权在民的思想"。它刚一问世就遭到了禁止，卢梭本人也被迫流亡到英国。但《社会契约论》所提倡的民主理论却很快风靡全世界，为以后问世的美国《独立宣言》和美国宪法及其权利法案、法国《人权宣言》及法国大革命时期的三部宪法，奠定了理论基础。法国国家格言"自由、平等、博爱"便来自《社会契约论》。1789 年，法国国民代表大会通过的《人权宣言》中"社会的目的是为大众谋福利的""统治权属于人民"等内容充分体现了《社会契约论》的精神。过去的社会讲究的是"龙生龙、凤生凤，老鼠的儿子会打洞"，依靠血缘宗教为纽带构筑金字塔式的国家结构，逐渐演化为"法律面前人人平等"，强调每个人的尊严和自由，也就是梅因所讲的"从身份到契约"。

今天，巴黎的名人公墓先贤祠里，卢梭和伏尔泰的墓遥遥相对。卢梭擎着火炬，象征着他的思想永不磨灭。

5

政治经济平等

——马克思、恩格斯《共产党宣言》

　　资本主义虽然打破了王权至上，但换来的是金钱至上、资产阶级独霸胜利果实的局面。马克思、恩格斯吹响了无产阶级革命的号角，深刻批判了资产阶级换得政治经济利益后不顾无产阶级利益的现实，为后世普遍选举、社会福利乃至社会主义发展奠定了重要的思想基础。

　　托克维尔曾在《旧制度与大革命》中指出，法国大革命远远没有达到预期的目标，人们反而变得彼此相似但又漠不关心。资产阶级通过捐官脱离了农民，贵族由于失去统治权，也无法接触农民。一些有影响力的富有农民搬到了城市，剩下的农民感到自己被其他阶级遗弃。实际上，这时候的英国和欧洲大陆大同小异，资产阶级革命并没有给农民在内的无产阶级带来政治权利和身份平等，特别是无产者既没有应有的财产也没有应有的权利，而权利意识在各国的改革中已经兴起。随着资本主义的迅速发展，资本主义生产社会化与生产资料私有制之间的矛盾日益加剧，这个基本矛盾在经济社会发展中派生出一系列的社会矛盾：在消费上生产无限扩大的趋势与劳动者有支付能力的需求相对缩小的矛盾，在生产上个别企业中生产的有组织性与整个社会生产的无政府状态的矛盾等。这些社会矛盾的积累，反映在阶级关系上，就是资产阶级与无产阶级的矛盾升级。到 19 世纪三四十年代，发展到了空前尖锐的程度。英、法、德等国家的无产阶级开始发起独立的欧洲工人运动。1832年，在各种压力下，特别是"法国七月革命"的成功，迫使英国通过改革法案，根据人口数量，调整了议会的议席，选民资格也进一步放宽。但是议员的出身依然主要是地主和占有大量财富者，占人口多数的工人阶级仍没有选举权。为此，英国爆发了"宪章运动"，无产者要求与有产者有同样的普选权，主张21岁以上男子有普选权，不论选区大小，普选人数平等，选举由秘密投票决定，取消参选财产限制。这一运动在整个欧洲产生了重要的影响。在这些斗争中，无产阶级提出了广泛的经济要求，也提出了鲜明的政治要求，表明无产阶级作为独立的政治力量登上了历史舞台。原有的启蒙思想难以预见到资产阶级仍然不愿放权或者新的特权阶层出现并妄图维持这种特权。正是在这种社会背景下，马克思、恩格斯尝试解释说明当时社会的情况并提出解决方案。1848年，第一次全面系统阐述科学社会主义理论的《共产党宣言》正式出版。

《共产党宣言》不仅对西欧而且对世界，不仅对发表的那个时代而且对当今时代，都产生了巨大的影响。

> 一个幽灵，共产主义的幽灵，在欧洲游荡。为了对这个幽灵进行神圣的围剿，旧欧洲的一切势力，教皇和沙皇、梅特涅和基佐、法国的激进派和德国的警察，都联合起来了。

马克思、恩格斯敏锐地观察到，在过去的各个历史时代，几乎到处都可以看到社会完全划分为各个不同的等级，看到社会地位分成多种多样的层次。在古罗马，有贵族、骑士、平民、奴隶；在中世纪，有封建主、臣仆、行会师傅、帮工、农奴。几乎在每一个阶级内部又有一些特殊的阶层。从封建社会的灭亡中产生出来的现代资产阶级社会并没有消灭阶级对立。它只是用新的阶级、新的压迫条件、新的斗争形式代替了旧的。但是，资产阶级时代却有一个特点：它使阶级对立简单化了。整个社会日益分裂为两大敌对的阵营，分裂为两大相互直接对立的阶级：资产阶级和无产阶级。

　　《共产党宣言》梳理了资产阶级的发展，并指出，资产阶级的发展伴随着政治上的发展。过去它是个被压迫的阶级，然而从大工业和世界市场建立的时候起，它在代议制的国家里独占了政治统治。《共产党宣言》毫无掩饰地指出，现在的国家政权就是资产阶级的玩物而已。换句话说，工人阶级经济上没有地位，政治上没有话语权。

　　资产阶级打破了农业社会的条条框框，在它已经取得了统治的地方把一切封建的、宗法的和田园般的关系都破坏了。它无情地斩断了把人们束缚于天然尊长的形形色色的封建羁绊，它使人和人之间除了赤裸裸的利害关系，除了冷酷无情的"现金交易"，就再也没有任何别的联系了。它把宗教虔诚、骑士热忱、小市民伤感这些情感的神圣发作，淹没在利己主义打算的冰水之中。它把人的尊严变成了交换价值，用一种没有良心的贸易自由代替了无数特许的和通过自身努力获得的自由。总而言之，它用公开的、无耻的、直接的、露骨的剥削代替了由宗教幻想和政治幻想掩盖着的剥削。这里，马克思、恩格斯并非希望回到或者留恋"万恶的旧社会"，这段话之前，他们说过，资产阶级在历史上曾经起过非常革命的作用。所以，马克思、恩格斯主要是对资产阶级的独占统治不满。

　　资产阶级财富的聚集带来了政治的集中，资产阶级在不到一百年的阶级统治中所创造的生产力，比过去一切世代创造的全部生产力还要多，还要大。资本主义经济危机，"生产过剩"和"滞涨"在现有的资本主义框架下无法得到解决。一方面不得不消灭大量生产力，另一方面夺取新的市场，更加彻底地利用旧的市场。而这种办法又造就了更多的工人阶级。所以，马克思和恩格斯说："资产阶级不仅锻造了置自身于死地的武器；它还产生了将要运用这种武器的人——现代的工人，即无产者。"

　　由于推广机器和分工，无产者的劳动已经失去了任何独立的性质，因而对工人也失去了吸引力。工人变成了机器的单纯的附属品，能做的只是极其简单、极其单调和极容易学会的操作。因此，花在工人身上的费用，几乎只限于维持工人生活和延续工人后代所必需的生活资料。现代工业已经把家长式的师傅的小作坊变成了工业资本家的大工厂。挤在工厂里的工人群众就像士兵一样被组织起来。他们是产业军的普通士兵，受着各级军士和军官的层层监视。他们不仅仅是资产阶级的、资产阶级国家的奴隶，他们每日每时都受机器、受监工、首先是受各个经营工厂的资产者本人的奴役。这种专制制度越是公开地把营利宣布为自己的最终目的，它就越是可鄙、可恨和可恶。

我们可以看到，这种情况恰恰是另一种剥削，与卢梭在《社会契约论》里所期待的情形还有很大的不同。这是资产阶级的剥削。过去，无产者不是同自己的敌人作斗争，而是同自己的敌人的敌人作斗争，即同专制君主制的残余、地主、非工业资产者和小资产者作斗争。因此，整个历史运动都集中在资产阶级手里；在这种条件下取得的每一次胜利都是资产阶级的胜利。

随着工业的发展，无产阶级不仅人数增加了，而且结合成更大的集体，它的力量日益增长，它越来越感觉到自己的力量。机器使劳动的差别越来越小，使工资几乎到处都降到同样低的水平，因而无产阶级内部的利益、生活状况也越来越趋于一致。资产者彼此间日益加剧的竞争以及由此引起的商业危机，使工人的工资越来越不稳定；机器的日益迅速的和继续不断的改良，使工人的整个生活地位越来越没有保障；单个工人和单个资产者之间的冲突越来越具有两个阶级的冲突的性质。工人开始成立反对资产者的同盟；他们联合起来保卫自己的工资。他们甚至建立了经常性的团体，以便为可能发生的反抗准备食品。有些地方，斗争爆发为起义。

共产党不是同其他工人政党相对立的特殊政党。他们没有任何同整个无产阶级的利益不同的利益。共产党的最近目的是和其他一切无产阶级政党一样的：使无产阶级形成为阶级，推翻资产阶级的统治，由无产阶级夺取政权。一切所有制关系都经历了经常的历史更替、经常的历史变更。例如，法国革命废除了封建的所有制，代之以资产阶级的所有制。共产主义的特征并不是要废除一般的所有制，而是要废除资产阶级的所有制。因为资产阶级的无度剥削，全世界无产者唯有联合起来，才能反抗压迫和剥削。

马克思主义归根到底是保障"人的自由"。在《论犹太人问题》里，马克思指出，资产阶级革命使得国家摆脱宗教统治，实现了政治解放，但不是"人的解放"，"人的解放"追求彻底的社会自由，它依靠每一个人参与政治生活的广泛性和平等性，成为真正的国家主人来实现。马克思深刻地认识到，没有政治权利难有经济权利。因此，《共产党宣言》指出，共产主义运动的第一步是争得民主政治上的权利。《共产党宣言》不但深刻地影响了世界的格局，成为社会主义国家的重要理论支撑，也深刻地影响了资本主义社会，使之不断完善和调整。各国的社会保障体系的完善深受马克思主义的影响，而民主化的改革也在各方的推动下不断发展。1858年，英国废除议员财产限制，19世纪70年代后，进一步扩大了选民资格，相继颁布秘密投票法案、人民代表法案等，但仍有财产限制。直到1918年改革，允许21岁以上全体男性及30岁以上女性普选。1928年才把女性年龄与男性不同的限制打破，1948年改革部分有财产者拥有多数选票的现实。

恩格斯在后来的序言中曾经说，《共产党宣言》是一份历史文件。他实际上在提醒我们经典著作的时代局限性，同时也说明任何一门理论都需要与时俱进。《共产党宣言》具有极强的时代性和革命性，引领了一个时代的变迁，同时又是一个开放和不断完善的理论体系。

6

自由与边界

——［英］约翰·密尔《论自由》

人为什么需要自由？自由到什么地方为限？这些影响人类共同利益的命题，密尔尝试给出答案。

英国思想家约翰·密尔创作的《论自由》于1859年首次出版，被誉为论证自由的集大成之作。赛亚·伯林形容此书，对于那些渴望一个开放与宽容社会的人，密尔仍然是他们的立场最清晰、最诚实与最有说服力的表达者。哈罗德·拉斯基说，很少人像他那样精力充沛地坚持着道德标准，没有人像他那样热忱地追求着正义！与卢梭相比，他的情感之火似乎烧得苍白无力；但是卢梭的感染力深入人心之处，也正是密尔提高人们思想境界的地方。和任何人一样，他高举着理性之灯，这盏灯由于他的存在而发出更加璀璨之光！

《论自由》全书分为五个部分，引论结合人类历史，提出了这本著作的主题——"社会可以合法地施加于个人的权利的性质和界限"。引论部分提出了一个评价自由或者制度是否合适的极简原则，即"人类有理有权可以个别地或者集体地对其中任何成员的行为自由进行干涉，但只能以自我防卫为唯一的目的。换言之，对文明群体的任何成员来说，防止个人行为对他人的危害，才是正当而有权地施加那种与其意志相反的权力的唯一正当性。"我们知道，从古至今，在非文明社会，特别是皇权时代、宗教统治时期，立过无数的法律。其中，朱元璋时期，规定只有农民才能戴帽子，后来修改规定书生们可以戴，结果一些书生不但戴了帽子还戴了耳罩，一律被施以惩罚；瑞士加尔文时期，以爱为名要求必须穿素服，不能放音乐娱乐，甚至禁止女性头发梳得过高，不能喝果汁，等等。密尔致力于在国家、社会和个人自由之间划出一道界限：只要个人的行为无涉他人利害，不该受到干涉。只要我们运用密尔的这个原则，就很容易看到古代立法中的问题。密尔《论自由》这本书正是对人类历史教训的总结。

第二部分，密尔探讨了思想的自由，人类的进步不是思想桎梏的结果，而是思想自由的结果。人们不应该限制不同的思想，一是我们永远不能完全确定我们力图压制的思想是错误的；二是即便它是错误的，我们压制它也是错误的。正如那句振聋发聩的话："如果整个人类，除一人之外，都持有一种意见，而只有那一人持有相反的意见，人类也没有理由不让那个人说话，正如那个人一旦大权在握，也没有理由不让人类说话一样。"这样讲的理由是，第一，如果这个意见是正确的，一个国家乃至全人类可能就失去了了解真理的机会，就像当年火刑烧死了布鲁诺。第二，被压制的可能是个完全错误完全荒谬的意见，即便如此，人类也可能失去一个机会，即真理在与谬误的辩驳中，人们的认识更加清楚与生动。第三，大部分情况下，压制者与被压制者的言论都可能有部分是真理，有部分是谬误，压制既导致人类失去获得真理的机会，又导致真理失去在与错误冲突中完善的机会。密尔特别反对两种情况：一种是"异端"被贬抑。这里的异端是指不同于主流的思想，这种贬抑包括异端的思想因为温饱或者社会过于不宽容，知识分子开始明哲保身，那么他就不能把异端的光芒照亮到人类的一切事务中去。异端丧失了道德的勇敢性，整个社会的辩论环境就会萎缩，知识分子的懦弱就会造成真理得不到传播。另一个坏处是，坏异端得不到清理。人们的思想被禁锢，言论不自由，权利无保障。"对正统讨论的禁止，破坏最严重的并不是异端者的心灵，而是那些非异端者，因为他们害怕被称为异端而使得理性变得畸形或扭曲。这个世界造就了大量本应有思想有前途却生性懦弱的知识分子。"

密尔认为言论自由应当有界限，那些直接煽动社会产生危害结果的应当予以惩罚。还有一种情况是，正当的辩论可以被无限宽容，但如果缺乏公正，表现出情绪的恶意、执迷和不宽容，就该受到谴责。

第三部分论证了个性对人类的重要性，这也是自由的价值所在和理论基石。我们知道，古代社会为了便于管理，有意识地把人变为整齐划一的泯灭个性的"人"，比如欧洲宗教的极端束缚，《圣经》里一个标点符号都不能错；中国古代的八股取士，严格限制应考者的个人见解和创新表达。而现代社会重视人的尊严和社会分工，重视个性发展，鼓励创新。"天才只能在自由的空气里自由地呼吸。"人类社会的发展历程表明，对于各种思想的自由探索和自由讨论，是保证科学和艺术获得发展的首要前提。"百花齐放、百家争鸣"的时代，必是学术昌明、艺术辉煌的时代。凡压制这种自由的时代，必是思想和艺术死气沉沉、愚昧落后的时代。密尔认为，"社会与人类自身的任务不是要把人个性中的一切不同棱角都磨砺成千篇一律，而是要在他人利益与权利的范围内将个性发扬光大、培养其多样性，这样人类的思考才会培养出万紫千红的花朵，变得更加高贵与美丽"。因此，"只要不涉及他人，个性就有维持自身和自由发展的权利。""哪里不以本人的基本性格却以其他人的传统或习俗作为行为准则，哪里就缺少人类幸福的基本因素之一，缺少个人和社会进步的主要因素。""个性与发展其实是一回事。个性的培养是个人获得发展的必要条件。"

第四与第五部分在说理后讨论如何实现的问题。"每个人既然受到社会的保护，每个人对社会就应该有一种报答。每个人既然都生活在社会中，每个人对其余的人就必须符合某种行为准绳。"换句话说，自由不是无限的，自由要受制于社会规则和他人的利益。在密尔看来，如果一个人的行为既没有妨碍社会公众的任何特定义务，也没有对别人产生可以察觉的伤害，由此而产生的损害又属于非必然的，那么这些行为带来的那点不便利，在为人类自由这个更大的利益面前是能够承受的。为了更加具有可操作性，密尔重申了两条格言：个人行动只要不涉及他人利害，个人就不必向社会负责，他人也不得对之干涉；个人行动若有害于他人利益，个人要向社会负责，要承受社会或法律的责任或惩罚。"我们绝不能假定，由于对他人利益伤害或可能伤害这一点就单独构成社会干涉的正当理由。"前四部分，密尔一直在强调如何理解是否有害于他人，显示出密尔在这个问题上是很谨慎的。

没有人的思想是绝对的真理。密尔小心翼翼地论证自由和防范从人性出发的自由被泯灭，这种呵护是显而易见和值得称道的。密尔的《论自由》及之后的几本小册子对人类政治思想史产生了深远影响，他所阐发的自由与民主理念，为当时英国的政治与社会改革提供了重要理论。

人类社会前进的每一步都与讨论自由密不可分。因此，人们通常把自由称为"第一权利"，"人类最重要的、潜力巨大的、活动的资源"。自由是人类的理想，是"人之为人"的基本要求，也是社会主义核心价值观之一。曾有人把自由误解为洪水猛兽，认为倡导自由就是"想干啥就干啥"，中国近代启蒙思想家、翻译家严复将《论自由》用文言语句翻译时，将书名译作《群己权界论》。可以说早在近代，中国人就已经明白了"自由"的深刻含义。

7
认真对待权利
——[美]德沃金《认真对待权利》

　　二战结束后，人类社会进一步反思不平等、一部分人没有权利、社会不正义等问题，德沃金完成了代表作《认真对待权利》、罗尔斯完成了鸿篇巨制《正义论》，推动了人类思想的进步，促进了人类社会制度的完善。

　　人类进入近代以后，在启蒙思想和人们的共同努力下，较君主制时期，更多的人享有了权利。但是人类并没有遗忘一部分人歧视、压迫另一部分人的社会现实。所以诸如美国 20 世纪 60 至 70 年代，种族歧视、越南战争、公民不服从等问题成为美国政治的核心。虽然规定黑人、白人人格平等，但实际上仍然是"隔离但平等"，并没有实现实质上的平等。在这个背景下，美国法理学家德沃金创作了《认真对待权利》一书。

　　《认真对待权利》围绕着什么是法律，法律的目的是什么，谁在什么情况下应该遵守法律，在没有成文法依据也没有先例的情况下，法官如何审判案件等重大理论和实践问题，德沃金发表了自己的主张。这本书的封面上，一个女人握着一个小小的天平，但这个女人不是超验的正义女神，而是戴着白色头巾的普通农妇。认真对待权利是每个人享有的幸福。

　　德沃金认为："政府通过尊重权利表明，它承认法律的真正权威来自这样的事实，即对于所有人来说，法律真实地代表了正确和公平。"普遍认为，

"法律并不是统治者强加给弱者的意志，而是社会共存的保证"。但是"大部分调整社会、经济和外交政策的法律其实并不可能完全中立，它必然体现的是大多数人或一些强者关于社会利益的观点，即便再严格的立法程序也不能确保少数人的权利不受到伤害"。因此，认真对待权利（包括少数人的权利）至关重要，因为它代表了多数人对尊重少数人的尊严和平等的许诺。更何况谁都有成为少数人的时候。当多数人和少数人在利益上的分裂严重必须适用法律时，认真对待权利这个承诺也必须是最真诚的。人民、国家常常是空洞的、抽象的字眼，我们必须努力把权利的诉求落实到每一个人、每一个个案中，让人民群众在每一个司法案件中都感受到公平正义。换言之，唯有代表权利的法律才具有内在的合法性。一旦需要对少数人的权利予以限制，那就要在宪法和法律精神的限度内进行。

立法不应该是简单地以政府命令的形式出现。在实际生活中，我们发现，很多立法因其内在问题难以发挥充分的效果，甚至被普遍违反。德沃金认为："政府可以颁布法令，可以颁布官方的政策，但不是只要宣布某些事情是真理，它们就真的成了真理。真理是不能通过命令而颁布的，如果政府宣布某些原则为道德原则，但是这些原则不能被道德领域所接受，那么，尽管有政府的命令，人们还是不会接受这些原则，而是坚持自己的理性道德的价值观。例如，假如我们的政府宣布'感冒是不道德的'，尽管颁布法规，宣布处理办法，但是我们中的大多数人还是无法接受，因为它无法与我们理性地设想的道德领域相吻合。"其实，这个观点与密尔的《论自由》中"不要通过立法的方式解决对别人利益没有造成影响的事务"一脉相承。德沃金认为，并不存在政府的道德立场高于普通公民的道德立场的情况，假如存在，本身就不道德。有效力的法律法规要求人们对社会政治和经济作出反应的时候，取决于什么样的对策与政府的道德责任相一致。政府的决策要对社会的长远发展负有道德责任。

在德沃金的理论体系中，"疑难案件"是一个十分重要的概念，这个概念在第四章里专门进行了讨论。在他看来，"疑难案件"是指"法律典籍没有规定、含混不清或模棱两可"时，没有明确规则可供法官据以决断的案件。当时的主流理论认为，如果没有明确的法律规则可据以裁判，法官就要行使自由裁量权，创设新的法律权利。德沃金认为，法无明文规定时，法官"发现"当事人的权利而不是"创设"新的权利，是法官的责任。这样做的好处是，使一些人类的常识和道德准则得到司法保障。例如"帕尔默继承案"。该案中，帕尔默知道祖父立了遗嘱留给他一大笔遗产，但他担心新近再次结婚的祖父可能会更改遗嘱，让他一无所有。因此，帕尔默毒死祖父。罪行败露后，帕尔默被判处有期徒刑。祖父的两个女儿要求取代帕尔默的遗产继承权。当时，美国的法律并未明确规定遗嘱继承人谋杀立遗嘱人是否仍然享有遗产继承权。德沃金赞同以厄尔法官为代表的多数意见，即从文本中构建真正的制定法，不应使制定法文本处于孤立状态，而应当以一般法律原则为背景。法官所构建的制定法应当具有融贯性。法律遵从任何人不得从其不法行为中获利原则，故遗嘱法应当被解读为"否定任何人可以通过杀人获得继承"这样一条最基本的道德原则。

德沃金主张的正义要求确定两种主要制度：市场经济和代议制民主。这里的市场经济不仅是为了效率，更是为了平等。市场经济必不可少，同时由于人的禀赋差异，就需要通过某种再分配体系来修正和改造市场经济。另一方面，代议制民主是现代社会的基本要求，是民主的重要保障。但代议民主制的多数裁决有可能侵犯少数人的权利，所以，两种制度都需要认真对待权利，以避其害。

德沃金认为，政府应有基本的道德要求，而道德的基本要求是政府必须平等地关怀和尊重所有人。所谓平等关怀，就是当人们受到挫折、失意，遇到失败和痛苦时，政府同等地关心他们、帮助他们；平等尊重，也就是把人作为人，相信他们能够理智地、自主地制定和履行他们的生活计划。前者侧重于社会经济利益的公正分配，后者侧重于政治和思想言论自由等基本权利的保障。

对于公民守法问题，德沃金提出，公民只有看到虽然法律给官员带来了不便，但官员仍愿意遵守法律时，才会在不符合自身利益的时候遵守法律。政府官员如果因为对自己不利就修改法律，使法律变得对己更有利，公民守法就会难以实现。

时至今日，仍有一种观念认为：只要立法了，无论其是多么严苛的君主立法、多么机械的宗教立法、多么落后的乡规习俗，都被视为法治的重要组成部分。这种观念与德沃金 20 世纪 70 年代的认识相较，已经落后了。如果说制定法就是法治，就没有必要阻止女人"裹小脚"，没有必要禁止"浸猪笼"，也没有必要把"刀制"改为"水治"了。法治是一种进步史观，承认世界是在不断进步的，而不是故步自封的；是希望人们平等有尊严、活得幸福，而不是把别人踩在脚底下感到的幸福。

我们知道，以沃伦为代表的美国最高法院作出了打破"隔离但平等"的宪法裁决。今天看来，这个裁决是伟大的，代表了人类的文明与进步。但当时受到了一些人的批判。德沃金批评了这些批判意见的荒唐，为具有道德性的宪法和法律判决作出了辩护。虽然德沃金发表的法律观点受到很多批评，但他提出认真对待权利、法律必须寻找内在道德性的合理内核的建议仍然值得我们学习。

我们看到很多书评首先运用大量篇幅批评作者，这虽然也是一种很重要的研究方法，但一本对后世影响深远、得到众多认同的巨著，我们应该首先分析研究为什么那么多人受其影响，找到它流传久远的原因。毕竟站在巨人的肩膀上会看得更远。

每一种权利都根植于人的本质要求和历史经验教训的总结。《认真对待权利》是德沃金对于政府的提醒：法律要受到尊重，就必须寄托一些美好的道德理念。如果政府不给予法律获得尊重的权利，人们就不能重建对法律的敬畏；如果政府忽视法治与有野蛮秩序之间的区别，同样不能重建人们对法律的敬畏；如果政府不认真地对待权利，人们就不能够认真地对待法律。

历史上，当人类有需要的时候，总有人挺身而出，把道德的理念加以重申和推进。20 世纪六七十年代，美国为了实现社会利益、提高社会福利，出现了少数人的基本权利因多数人或国家意志而受到侵害的现象。当时的美国黑人仍然是被歧视的对象，反抗种族歧视的浪潮此起彼伏；公民的平等意识、权利意识进一步觉醒，黑人、女性这些曾经被认为弱势的、受压迫的群体，为了自身权利，要求在人格上受到同等对待，真正获得政治上的权利和自由。

我们虽然无法验证德沃金权利理论的超验性，但如果我们摸着自己的胸口，思考自己是否需要"人之为人"的尊严，以及历史上的皇权是否引起我们的担忧，就能更好地理解德沃金的用意了。

8

正义，人类最大的共识

——［美］约翰·罗尔斯《正义论》

　　人类对正义的需求从来没有停止过。20世纪六七十年代，美国处于特殊的转型时期。虽然二战取得胜利，但仍有大量处于被压迫或者只能生活在阴影里的人，特别是黑人，这些人不愿继续如此生活。美国人开始对社会制度中的不合理因素提出质疑，也急需一种新的社会信仰。《正义论》从理论层面讨论了社会所需要的平等自由、公平正义、分配原则、差别原则等，呼应了现实，提出了方案。《正义论》出版后，在人类世界产生了重要的影响，成为不少学科的经典必读书目。

　　罗尔斯认为，正义作为社会上最重要的价值原则，至高无上，不容践踏。他解释说，任何一种理论、规定、制度或法律，只要违背正义原则，必定被抛弃，即使它们有可能取得再大的成功、获得再大的利益也无济于事。他希望每个社会个体都能够自由公平地享有社会资源、发展渠道和成功机遇，但同时又必须保证最少受惠者的最大利益不被侵犯，试图使公平正义得到最大程度的实现。《正义论》分理论、制度、目的三大篇。

　　罗尔斯首先设计了一个今天我们耳熟能详的"无知之幕"，就是在人们商量确定社会或某个组织里不同角色的成员正当待遇时，最理想的方式是把大家聚集到幕布之后，约定好每一个人都不知道自己在走出幕布之后将在社会或组织里担任什么角色，然后大家讨论针对某一个角色应该如何对待他，无论是市长还是清洁工。这样安排的好处是，大家不会因为自己的既得利益而给出不公正的意见。所有的参加者都处在"无知之幕"背后，对别的特性、能力、宗教信仰及个人经历一无所知。参加者所处的环境客观上存在着一种中等程度的匮乏，也就是说不可能完全满足人们的欲望和要求，而人人都想得到较大的利益。参加者的利益有一致的方面，也有冲突的方面，因而相互合作既有可能也有必要。基于"无知之幕"聚集的被试，彼此冷漠。在罗尔斯看来，彼此冷漠较仁爱的假设更加简洁、清楚、合理，或许更接近大部分人的真实意图。在"无知之幕"下，人们不会作出损害少数人利益的功利主义选择，因为任何人都可能成为少数人中的一员。如果规定把有钱人的钱收归公有，离开"无知之幕"走向前台，普通人就成了有钱人；如果规定，年龄大的人都不必活下去，结果离开"无知之幕"后，发现自己就是年龄大的人，那就太可怕了。

在此基础上，罗尔斯设计了公正原则。罗尔斯提出，只有在每个人都受到无身份差异的对待时，正义才会出现。罗尔斯主张，在一个问题中所涉及的所有各方，都应该被置于同一个标杆之后。在那儿没有角色之分，没有身份差异，每一个参与者都被视为整个社会的平等成员来对待。从这个角度讲，白人没有站在黑人的立场上、两性婚姻者没有站在同性恋者的立场上思考的制度，都可能是不公平的或者不正义的。"无知之幕"告诉我们，要防止设计权利只存在于权力者手中。

通过"无知之幕"，罗尔斯推出了正义的两项根本原则。

第一，自由平等原则。公民的基本自由有政治上的自由、思想上的自由、依法保障个人财产权利的自由、依法不受任意逮捕和剥夺财产的自由等宪法所保护的自由，这些是人人享有的，是平等的，因为正义社会中的所有公民都拥有同样的基本权利。在罗尔斯看来，政治权利是第一性的，也是实现社会正义的基石。

第二，机会公平原则和差别原则相结合。人们对社会和经济的合理期望应符合每一个人的利益。

机会公平原则，即同等的机会原则，它要求对于具有类似天赋和才干又有相同意愿的个体，在面对相同的社会职位和竞争机会时，能够获得同等的、公平的机会，也就是说他们有可能拥有相同的成功概率。罗尔斯认为，实现事实上的公平不是轻而易举的，所以他提出差别原则。

在承认社会个体差别的基础上，必须确保每一个社会个体自由地享有公平机会和平等权利。显然，罗尔斯没有追求绝对的人人平等，他承认社会差别的客观存在。因此，他在差别原则中提到一个新的名词——"最少受惠者"。所谓"最少受惠者"，是指那些普通家庭出身、社会地位低下、受教育程度低、拥有资源少、收入低、生活质量差、期望值很小的人。罗尔斯指出，人民分配所得到的财富和资源当然是不平等的，但这种分配必须是对"最少受惠者"最有利的。差别原则试图缩小人们由于家庭出身、成长背景、社会关系等偶然因素所产生的结果上的巨大差异，使偶然因素造成的社会底层与中高阶层之间的不平等限制在一定范围内，从而调整社会的不平等和经济的不平等。

这两个原则既辩证统一，又有主次之分。第一个原则，即自由平等原则是首要原则，没有政治权利的自由平等难有之后的正义分配。差别原则，建立在自由原则基础之上，又从属于自由原则。自由原则强调自由的过程，差别原则则强调自由的结果。差别原则是对自由原则在实施过程中形成的差距不断进行调整，以确保自由原则以公平正义的形式呈现出来。只有在贯彻自由原则的前提下，才能更好地贯彻差别原则。在第二个原则内部，公平机会原则又优先于差别原则，这表明了正义对效率具有优先性。

罗尔斯《正义论》不仅对于20世纪六七十年代的美国，而且对于任何国家都有很强的理论与实践价值。自由平等原则说明，完善民主和法治建设，是实现社会公平正义的基石；税收、社会保障等再分配制度的完善与发展是社会公平正义的保障。充分调动广大人民群众的政治参与热情，提高政治参与效率，使国家决策更民主、更进步、更科学，更能反映广大人民群众的心声、满足广大人民群众的需求，从而奠定社会的正义性基础。促进市场公平竞争，营造和建立公平、公正、自由的经济环境，为广大劳动者提供公平开放的机会。改善分配制度，完善社会保障体系，让"最少受惠者"同样感受到公平正义。

从《正义论》及美国社会的变迁中可以看出，公平正义、民主法治、诚实守信、富强文明、安定有序这些价值存在着内在的统一性。党的十八大以来，习近平总书记多次谈到公平正义的问题。他提出"促进社会公平正义，让广大人民群众共享改革发展成果"①。进一步实现社会公平正义，通过制度安排更好地保障人民群众各方面权益。我们要随时随地倾听人民呼声、回应人民期待，保证人民平等参与、平等发展权利，维护社会公平正义，在学有所教、劳有所得、病有所医、老有所养、住有所居上持续取得新进展，不断实现好、维护好、发展好最广大人民根本利益，使发展成果更多更公平惠及全体人民，在经济社会不断发展的基础上，朝着共同富裕方向稳步前进。这些理念与罗尔斯的正义论不谋而合。正义不仅要实现，而且要以大家看得见的方式实现。

---

① 《习近平关于社会主义社会建设论述摘编》，中央文献出版社2017年版，第23页。

9

法治国家需要理性公民

——鲁迅《阿 Q 正传》

　　中国特立独行且敢于对时代提出挑战和解决方案的学者，我们首选鲁迅。《阿 Q 正传》把那时的国人刻画得淋漓尽致，显然与托克维尔考察美国时提出的"需要有自治和独立思考判断能力的现代公民"有很大差距，但这是否就是中国人？中国人是否真的天生具有所谓的"劣根性"呢？我们将尝试予以回答。

　　《阿 Q 正传》是鲁迅先生于 1921 年 12 月创作的中篇小说。小说以辛亥革命前后的中国农村为背景，向人们展现了一个畸形的中国社会和一群畸形的中国人的真实面貌。

　　鲁迅的这篇小说文笔幽默讽刺，想必大家早已领略。在这里我们一起来看看那个受压迫时期中国人的特点。

　　一是奴性心理。阿 Q 说自己姓赵，与村里的赵太爷是本家，因此被赵太爷打了嘴巴，阿 Q 一声不敢吭。"或者因为阿 Q 说是赵太爷的本家，虽然挨了打，大家也还怕有些真，总不如尊敬一些稳当。否则，如孔庙里的太牢一般，虽然与猪羊一样，同是畜生，但既经圣人下箸，先儒们便不敢妄动了。""据阿 Q 说，他曾在举人老爷家里帮过忙。这一节，听的人都肃然了"。

　　二是欺软怕硬。对赵太爷是打不还手，骂不还口。对王胡则充满了瞧不起，因为虮子没有王胡多而极其愤慨。遇到比他更弱的小尼姑以及小 D，则欺负起来很来劲。遇强先软、遇弱则欺，嘴硬力短是阿 Q 的重要特点。

三是重利益、轻对错、无价值。"阿 Q 的耳朵里，本来早听到过革命党这一句话，又亲眼见过杀掉革命党。但他有一种不知从那里来的意见，以为革命党便是造反，造反便是与他为难，所以一向是'深恶而痛绝之'的。殊不料这却使百里闻名的举人老爷有这样怕，于是他未免也有些'神往'了，况且未庄的一群鸟男女的慌张的神情，也使阿 Q 更快意。"而赵秀才这些人更是墙头草，"一知道革命党已在夜间进城，便将辫子盘在顶上，一早去拜访那历来也不相能的钱洋鬼子。这是'咸与维新'时候了，所以他们便谈得很投机，立刻成了情投意合的同志，也相约去革命。他们想而又想，才想出静修庵里有一块'皇帝万岁万万岁'的龙牌，是应该赶紧革掉的，于是又立刻同到庵里去革命。因为老尼姑来阻挡，说了三句话，他们便将伊当作满政府，在头上很给了不少的棍子和栗凿。尼姑待他们走后，定了神来检点，龙牌固然已经碎在地上了，而且又不见了观音娘娘座前的一个宣德炉。"

四是保守而爱面子。"阿 Q 又很自尊，所有未庄的居民，全不在他眼神里，甚而至于对于两位'文童'也有以为不值一笑的神情。夫文童者，将来恐怕要变秀才者也；赵太爷，钱太爷大受居民的尊敬，除有钱之外，就因为都是文童的爹爹，而阿 Q 在精神上独不表格外的崇奉，他想：我的儿子会阔得多啦！加以进了几回城，阿 Q 自然更自负，然而他又很鄙薄城里人，譬如用三尺长三寸宽的木板做成的凳子，未庄叫'长凳'，他也叫'长凳'，城里人却叫'条凳'，他想：这是错的，可笑！油煎大头鱼，未庄都加上半寸长的葱叶，城里却加上切细的葱丝，他想：这也是错的，可笑！"

阿 Q 与闲人打仗打败了，"被人揪住黄辫子，在壁上碰了四五个响头，闲人这才心满意足的得胜的走了，阿 Q 站了一刻，心里想，'我总算被儿子打了，现在的世界真不像样……'于是也心满意足的得胜的走了。"

想起清末战败后，各国使团前来，清王朝让他们这些人走偏门，以示"蕞尔小国拜大邦"之意，又与阿 Q 有什么区别呢？

五是恨人有笑人无。当阿Q谈及"不高兴再帮忙了，因为这举人老爷实在太'妈妈的'了。这一节，听的人都叹息而且快意"，为什么快意呢？"因为阿Q本不配在举人老爷家里帮忙，而不帮忙是可惜的"。

六是错误都是别人的，不愿在自己身上找不足，特别是皇帝。中国古代有个词叫作"红颜祸水"，今天我们知道，人家长得好看那是先天优势，怎么就是祸水了？鲁迅先生也嘲讽到，"中国的男人，本来大半都可以做圣贤，可惜全被女人毁掉了。商是妲己闹亡的；周是褒姒弄坏的；秦……虽然史无明文，我们也假定他因为女人，大约未必十分错；而董卓可是的确给貂蝉害死了。"

七是无人权意识、无同情心、无宽容心。"有人问阿Q：你们可看见过杀头么？阿Q说，咳，好看。杀革命党。唉，好看好看，……他摇摇头，将唾沫飞在正对面的赵司晨的脸上。这一节，听的人都凛然了。"

八是"各人自扫门前雪，莫管他人瓦上霜"。阿Q最终被枪毙了。"至于舆论，在未庄是无异议，自然都说阿Q坏，被枪毙便是他坏的证据：不坏又何至于被枪毙呢？而城里的舆论却不佳，他们多半不满足，以为枪毙并无杀头这般好看；而且那是怎样的一个可笑的死囚呵，游了那么久的街，竟没有唱一句戏！他们白跟一趟了。"

此外，从众心理，保守而不自知。鲁迅笔下还曾写过为救孩子去买人血馒头的华老栓一家。这些被后人总结为"中国人的劣根性"，作为中国人，心里难免不舒服。

今天我们要问：这些所谓的"劣根性"是中华民族与生俱来且不可更改的吗？"劣根性"不是中华民族或者中国人的固有特点，因为欧洲中世纪，人们同样具有这些特点，因而催生出那些伟大的思想家的思考以及后世的发展。因此，归根结底，所谓的"劣根性"或者不文明并非某个民族独有的，而是长期的资源匮乏、规则缺位、救济无效以及发泄途径缺失而促使理性人形成的一种自我保护的策略，或者说，是民主法治缺失造成的。

在漫长的专制社会，"听话"往往是暂时利益最大化的选择并深深印刻在一代又一代人的记忆之中。在古代社会里，能活着已是不易，更别提有尊严的幸福生活。国家的公力救济往往不好使，司法机关与行政机关合体，无法有效解决公民对于来自权力的侵犯，抗争的结果往往是身败名裂，又没有其他的发泄途径，莫不如精神胜利求得一时之安慰。"爱面子"恰恰是人格尊严长期得不到保护的一种变态反映，如阿 Q 一般。历史上，人们习惯于把眼睛盯在有权有势的人身上，因为只有他们才是资源的分配者，而唯有"媚上"才能获得最大的利益。至于身边的人的利益考虑与不考虑，尊重与不尊重都不重要。"媚上"者必"压下"，层层"压下"的后果，到最底层没人可"压"，就可能"精神胜利"或危害社会。

如果社会无法营造公平、公正、公开的氛围，"管闲事"就容易"落不是"，国家社会与个人的利益没有直接联系，人们没有动力和能力管别人的"闲事"。人们没有遵守普遍性规则的习惯，没有获得社会规则带来的利益。更多的是，制定规则者不遵守规则，遵守规则者不参与制定规则。科举制度选取状元的模式加剧了竞争，弱化了合作的可能性。加之农业社会"小农经济"的封闭性，渐渐地形成所谓的"劣根性"。

封建专制社会，人通常是权力的附庸，而不是为自己"生活"。拥有权力的人随意行使权力，普通百姓的权利得不到保障，因而缺少社会责任感。"劣根性"是特定时代的产物，不是哪个民族固有的，更非不能克服。

阿 Q 这一典型形象，对于每一个中国人都是一面镜子。鲁迅先生通过这一形象提出了对国民性的深刻反思。作为新时代公民，我们应当树立积极的心态，培养批判性思维，理性面对各种挑战，做法治社会的懂法、守法、护法公民。

10

古代法律的特点

——瞿同祖《中国法律与中国社会》

瞿同祖的《中国法律与中国社会》首次出版于 1947 年，是法律史与社会史相结合的经典之作，揭示了古代中国法律的特点。这些仅仅存在于中国古代还是普遍存在于整个人类古代？全面依法治国，建设社会主义法治国家，哪些要素能够继续为我们所用？哪些元素应该通过改革的方式予以调整和完善？这些问题都值得我们深入地思考和研究。

《中国法律与中国社会》是瞿同祖先生在 1947 年根据讲稿编写而成的，1961 年，该书以《传统中国的法律与社会》为名，在巴黎和海牙出版英文版，赢得国际声誉，当时被认为是关于中国法律研究最好的西文著作。作者兼跨社会学、历史、法律三个学科，开创了把法律与社会史结合研究，由此形成了一种新的学术研究体系，被称为法律社会史，《中国法律与中国社会》即为这一研究的代表之作。作者对于中国法制史学科发展的独特贡献，直到今天仍难有人超越。

作者在开篇用了这样一句话："本书主要目的在于研究并分析中国古代法律的基本精神和主要特征"。

瞿同祖先生提出，法律是社会的产物，法律反映的是某一时期、某一社会的社会结构，法律与社会的关系极其密切。任何社会的法律都是为了维护并巩固其社会制度和社会秩序而制定的。在这个宏观观察的基础上，指出，中国古代法律的主要特征表现在家族主义和阶级概念上。二者也是儒家意识形态的核心。

前两章讨论的是家族与婚姻，都属于家庭范畴。瞿同祖向我们介绍了进入父系社会后，中国法律制度的特点与状态。父系社会，母亲方面是外亲，可以被忽略。父权的绝对性体现在经济、法律和宗教上。父母在，不存私财。父母去世前，即便子孙已经成年，娶妻生子，有独立的职业，拥有完全的政治权利，依然不能保有私产或另立新户。甚至严格地讲，子孙是父母的财产。父母特别是父亲的惩戒权几乎是无限的。汉代以前，爹妈可以随意杀掉自己的孩子，而不用负法律责任。汉以后，杀害子孙入律，但相较普通人之间罪轻一等，若长辈杀子是因为子孙顶撞父母，或者品行不良，通常来说被认定为无罪。祭祀权的身份性也很明确，宗族合体，族长权力巨大。

第三章和第四章讨论的是阶级。通过瞿同祖先生的介绍，我们可以清晰地看到阶级差别和故意固化这种差别的各项制度。人们在饮食服饰、婚丧嫁娶等方面有意创造出不平等的状态。官吏拥有种种特权。而儒家文化则完美地与之契合。今天我们知道，任何不公平的社会自然会趋向公平。马克思说，哪里有压迫哪里就有反抗。

瞿同祖先生以其丰富的知识为我们了解中国传统法律及社会特点打开了大门。他在序言中还提出了一个很有意思的问题，两千多年来法律有无重大的变化？纵观全书，似乎并无重大的变化。对这个结论的评论则见仁见智。有人或许可以得出结论：中国的法律传统已经根深蒂固，无法消除；古代社会没有改变君主制度，无法形成与之契合的现代法治精神。事实是，我们看到了中国社会的变迁，以往的"刑不上大夫，礼不下庶人"已经逐渐被"法律面前人人平等"所取代；"王即是法"到"王在法下"在中国社会也完成了"没有组织和个人有超越宪法和法律的特权"的过渡。

三纲五常的核心，最终还是希望落实到"君君臣臣"，为的是维护封建皇权的统治。我们知道，历史上，封建制国家有一个共同的特点，就是想方设法地固定和维护特权，这与现代社会所要求的人人平等有很大的不同。比如在中世纪的欧洲，人们也很讲究"龙生龙，凤生凤，老鼠的儿子会打洞"。血缘关系被特别地强调，不同血缘关系的男女通婚是被禁止的。一些国家规定，只有贵族的儿子才能继承骑士的封土、封号与特权。德国 12 世纪中叶后，农民是被法律明确禁止当骑士的，只有国王才能封授骑士。英国规定私封骑士将受到惩罚。这些都反映贵族的身份变得越来越重要与严格。人类进入 19 世纪，所谓的特权意识还没有完全消散。法国作家莫泊桑曾有篇小说，叫作《勋章到手了》，描写了有个叫萨克莱芒的人，自打孩童时代起，装在脑子里的只有一个念头，就是想得到勋章。即便老婆出轨，得到勋章也是他更关心的事儿。可见，维护封建特权，渴望得到封建特权，并非哪个国家所特有，而是过去特权国家普遍存在的现象。

日本历史上也形成了尊卑有序、君君臣臣、父父子子的社会秩序，社会上提倡孝道、妇道，建立并维系着父母为子女之纲、丈夫为妻子之纲的社会道德体系，在某些方面比起任何国家有过之而无不及。这套体系在等级森严的日本古代社会发挥了很重要的稳定作用，因此一度被认为是管理国家的首要办法。然而在今天，这种臣服式体制自然与我们当前所追求的自由、平等等现代观念显得格格不入了。

20 世纪 60 年代末，日本发生了一件让人愤慨却在传统刑法或者治理体系框架内难以解决的案件——香泽千代杀父案。因其父亲的兽性不得不杀，但香泽千代因日本法律杀害尊亲属的特殊性论罪，会受到更为严重的惩罚。最高法院最后判定该法律违宪，香泽千代被释放。

香泽千代一案宣判 22 年之后，1995 年，日本对刑法进行了大范围改革，全文由文言改为口语体，杀害尊亲属罪与其他尊亲属犯罪加重刑罚的规定被正式废除。

传统社会，权力至上，皇权至上，尊者尊，卑者卑；现代社会，人人生而平等，各有尊严。很多国家和地区，特别是封建制度历史较长的国家，形成的伦理秩序代替法治秩序，进而巩固等级制度的方式，在现代法治社会和个体意识觉醒后正在逐渐瓦解。

在当代世界，平等权被认为是国家权力合法性与正当性的前提与基础之一。早期宪法中就把人对平等权的诉求看作"人之为人"的基本要求和必要权利加以规定。美国《独立宣言》规定，"人人生而平等"，为了保障生存权、自由权和追求幸福的权利，人们才在他们中间建立政府，而政府的正当权力，则是经过被统治者的同意而授予的。法国《人权宣言》第一条、第六条规定："在权利方面，人们生来是而且始终是自由平等的。""在法律面前，所有的公民都是平等的，故他们都能平等地按其能力担任一切官职、公共职位和职务，除德行和才能上的差别外不得有其他差别。"此后，各国宪法纷纷效仿法国《人权宣言》的这一原则，规定了公民的宪法平等权。平等权讲平等但不否定人与人间有差异，因此，宪法中的平等权不是结果平等，不是最终大家都一样，而是规则平等、机会平等、分配平等，是在法律上的权利人人平等，在人格上人人平等。

我国宪法规定："中华人民共和国公民在法律面前一律平等。"不因性别、民族、种族，不因年龄、职位高低、社会地位的差别而有所差异，在相同条件下享有同样的权利和承担同样的义务。这与历史上"刑不上大夫，礼不下庶人"有着本质上的不同。

习近平总书记强调："形势在发展，时代在前进，法律体系必须随时代和实践发展而不断发展。"[1] 2015 年 2 月 2 日，习近平总书记在省部级主要领导干部学习贯彻党的十八届四中全会精神全面推进依法治国专题研讨班上的讲话中指出："高级干部做尊法学法守法用法的模范，是实现全面推进依法治国目标和任务的关键所在。之前，我们通常提的是学法尊法守法用法，在准备这次讲话时，我反复考虑，觉得应该把尊法放在第一位，因为领导干部增强法治意识、提高法治素养，首先要解决好尊法问题。只有内心尊崇法治，才能行为遵守法律。只有铭刻在人们心中的法治，才是真正牢不可破的法治。"

人类向好的愿望推动人类社会不断变得更好。看书，是历史；讲法治，也是历史。希望通过这十本书的讨论，有助于大家看到鲜明的历史逻辑，明确未来发展方向，坚定改革开放，推动依法治国，走向更加文明的未来。

---

[1] 习近平：《在庆祝全国人民代表大会成立六十周年大会上的讲话》，《求是》2019 年第 18 期。

11

法理漫谈：读书札记与学术随笔

欧洲中世纪与中国历史上至暗时刻半斤八两。虽其中也可找出些许令人称道之处，如大学兴起，但整体残暴、愚昧、贫穷、无知……是市场化、工业化、多元化、民主化、法治化促进了文明。不能因暂时不同而找不同，这种思维方式是片面的。书中记载了为迫害犹太人和异教徒而编造的种种谎言，而有意思的是，迫害这些特殊人群的理由，数百年来都是相似的，即他们都膜拜恶魔这个共同的敌人，他们都有不正常的性行为，他们都玷污了善良的基督徒。书中还介绍了一个"黑猫"的故事，很荒诞，但那时，大部分人似乎都是相信的。

——读［美］朱迪斯·M·本内特、C·沃伦·霍利斯特著，
杨宁、李韵译《欧洲中世纪史》

天主教（基督教三大派别之一）认为"生活目的在于尘世之外，现世只是来世的准备"，追求与上帝的紧密联系与奉献。实际上，生活的目的就是生活，实现这一目的在于丰富并提高生活，实现方式是自由和个人创造。

——读［意］克罗齐《十九世纪欧洲史》

朱元璋不认同"每个人的自由发展是全社会自由发展的前提，而认为每个人的不自由是全社会安定团结的前提"。只有皇帝一个人对整个帝国的国

运负责，其他人都缺乏责任心。

——读张宏杰《大明王朝的七张面孔》

读罢此书，想想古代，人们活得太不容易、太不舒心、太不自由，如丈夫死后还要对女子要求"饿死事小，失节事大"等。幸运的是，封建糟粕已被现代宪法精神替代。

——读［日］竹内康浩著、宋刚译《从前的中国》

书中讲了不少故事。明朝万历时期，首辅王锡爵对吏部尚书说，现在真奇怪，朝廷认为对的，外人（老百姓）一定认为不对；朝廷认为不对的，外人一定认为对。吏部尚书纠正道，应该说，外人认为对的，朝廷一定认为不对，外人认为不对的，朝廷一定认为对！

郭嵩焘做英国大使后，发现西洋立国，以人民家给户足为基石，然后是国家富强，而当时的清王朝多数人认为，"国家大事，跟人民无关"。郭嵩焘却认为"坚船利炮是微末小事，政治制度才是立国之本"。于是郭嵩焘被骂为汉奸，开除公职，还一度差点被戮尸。

——读冯敏飞《危世图存：中国历史上的 15 次中兴》

书中详细分析了 1911 年前改良与革命的关系及诱发革命的因素：经济衰退、自然灾害、由新政引起的不满、对铁路国有化的愤怒、立宪运动的踌步不前。辛亥革命之所以在湖北爆发，是因为湖北不像仍有活力和就业机会的直隶，湖北青年的雄心壮志经常受到挫折压抑。从作者的一些描述中看到了历史中的蝴蝶效应，比如新政引起不满，社会底层出现暴动，而暴动引起了精英阶层对秩序的关切，转而不再支持清政府。本书后半部分进一步分析了辛亥革命爆发的原因，表面看是路权国有化和立宪的失败，而更深层次原因则是社会治理结构异化、经济阻滞、庸者当道、前途无望、内外交困等。

作者还分析了辛亥革命从希望到失望的原因：革命党内讧，袁世凯独裁，没有真正的群众基础，革命没有给百姓带来实惠，等等。

——读 [美] 周锡瑞著、杨慎之译《改良与革命：辛亥革命在两湖》

大清官场的风气已扩散到全社会，企业也要学官场，将架势撑起来。几乎人人都在寻求寻租的机会。大臣端方深刻地指出，立宪与专制有优劣之分，而君主与共和只有形式之分。如果宪法受到尊重，君、官、民就是同一规则下的游戏参与者；如果宪法像垃圾，那么任何人都可能成为国家利益的破坏者。"设立政府所以谋公共利益，保全国民之治兴盛安乐，非为一人一家或一种人幸福尊荣私利也。"

——读 [澳] 雪珥《国运 1909：清帝国的改革突围》，
陈旭麓《近代中国社会的新陈代谢》，
张昭军、孙燕京《中国近代文化史》

艺术与哲学是人类早有的表达形式和思想宝库。不昧于宗教、不媚于宗教的艺术作品是摆脱欧洲中世纪桎梏的先声和找寻真实自我的重要途径……

——读 [英] 马修·克拉斯克著、彭筠译
《欧洲艺术：1700—1830 城市经济空前增长时代的视觉艺术史》

作者描述了 18 世纪巴黎舆论和谣言交织的复杂又有些可笑的画面。国王指派他的亲信大肆追查造谣者并囚禁于巴士底狱，但并没有真正阻止一波又一波亦真亦假、假多于真的舆论。作者认为，巴黎人想要了解世情的心理需求和给定消息的不确定性以及国王对公共舆论不友好和对巴黎百姓口惠而实不至，使谣言四起。从根本上说，仍是不满因素累积的结果。与谣言并起的还有出于恐惧和人性的丑恶被激发的诬告，而倒霉的不仅有被诬告者。作者最后的研究结论是言论戏弄了事件，同时又偏离了事件，创造出了相异

性的新形式，成为人类历史中的一段笑话。

——读［法］阿莱特·法尔热著、
陈旻乐译《法国大革命前夕的舆论与谣言》

传统治理方式的脆弱经不起一个又一个"偶然"事件的折腾，转型成为唯一的选择。读罢此书，感觉成功转型或者说较平稳的过渡还需要一些条件：一是把握民族命运的人坚定转型的信念。转型中遇到很多挫折、坎坷甚至反复，各派势力不惜以牺牲人民生命为赌注，没有坚定的信念，改革可能"赔了夫人又折兵"。二是不失时机地推动改革的政治技巧和妥协能力。三是政治家要在国家民族大义和自身利益间作出正确的选择。四是社会进步力量形成一定氛围，且多数是温和派，懂得理性与克制，愿意放弃秋后算账。五是改革要快，不能犹豫不决，且要让多数人共享成果，不前进的改革可能影响政治生命。六是军队的力量绝对不容忽视。七是情报系统的忠诚也很重要。八是改革后，地方自治的倾向与传统思潮之间的矛盾需要艺术性调和。九是转型过程与转型后都会有阵痛期，需要耐心挺一阵子，如同市场经济带来问题就要回到计划经济时代是不可取的。十是法治思维和法治秩序若能形成，对于改革中不同意见者的暴力思维和暴力方式具有一定的抑制作用。

此外，还有三点细节挺有趣：一是1981年政变复辟失败，人民从悲观失望中变得空前团结，再次认识到绝不能走回头路，坏事变好事，社会向前发展。二是对政变者的公开审理，让那些道貌岸然的野心家现出原形，把那些所谓的爱国者的"傲慢、不忠诚、心胸狭窄、道德沦丧"展现无遗，极大地提振了民众信心，军队步入正轨。三是佛朗哥执政的最后时光，他心脏病发作，马德里股市上升，这一病一升体现了人心向背。苏亚雷斯的努力，特别是国王胡安卡洛斯关键时刻拒绝复辟，永远铭记在西班牙人民心中。社会终归要向前发展，引用书中最后一句话："过渡结束了。真正的变革终将开始。"

——读［英］保罗·普雷斯顿著、李永学译
《民主的胜利：西班牙政治变革的进程》

张耕华《历史学的真相》一书批驳了历史研究中史料堆积、故弄玄虚等现象。一门学科以对一般公民显然有意义的方式来进行研究才有存在的理由，否则，这些研究无法解释历史有什么用。如何保证集理性、知识、艺术等于一体的历史成为学科？靠学科规范显然并不可靠，大量"学术"符合规范却因研究者仅为"稻粱谋"而失去其应有价值。真正的历史学需要具备很多条件：可以反复被重演，当然这只是一个概率；历史的"真实"与"致用"；研究要有现代价值观念为支撑；研究者的"心术"等。作者最后指出，对社会危害最大的，莫过于统治者垄断历史的解释权。作者主张，历史学不能垄断"真"，要将过去的代表"真"，变为追求"真"、尝试"真"。其他学科是不是也面临这样的问题呢？

——读张耕华《历史学的真相》

实验的方式往往比说理论证强，不知现有文科评价体系是否认同。另外，学术本来是对既有研究的更进一步，非要求新，无法形成一些基本的共识，不利于智识的固定和人类的进步。这恐怕也要从评价方式上找原因。

——读 [美] 戴维·迈尔斯著，侯玉波等译《社会心理学》

人生海海，洞穴之外还有一片天。当过去不再照亮未来，人类精神就徘徊在黑暗之中。当我们失去了判断力，感受到痛苦并加以谴责时，我们便开始认为，如果我们不能在荒漠环境中生活，那一定是我们自己出了问题。当心理学尽力"帮助"我们时，它是在帮我们适应荒漠的环境，同时夺走我们唯一的希望。尽管我们生活在荒漠之中，但我们并不属于荒漠，我们能够把荒漠改造成人类世界。实际上，正是我们处于在荒漠的状态才感到痛苦，我们才仍然是人，才仍然完整无缺。危险的是，我们变成真正的荒漠居民，在荒漠中觉得像待在家里一样舒适幸福。

——读 [美] 汉娜·阿伦特著、[美] 杰罗姆·科恩编、张琳译《政治的应许》

廷德提出了不少值得深思的政治哲学问题，如：人类本质上是隔阂的还是统一的？政府应该满足所有需求和愿望吗？政治权力和完美知识是否能真正结合？人类能否不过多使用暴力引导历史进程？……

——读［美］格伦·廷德著、王宁坤译
《政治思考：一些永久性的问题》

除政治家外，政治只是我们老百姓生活的一小部分，主要形式是参与或代表参与规则制定及监督，归根结底也是为生活服务。多彩是"宪法后"时代生活的颜色。不过，了解"政治中的人性"，对于避免被动依然有意义。

——读［英］格雷厄姆·沃拉斯《政治中的人性》

该书以人性为出发点，探讨经济社会韧性。特别是哪些要素发挥正向作用，哪些要素发挥反向作用。

——读［奥］阿尔弗雷德·阿德勒著、张晓晨译《洞察人性》

本来温和、无害的群众，一步步变成了怨气沸腾的大军，随时准备听从任何能言善辩之人空口白牙的鼓动。

——读［法］古斯塔夫·勒庞著、戴光年译《乌合之众：大众心理研究》

当国家超越社会，古罗马悲剧性过程昭然若揭。法律到底是国家规制社会的工具，还是社会自身的要求在国家法律的反映？这体现了法律是否具有现代性。

——读［西］奥尔特加·加塞特著，刘训练、佟德志译《大众的反叛》

在每一个利维坦国家都面临或强盛或衰败这种不确定性的几个世纪里，

主权者都是背负各自沉重的历史遗产，在前辈已确定的路径选择下，在有限范围内作出制度选择，以缓解面临的重重危机。国家机构的组织方式与政权体制的结构形式都是在结构化与反结构化、新旧结构交替、理性化与非理性化过程中逐渐固化而成的，是各种现实力量对比和博弈不断调适的结果。

——读 [美] 托马斯·埃特曼著、郭台辉译
《利维坦的诞生：中世纪及现代早期欧洲的国家与政权建设》

自由不是一种能力或力量，否则自由将成为某些人摧毁另一些人自由的理由；个体自由不同于民族自由，后者很容易走向自由的反面；民主未必自由，选择民主后屈从于暴政依然不自由；自由不同于权势与财富，享有奢侈生活但唯命是从的权贵，可能比贫困之人更缺少自由……自由是文明的产物，国家有义务对众所周知的私域予以保护，拥有自由才有责任，自由唯有确立已久才能为人们理解和享受。法律的目的不是取消或限制自由，而是维护和扩大自由。法律虽带有强制性，但因符合内在的秩序、遵守法律时并非服从他人意志、事前知晓规则普遍适用以及执行没有特例等，所以不可称之为强制或奴役。一个人根本无从确定所要做的事，今晚不知明晨要做何事，一个人须受制于一切对他下达的命令，可称为强制。自由最大的意义在于人得到多样化的发展。

——读 [英] 哈耶克著、石磊译《哈耶克论自由文明与保障》

流动性是实现市场经济的基本条件和根本要求。

疫情后首次出差，终于回归边出差边看书的正常态，法治还希望人们能够安心享受正常态。

——读 [瑞士]T·斯托福著，郑鹏程、郭兰英译《市场经济的宪法》

波普尔抨击了柏拉图的理想主义图景，哲学王、阶级固化等主张很容易形成封闭的极权主义。即便仁慈的哲学王也没机会听到老百姓生活中的抱

怨，没有了这种检验，就面临不知他的措施是否达到良好意愿的状况。主张唯有个人决定的开放社会才有个体的幸福。

——读［英］卡尔·波普尔著、陆衡等译《开放社会及其敌人》

哈耶克主张的拓展秩序，是一种由自演进、基于竞争和普遍开放合作交往而形成的秩序。虽然对拓展秩序的全能性论证还留有一丝怀疑及对理性不能及的失落，但深深认同取消市场的任何努力一旦获得成功，哪怕是些许的成功，任何阻滞拓展秩序的做法，都会影响巨大，许多人会因此遭受苦难。

——读［英］哈耶克著、冯克利等译《致命的自负》

哲学为思想开了一扇窗：在作者看来，文化从不纯粹，总是有"陌生者到来"。文化不希望过分捆绑在权力、压迫、反抗、种族主义、殖民主义这些概念上，束缚于几何学的中心与边缘。因此，使用"超文化"一词，表达超文化构成的世界在朝着审美而不是权力经济为中心的方向发展，从而获得更大自由与快乐。上帝死后，越来越多的人不再受出身束缚，不再像既往必须把自己和子孙拴在同一居处。自我发展内驱力增强，人们可以去比照感受不同的习俗和文化。作为前现代现象的"朝圣"已被"旅行"所代替，并无准确目的，彼处就是此处。作者结尾指出，未来时代的人不太可能是面带痛苦表情去跨越门槛的人，而是带着愉快笑容的旅行者。

——读［德］韩炳哲著、关玉红译《超文化：文化与全球化》

作者把社会划分为酷刑社会（以残忍方式惩罚身体和心灵）、规训社会（戒律禁令融入顺从者脑海，钉入身体）和享乐型妥协社会。作者在经历了欧洲疫情管制之痛后，认为不该以妥协消弭痛苦，而应找回痛苦对于检验社会合理性的重要意义。作者认为，否定性暴力和肯定性泛滥皆有痛苦，区别在于前者表现为暴力和压迫，由他者实施；后者表现为过度绩效、过度刺激、过度社交，发生精神紧张，是"对自己的战争"。在我看来，痛苦显然有其价值，但在中国现阶段，追求痛苦显然不如追求幸福更有号召力和符合阶段性。

——读［德］韩炳哲著、吴琼译《妥协社会：今日之痛》

作者从东亚与西方艺术视角比较了文化背后的差异，解释了为什么临摹、复制、山寨在东亚文化中被广泛认可，认为东方文化强调不间断性和持续性，不认同突变和深入。不过，在我看来，世界变化既是不间断的也是间断的，用共时态研究错时态的问题有点简单了。当然书中也有启示。

——读［德］韩炳哲著、程巍译《山寨：中国式解构》

这是一本没有那么多长句和晦涩话语却让人"惊奇"的书，读罢可谓醍醐灌顶。特别是关于权力、艺术、文化等与有限无限游戏的关系的论述，更是精彩。我们无时不在自己构筑的"身份、事业、地位"的有限游戏中盼望成为赢家，在既定的剧本中完成既定的角色，却丧失了人生的传奇性。以极具开放性的娱乐诗人心态而非那么严肃的演员心态，虽然可能不再胜利，却拥有了人生无限的可能，也是人类进步的源泉和力量。

——读［美］詹姆斯·卡斯著，马小悟、余倩译
《有限与无限的游戏：一个哲学家眼中的竞技世界》

该书介绍了美国大萧条时期胡佛总统的一系列看似挽救经济却加剧萧条的做法。比如：增加应纳税目，提高关税，招来贸易伙伴的报复，引发贸易战，使美国经济雪上加霜；大幅度公共建设和救济计划无法更有效率；通胀计划使人们对美元失去信心；向股市宣战加剧了股市恐慌；一系列阻止破产延长偿付期限的做法，使债权人无法获得财产权利保障……萧条的产生本就是政府过度干预的过热结果，比如给予某些不符合市场经济规律的产业过低利率的贷款；而进一步的长期萧条则是进一步干预的结果。因此，作者

283

主张唯有不对价格、工资率和商业清算干预并削减预算，才能更快地度过萧条期。当时纽约流行一首儿歌："梅隆拉响汽笛，胡佛敲起钟。华尔街发出信号，美国往地狱里冲！"

适应力和创新力主要源自"社会"的组织能力，知识和新思想比财富的积累更重要。

——读［英］理查德·戴维斯著，冯毅、齐晓飞译
《极端经济：韧性、复苏与未来》

《俄国社会思想史》一书介绍了俄罗斯社会思想演进的历程：从"必须不仅基于恐惧，而且出于良心，对自己国王尊敬和崇拜"，到"国王与贵族、国王与僧侣的冲突，王权受抑制但不大"，再到"思想启蒙与过激民族主义"。作为大国，好像思想从未成熟……作者批驳了当时俄罗斯社会上存在的一些观点，如俄罗斯有完全特殊性。作者认为，俄罗斯与别的国家有不同，但不是根本不同，有相对特殊性而已。再如，认为地理环境有关键影响，作者批评这种观点太肤浅……

——读［俄］戈·瓦·普列汉诺夫《俄国社会思想史》

加拿大有统计数据表明，受教育程度高和收入低的群体更多认为刑法不够严厉，倾向于对违法者从严惩处；受教育程度低和收入高的群体则倾向于"执法从宽"。不过，人们对于核心问题的正义观念是一致的。改革基于这种共同正义观，才容易被民众所认可。改革者不要试图去改造或扭曲人们的正义观念，否则要么无功而返，要么思维混乱。

——读［美］保罗·罗宾逊著、谢杰等译《正义的直觉》

书中提出了七种衡量法治国家的方法：一是"文化大革命"还发动得起来吗？二是出现"斯塔尔"式人物，职务和人身是否依然安全？三是外商是

否敢到一个地方投资？四是富人们是否有安全感？五是律师们是否敢于为刑事被告辩护而不用担心？六是人们是否敢说真话？七是这个国家的老百姓是否学会了排队？

——读胡建淼《法治咖啡屋》

我曾经问青锋司长退休后觉得"最值得纪念的是什么？"他说不是那些大文章而是这本近乎随笔的书籍——《革命法制和审判》。利用这周在外时间，读完罗伯斯比尔这本压轴书。一个结论：没有民主法治，将只剩严冬。《矢车菊的冬天：从魏玛共和国到希特勒的纳粹德国》和介绍德国当时腐败的《纳粹德国的腐败与反腐》可一并阅读。

上午被要求做家务，下午读了罗伯斯比尔的讲演及李贽的简要生平。如罗氏所言：人生来就是为了幸福和自由的，但又到处遭受奴役和不幸，故宪法有力有效是必要的。

——读［法］罗伯斯比尔《革命法制和审判》

作者用保单比喻权利，没有人喜欢付出、交保费，但灾难毕竟是无法预测和不可避免的。在权利遭受危险时才懂得珍惜，为时已晚。最能维护权利的方式是持续地为权利辩护，而非被动地仰赖最高的权威。最后的结论是，权利并非来源于虚无缥缈的自然法或道德，而是来源于恶行或者说历史恶行的总结与防范。我觉得，权利的来源既是"发明"，也是"发现"。不过，无论如何，作者都为权利找到了一个坚实的基点。

——读［美］艾伦·德肖维茨著、黄煜文译《你的权利从哪里来？》

作者试图回答什么样的制度不失败。第一，仅靠惩罚有暴政的危险，也不普遍有效（儿童时期靠惩罚有效性较高，到了青少年时期就大幅度降低，开始基于秩序的规范性和自身的责任感）。不过，提高惩罚的确定性和迅速性有助于加强惩罚的预期效果。第二，要充分理解人类的心理特点，如在宣传海报上画双眼睛比文字更有效。第三，道德在遵守规则中发挥一定作用，人们如果在道德上不支持某项法律，就更有可能违反它。好的法律要让人在违法时绝不能认为自己是道德的。第四，如果规则太不合理，就会诱发公民不服从。作者认为，不服从就像边哨烽火，可能显示法律已经偏离正确方向，不再为正当利益服务。因此，系统性程序正义以及建立公民对法律机构的信任必不可少。第五，描述性和指令性社会规范发挥重要的行为指引作用。作者还强调了文化等的作用，认为只有在组织内部治理守法时，法律体系才会发挥作用。提出了"有毒七要素"，分别是"搞定就行""闭嘴，否则""规则可以破坏""违规行为可以掩盖""错的是别人""没有造成伤害""说一套做一套"。解决有毒文化，首先要剔除恐惧，放心说出自己对问题的看法，有一定的回应性等。作者提出使规则有效"六办法"：区分不当行为类型、理解不当行为运作、需要什么克服不当行为、规则制定与执行合理合法、道德与规范的作用、纳入激励和外在动机。最后，作者建议法学教育不能仅关注案例，还要引入行为学、心理学等学科，运用科学的分析方法。

——读［荷］本雅明·范·罗伊、［美］亚当·费恩著，高虹远译
《规则为什么会失败：法律管不住的人类行为暗码》

"如果有适当的知识，所有不被自然法则禁止的事物都是可以实现的。"人类从自己加于自己的不成熟状态中解脱出来，从因"懒惰和怯懦"而服从于宗教或政治权威的"条规戒律"的状态中解脱出来的启蒙运动开启了理性、科学和人文主义等现代观念。至此，人类的寿命、健康、财富、食物、安全、环境、生活质量、幸福情况都前所未有地提升。但启蒙的思想无时无刻不受到保守的不善衡量或奇诡的理念所攻击，所以作者重申启蒙的意义，主张启蒙的理念，认为这是社会进步的思想源泉。书中有一些总结也有一些启发，比如，人类财富的增长，主要源自全球化的经济、技术创新、教育、

基础设施、不断增强的中产阶级的购买力；对于扰乱市场竞争的任人唯亲和财阀统治的限制，为降低金融泡沫和危机而实施的管制等。再如，使人类智慧明显提升的，不是那些实用技能，比如常识、算术和背诵词汇，而是抽象、随机的应变能力，分析性的思维能力。这需要培养的不是死记硬背的能力，而是理解和推理的能力。

——读〔美〕史蒂夫·平克著、侯新智等译
《当下的启蒙：为理性、科学、人文主义和进步辩护》

该书以叙事为主。在 20 世纪六七十年代的美国，男女平权依然面临不小的挑战。比如，当时《哈佛法律评论》不支持平权的两个理由是，"以往的经验是否验证了两性之间的生理差异会影响后天表现？""谁能想象军队中既有男又有女的情况？"人类进步中总会遇到不包含现代价值观念的诘问，以便留住必然被历史淘汰的残垣断壁和体现出无知而可笑的坚持。书中介绍了两位大法官的人生经历，他们对平权目标执着的态度、出色的业务能力、巧妙的协调技巧、坚韧不拔的毅力，以及相关社会组织的努力，都贡献于男女平权这项伟大的事业。不过我觉得，最重要的还是那个时代的变迁，人们对权利的新要求和全社会更为普遍的理解造就了这份伟大。当然，那些为权利平等和社会进步而努力奉献的人都值得尊敬和钦佩。

——读〔美〕琳达·赫什曼著、郭烁译《温柔的正义：
美国最高法院大法官奥康纳和金斯伯格如何改变世界》

该书记录了人类的关键时刻或者推向转型时的声音。

丘吉尔："希特勒明白，他必须在英伦全岛将我们打垮，否则将输掉这场战争。如果我们顶得住，那么整个欧洲将获得解放，全世界的民众也将迈向宽广辽阔的阳关大道。但是，如果我们失败了，那么整个世界，都将陷入一个黑暗时代的深渊。被引入歧途的科学，会使黑暗时代更加凶险、更加漫长。"

希特勒进攻苏联前演讲："我越来越相信克里姆林宫的人在策划统治或

毁灭整个欧洲。德国、意大利和日本将发动美国和英国强加给他们的共同战争，动用一切可以动用的力量，直至赢得最终的胜利。今天，我是世界上最强大的陆军、最庞大的空军和最光荣的海军的首领。在我的身后和我的身边，屹立着我们的纳粹党，它使我伟大，而且通过我而变得更伟大。我们的敌人不能欺骗自己。"

争取女士选举权的潘克赫斯特说："要么消灭妇女，要么让妇女拥有选举权……除非你们愿意让文明倒退两三代，否则只有一条出路：给予妇女选举权。"特鲁斯回应"基督不是女人"时说："那么你的基督从哪里来？"尼日利亚阿蒂奇说："我们教导男孩做硬汉，而越要保持硬汉形象，自尊心就越脆弱；我们禁锢女孩，……将虚伪变成艺术的女人。"作为没有投票权的19世纪妇女安东尼说："我今晚站在你们面前，被指控在上次总统选举中犯有所谓没有合法投票权而参加投票的罪行。今晚，我将向你们证明，我投票不仅无罪，而且恰恰相反，是行使了我的公民权。政府的职权是确保民众享有不可剥夺的权利。我们已经摒弃政府能够赋予民众权利的老教条。现在唯一要解决的问题是，'妇女是人吗'？"

一家人虐死在奥斯维辛集中营的威塞尔说："冷漠是一种陌生而奇异的状态。在这种状态中，光明与黑暗、黄昏与黎明、犯罪与惩罚、残酷与同情、善良与邪恶之间界限模糊。冷漠将他人转化为抽象的概念。冷漠永远是敌人的朋友。"

——读 [英] 西蒙·蒙蒂菲奥里著、王涛译《历史的声音》

《弱者的武器》是作者在马来西亚一个被剥削得比较厉害的村庄"赛达卡"居住两年期间所作。大多数情况下，穷人（弱者）反抗的方式不同于有组织、有原则的革命性的反抗，而主要采取嘲笑、讽刺、不服从、偷懒、装糊涂、不相信精英的说教等方式，避免对己产生最坏的结果。书中解释了为什么没有大规模反抗的五个主要因素：不利影响是缓慢变迁过程；影响的群体往往结构复杂，有失利者也有获利者；不满者用脚投票；对镇压的恐惧以及生存的需要。谨慎反抗和适度遵从是弱者赖以生存之道，但规模化也会对精英产生致命影响，如 20 世纪初的俄国。作者最后指出，即使我们不去赞美弱者的反抗方式（武器），也应该尊重它们。我们从中看到的是自我保存的韧性……

——读 [美] 詹姆斯·C. 斯科特著、郑广怀等译《弱者的武器》

　　《大宋文官：变法视角下的宋朝士大夫观察》是一位校长朋友圈的荐书。王安石变法是时代的必然选择，却最终未能尽效，既有时代的原因，更因为对谁负责、如何保证实效等关键性问题没能解决。作者认为王安石变法后的"元丰改制则使满朝文武由进言献策的诤臣变成了唯唯诺诺的奴才，国家失去了创新的活力和发展的动力，中华帝国进入暮气沉沉的晚年"。"痛在熙丰！"

——读郭瑞祥《大宋文官：变法视角下的宋朝士大夫观察》